낭만적
사랑의
심리학

낭만적 사랑의 심리학

너새니얼 브랜든 | 임정은 옮김

교양인
GYOYANGIN

차례

개정판 머리말 _9

프롤로그 _ 황홀한 기쁨이 일상이 된다는 것 _15

| 1장 |

역사, 사랑은 어떻게 진화해 왔는가

사랑은 왜 매혹적인가 _27

부족 시대 : 생존을 위한 짝짓기 _30

고대 그리스 : 정신적 사랑 _33

고대 로마 : 사랑 없는 결혼 _36

기독교의 가르침: 비성애적 사랑 _39

궁정 연애 : '낭만적' 사랑의 전조 _45

르네상스에서 계몽주의까지 : 사랑의 세속화 _48

산업화와 자본주의 : 자유로운 사랑의 계약 _54

낭만주의 : 현실을 벗어난 사랑 예찬 _59

19세기 : '정숙한' 사랑 _65

개인주의 : 사랑은 개척하는 것 _70

낭만적 사랑은 불가능한가? _73

| 2장 |

뿌리, 우리는 왜 사랑하고 싶어 하는가

사랑의 첫 번째 조건	_ 87
무엇이 사랑인가?	_ 93
사랑은 나를 비추는 거울	_ 102
자기를 속이는 맹목적 사랑	_ 118
쾌락 없는 사랑은 가능한가	_ 126

| 3장 |

선택, 나는 왜 너를 사랑하는가

첫눈에 사랑에 빠질 수 있을까	_ 141
'삶의 감각'이 닮아야 한다	_ 143
다르기 때문에 사랑에 빠진다	_ 152
사랑은 결핍을 채워주는 마법이 아니다	_ 160
생물학적 리듬이 다를 때	_ 170
낭만적 사랑이 우리를 위로한다	_ 173

| 4장 |

도전, 사랑할 때 넘어야 할 어려움들

연인들은 시험대 위에 놓여 있다 _179

자기 충족적 예언은 어떻게 작동하는가 _181

나는 사랑받을 자격이 없는 사람인가 _187

왜 행복을 느끼면 불안이 따라올까 _193

연인은 나를 구원하는 존재가 아니다 _201

환상 속 사랑과 현실의 사랑은 어떻게 다른가 _205

사랑은 감추는 것일까, 드러내는 것일까 _209

나쁜 감정을 어떻게 전달할까 _215

낭만적 사랑은 끝없는 호기심이다 _228

친밀감을 알아보는 확실한 방법 _238

'내면의 어린아이' 안아주기 _246

사랑은 나를 희생하지 않는다 _251

사랑은 하지만 성은 수치스럽다? _253

우리는 서로 존경하는가 _260

두려움을 표현하는 용기도 필요하다 _263

사랑에도 유통기한이 있을까 _273

사랑은 관계를 빚어 가는 과정이다 _279

성적 배타성이 위협받았을 때 _284

질투는 두려움을 먹고 자란다 _294

아이가 낭만적 사랑에 끼치는 영향 _300

갈등에 휩쓸리지 않으려면 _306

'사랑한다'는 말이 뜻하는 것 _309

영원한 사랑을 꿈꾼다면 _311

에필로그 _ 사랑에 관한 마지막 이야기 _319

감사의 말 _323

참고문헌 _325

《낭만적 사랑의 심리학》 초판이 나온 것은 1980년이다. 이 책을 쓸 무렵은 내게 무척 힘든 시기였다. 아내 퍼트리샤가 서른일곱 살 나이에 사고로 익사한 뒤, 나는 아내를 잃은 슬픔에서 조금도 빠져나오지 못했다. 초고를 집필하던 때는 사고가 난 지 2년이 지난 때였지만 상처는 아물지 않았고 마음속은 여전히 엉망진창이었다. 사랑이라는 주제가 그때처럼 중요하게 느껴진 적은 없었다. 마치 피를 짜내 글을 쓰는 느낌이었다.

이 책을 쓰고 싶다고 생각한 세월은 10년이 넘는다. 나는 여자와 남자의 사랑에 관해 새로운 시각을 제시하고 사랑의 성공과 실패를 좌우하는 주된 요인이 무엇인지를 파악해 정리하고 싶었다.

책이 출간되고 얼마 지나지 않아 신문 인터뷰를 할 기회가 있었다. 인터뷰어는 나에게 사랑이라는 문제를 어떻게 생각하는지, 사랑의 어려움은 무엇인지에 관해 여러 질문을 던졌다. 그러고 나서 인터뷰어가 물었다. "실례일지도 모르겠지만 개인적인 질문을 하나 드려도 될까요? 선생님은 사랑이 두렵지 않으신가요?"

전혀 예상치 못한 이 질문은 신선하게 들렸다. "제가 사랑을 두려워할 이유가 어디 있나요?"

인터뷰어의 대답은 이랬다. "선생님 연세가 쉰이시지요. 보통 사람들한테는 그 정도 연배인 분이 사랑에 관해 이렇게 열정적으로 말하는 게 신기해 보일 거예요. 전 이제 스물여덟 살인데, 사랑이 실패할 온갖 가능성이 떠오르곤 해요. 상대가 나를 떠날 수도 있고, 다른 사람을 좋아하게 될 수도 있고, 직장 때문에 사이가 멀어질 수도 있고, 또……." 그녀는 멈칫했다. 자칫 내 옛 상처를 건드릴까 봐 염려하는 듯했다. "상대가 죽을 수도 있으니까요. 생각만 해도 끔찍해요. 선생님은 이미 비극을 겪으셨어요. 하지만 새로운 관계를 다시 시작하셨고 이 책을 완성하셨지요. 저는 선생님의 그런 용기가 어디서 나오는지 모르겠어요. 용기가 적합한 말인지 모르겠지만……. 저는 삶에서 열정을 원하지 않는 것 같아요. 강렬한 감정에 휩쓸리고 싶지 않고, 모험을 하고 싶지 않아요. 제 생각에 저는 안전을 더 중요하게 여기는 것 같아요."

나는 이렇게 물었다. "그러니까 기쁨을 누리는 것보다 고통을 피하는 게 당신에게는 더 중요하다는 말이지요?"

"네."

"그렇다면 그건 당신 선택이 아니겠어요?"

질문은 거기서 끝나지 않았다. 그녀는 말을 이었다. "또 선생님이 책에 쓰셨잖아요. 사랑은 무거운 책임이라고요. 책임에는 많은 노력이 필요하지요."

"네, 그렇죠." 나는 동의했다.

"이렇게 말하는 건 좀 그렇지만, 저는 제가 그렇게 무거운 책임을 지고 싶은지 잘 모르겠어요."

작별 인사를 나눈 뒤 그 자리를 떠나면서 나는 얼마나 많은 독자들이 이 젊은 여성처럼 사랑을 자유와 기쁨보다 부담으로 여길지 궁금해졌다.

그러고 나서 나는 낭만적 사랑이 가장 잘 실현되었을 때 채울 수 있는 인간의 다양한 기본 욕구를 떠올렸다.

먼저 우리에겐 다른 인간과 함께하고 싶은 욕구가 있다. 우리는 가치관, 기분, 관심사, 목표를 타인과 공유하고 싶고, 또 살아가면서 느끼는 괴로움과 기쁨을 누군가와 나누길 원한다.

우리에겐 사랑하고 싶은 욕구가 있다. 자신의 정서적 능력을 오직 누군가를 사랑함으로써만 가능한 방식으로 발휘하길 원한다. 우리는 존경할 사람, 우리를 자극하고 고양해줄 사람, 열정을 쏟을 상대를 찾고 싶어 한다.

우리에겐 사랑받고 싶은 욕구가 있다. 우리는 누군가에게 소중한 존재가 되고 싶고, 관심과 애정을 받고 싶으며, 다른 사람에게 보살핌을 받고 싶어 한다.

우리에겐 '심리적 가시성'의 욕구가 있다(여기에 대해서는 본문에서 더 자세히 이야기하겠다). 우리는 자기 존재를 정서적으로 중요한 타인을 통해 보고 싶어 한다. 즉 우리에게는 정신적 거울이 필요한데, 이 거울은 낭만적 사랑의 관계에서 매우 중요하다.

우리에겐 성욕을 채우고 싶은 욕구가 있기에 성적 만족감을 얻게 해줄 상대가 필요하다.

우리에겐 힘들 때 정서적 지원 체계가 필요하다. 나의 행복에 진심으로 신경써줄 사람이 적어도 한 명은 필요하다. 삶의 도전에 직면했을 때, 정서적으로 나를 지지해줄 내 편이 곁에 있어주기를 원한다.

우리에겐 자기 인식과 자기 발견의 욕구가 있다. 타인과 대면하고 가깝게 지내는 과정에서 우리는 자연스럽게 자기 자신과 점점 더 깊은 대화를 나누게 된다.

우리에겐 남자로서 또는 여자로서 자기 존재를 온전히 실감하려는 욕구가 있다. 우리는 자신의 남성성과 여성성의 잠재력을 오직 사랑을 통해서만 가능한 방식으로 탐구하고 싶어 한다.

우리에겐 살아 있다는 데서 느끼는 기쁨을 나누고 싶은 욕구, 다른 사람이 느끼는 살아 있음의 기쁨을 나누며 즐거움과 힘을 얻고 싶은 욕구가 있다.

내가 이 욕구들을 '기본 욕구'라고 칭한 까닭은 이 욕구들을 채우지 못하면 죽기 때문이 아니라, 이 욕구들을 채움으로써 자기 자신에 대한 만족감, 삶에 대한 만족감이 한층 커지기 때문이다. 육체적으로나 정신적으로나 이 욕구들은 생존에 중요한 것들이다.

사랑함으로써 얻는 것들만큼 짊어져야 하는 책임에는 어떤 것들이 있을까? 사랑할 때는 어떤 도전에 맞서야 할까? 나는 심리 상담가로 일하면서 우리가 '이상적인' 상대를 찾는 데만 너무 관심을 쏟는다는 느낌을 자주 받는다. 정작 더 중요한 문제인 나 자신이 우리가 찾고 싶은 바로 그 사람이 되는 일은 뒷전에 놓은 채 말이다. 우리는 자신이 꿈꾸는 그런 사랑을 받을 가치가 있는 인간으로 성장했는가? 우리는 어떻게 사랑해야 하는지 아는가?

답하기 곤란한 질문일지도 모르겠다. 이 질문들에 대해 생각하다 보면, 수많은 이들이 일상에서 겪는 러브 스토리 중에서도 특히 강렬한 두 장면이 떠오른다.

첫 번째는 사랑이 시작될 무렵이고, 두 번째는 사랑이 끝나 갈 즈음이다. 첫 번째 순간은 여자와 남자가 서로를 바라보며 사랑하고 사랑받고 있음을 한껏 자각할 때 찾아온다. 이때 그들의 존재는 고요한 리듬에 맞춰 오직 둘만이 들을 수 있는 소리로 고동친다. 서로의 눈동자를 바라보며 그 속에 비친 영혼을 발견한다. 견딜 수 없을 만큼 아름다운 이 세상에서 살아 있다는 강렬한 느낌으로 두 사람의 몸이 떨린다.

두 번째 순간은 그로부터 시간이 어느 정도 지났을 때 찾아온다. 이제 서로를 바라볼 때 보이는 것은 낯선 타인의 눈동자다.

영혼은 텅 비어 쓸쓸하고, 입이 열리면 상처와 분노, 절망과 무관심이 흘러나온다. 몸뚱이는 납덩이같고 아름답던 세상은 자취도 없이 시들었다. 당사자들이 듣건 듣지 못하건, 사랑이 어디로 사라졌냐고 그들의 내면은 울부짖는다. 어쩌면 그들은 의심에 사로잡힐지도 모른다. 그게 다 허상이었을까?

그렇더라도 나는 여기서 주장하고자 한다. 낭만적 사랑이 무엇인지 이성적으로 이해했을 때, 사랑은 닿을 수 없는 꿈도, 미성숙한 환상도, 문학 속에나 있는 이야기도 아니다. 사랑은 우리의 능력으로 충분히 이룰 수 있는 꿈이다. 그러나 사랑을 이루려면 먼저 사랑에 무엇이 필요한지부터 이해해야 한다.

이 책에서는 동성애와 양성애라는 어려운 문제에 관해서는 다루지 않으려 한다. 이 책은 기본적으로 여자와 남자의 관계 즉 이성애를 전제로 한다. 그러나 여기서 다루는 내용은 상당 부분 동성애 관계에도 적용할 수 있다. 아니, 사실 이 책의 모든 내용이 동성애 관계에 똑같이 적용할 수 있을지 모른다.

황홀한 기쁨이 일상이 된다는 것

　낭만적 사랑이라고 알려진 여자와 남자 사이의 열정적인 이끌림만큼 황홀한 일은 없을 것이다. 사랑은 또한 좌절에 부딪칠 때는 지독한 고통을 준다. 그러나 이렇게 강렬한 감정인데도 서로에게 매혹되는 이 감정의 본질은 잘 알려져 있지 않다. '낭만적' 하면 '비합리적'이라는 말을 떠올리는 사람에게 '낭만적 사랑'이란 일시적인 환각이자 금방 그칠 게 뻔한 감정의 폭풍이며, 폭풍이 지나가고 나면 주술이 풀린 뒤의 환멸만 남을 뿐이라 여긴다. 한편 어떤 사람에게 낭만적 사랑은 도달해야 할 이상이기에, 그런 사랑을 경험하지 못한다면 인생의 비밀을 놓친 것이라 여긴다.

　수많은 이들이 낭만적 관계에서 고통과 혼란을 겪는 것을 보고, 사랑이라는 것 자체가 근본적으로 잘못되었으며 꿈이라고 단정짓는 사람도 적지 않다. 그리하여 점점 더 많은 사람들이 한 여자와 한 남자의 사랑이 아닌 다른 종류의 관계, 즉 한 사람과 친밀한 관계를 쌓고 오직 그 사람에게만 집중하는 방식이 아닌 관계를 실험하고 있다. 어떤 사람들은 열정적 애착 관계를 형성할 수 있으리라는 희망 자체를 포기하고 그런 희망은 잘못된 것일 뿐 아니라 위험하다고 주장한다. 오늘날 사랑을 공격하는 사람들 중에는 심리학자, 사회학자, 인류학자도 있다. 그들은 곧잘 사랑은 미성숙한 환상이라며 비웃는다. 강렬한 정서적 애착을 바탕 삼아 행복하고 의미 있는 관계를 오랫동안 이어갈 수 있다는 생각은, 그들이 보기에 그저 현대 서양 문화가 낳은 일종의 신경증에 지나지 않는다.

많은 사람들이 처음에는 순수하게 사랑에 빠져 관계를 맺지만 시간이 흐르면서 그 관계가 무너지고 마는 것을 흔히 볼 수 있다. 망연자실한 사람들은 한때 서로 깊이 사랑했던 시간, 딱 맞는 짝 곁에서 기쁨에 벅찼던 시절을 되새기면서 그때 그 행복을 어쩌다 잃어버렸는지 알 수가 없어 가슴을 친다. 그렇게 뜨거운 사랑이 식을 수 있다면 도대체 어떤 사랑이 식지 않는단 말인가? 나라는 사람은 사랑을 할 수 없는 게 아닐까? 아니, 사랑은 애초에 불가능한 게 아닐까? 어쩌면 이제 사랑이라는 꿈은 어린 시절 갖고 놀던 장난감과 함께 구석으로 치워야 하는지도 모른다. 그러다 결국 사랑에 품었던 의문마저 잊어버리고 잃어버린 행복의 행방을 찾던 애절함이 사그라들고 나면, 사람들은 그저 무덤덤해지기도 한다. 무덤덤해지는 것이야말로 어른이 되었다는 뜻이라고 스스로 위로하기도 한다. 오늘날 그렇게 믿고 싶어

하는 사람들은 우리 주위에 적지 않다.

그러나 한편으로 사람들은 계속 사랑에 빠진다. 죽은 꿈은 반드시 부활한다. 마치 꺾을 수 없는 자연의 생명력과도 같다. 격정은 계속된다. 자신도 이해하지 못하는 열정에 떠밀려 여간해선가 닿을 수 없는 행복을 향해 손을 내민다. 놓으려 해도 놓을 수 없는 실낱같은 희망에 사로잡혀 있는 것이다.

희망을 놓지 못하는 이유는 그 희망이 인간의 근원적 욕구를 채워주기 때문이다. 그렇다면 그 욕구의 본질은 무엇일까? 우리가 놓지 못하는 희망, 인간이 영원히 꿈꾸고 갈구하는 그 희망의 본질은 무엇일까? 그처럼 애타게 갈구하는 대상에 닿지 못하게 하는 장애물은 무엇일까? 앞으로 이 책이 밟을 여정에서 답을 찾아야 할 질문들이다.

본론을 펼치기 전에 먼저 한 가지 짚고 넘어갈 부분이 있다. 나는 사랑은 환상이나 일탈이 아니라 인간에게 주어진 위대한 가능성, 짜릿한 모험이자 어려운 도전이라고 전제하고 이 책을 썼다. 황홀감이 인간이 살면서 느끼는 정상적인 감정이라는 (또는 정상적인 감정이 될 수 있다는) 믿음 역시 이 책의 전제이다.

나는 낭만적인 사랑을 청춘 시기에 한정된 경험이라고 보지 않는다. '실제 현실'에 부딪치면 무너지고 마는, 소설에서 어설프게 빌려 온 미성숙한 공상이라고 여기지도 않는다. 내가 생각하는 낭만적인 사랑은 우리가 보통 생각하는 것 이상으로 인간으로서 발전하고 성숙해야만 비로소 가능한 것이다. 이 점이야말로 이 책이 다룰 주된 주제 중 하나다.

한 사람이 다른 사람과 나누는 사랑에는 여러 종류가 있다. 이 책에서 살펴볼 종류의 사랑, 즉 '낭만적(romantic)' 사랑에 대한 일반적 정의부터 내려보자. 여기서 말하는 사랑은 한 여자와 한 남자가 열정적으로 맺는 성적·정서적·영적인 애착이자, 서로의 가치를 높이 평가하고 소중히 여기는 관계이다.

어떤 커플이 서로 열정적이고 강렬한 애착을 깊게 느끼지 않는다면, 나는 그 관계를 사랑이라고 부르지 않을 것이다. 정신적으로 어느 정도 결속해 있지 않다면, 가치관과 인생관이 깊은 차원에서 일치하지 않는다면, '영혼의 단짝'이라는 느낌이 없다면 나는 그 관계를 사랑이라고 부르지 않을 것이다. 정서적으로 서로 의지하지 않는 관계, 서로 성적 매력을 강하게 느끼지 않는 관계도 사랑이 아니다. 서로 존경하는 마음이 없는 관계도 사랑이라고 할 수 없다. 예를 들어 서로 경멸하면서도 강한 성적 매력을 느끼는 관계는 사랑이 아니다.

사랑, 성, 이성 관계를 이야기할 때는 개인의 경험이 녹아들기 마련이다. 사람이 하는 말은 결국 그 사람의 삶에서 나온다. 심리학자가 사랑이라는 주제를 논하고자 나선다면 자기 이야기를 하지 않을 수 없다. 그렇다고 해서 사랑을 둘러싼 논의가 주관적일 수밖에 없으며 객관적 관찰과 일반화가 불가능하다는 말은 아니다. 오히려 그 반대라고 해야 할 것이다. 사랑에 관한 성찰이 오로지 개인의 연애사에만 근거를 두는 것은 아니다. 물론 개인의 연애사라는 토양에 뿌리를 여러 가닥 내리고 있긴 하지만, 우리가 인식하든 아니든 그 뿌리가 빨아올리는 양분은 '보편적'이라고 부를 만한 감정, 가치관, 판단이다.

내가 15년 동안 한 여성을 뜨겁게 사랑한 기억이 없었더라도 이 책과 똑같은 책을 썼으리라 말한다면 거짓말일 것이다. 퍼트리샤 브랜든은 전혀 예기치 못했던 사고로 사망했다. 퍼트리샤가 죽은 그날 아침 우리는 침대에서 여유롭게 사랑을 나눴다. 우리가 서로의 존재 덕분에 얼마나 행복한지, 다른 어떤 존재도 그런 행복을 우리에게 안겨주지 않으며 거의 마법처럼 느껴질 만큼 그 행복의 불꽃이 결코 꺼지지 않는다고 이야기했다. 지난 15년 동안 내가 있는 방에 퍼트리샤가 들어올 때마다 내 세계를 비추는 빛은 더욱 환해지곤 했다. 주변 사람들이 사랑은 탐닉한 시 몇 달(또는 몇 주) 만에 스러지는 것이라며 사랑의 '불가능성'을 말할 때, 내 머릿속에 떠오른 생각이 퍼트리샤와 함께한 경험에 영향을 받지 않았다고 말할 수는 없을 것이다.

개인적 배경과 더불어 이 책을 구상하게 된 동기가 두 가지 있다. 첫 번째로 나는 이 책에서 여자와 남자의 사랑을 보통 사람이 접근할 수 있는 사실과 자료, 역사와 문화적 근거에 기반을 두고 분석하고 규명하고자 했다. 두 번째로 심리 상담가이자 부부 관계 전문가로서 내가 쌓아 온 경험에서 우러난 통찰을 이 책에 담고자 했다. 지난 25년 동안 현장에서 수많은 사람들을 상대하며 그들이 성생활과 사랑에서 만족을 얻고자 분투하는 과정에 담긴 공통된 본성을 탐구하고, 많은 이들이 그 분투를 어떻게 포기하는지를 관찰했기에 나는 여자와 남자가 의식적 또는 무의식적으로 서로에게 무엇을 원하는지, 그리고 왜 그렇게 많은 사람들이 관계에 실패하고 고생하고 괴로움을 겪는지에 관해 많은 중요한 결과를 얻었다. 예전에 미국 전역을 돌며 자존감, 존재의 기술, 자존감과 낭만적인 관계를 주제로 삼아 사흘 반에 걸친 세미나를 여러 차례 진행한 적이 있다. '집중 과정'으로 불렸던 이 모임에서 당시 이 책의 토대가 된 분석을 확장하고 검증해볼 기회를 풍부하게 얻을 수 있었다.

역사상 대부분의 시기에 이상적인 사랑, 결혼의 전제가 되는 사랑이라는 관념은 존재하지 않았다는 사실을 고려해야 한다. 지금도 그런 개념이 없는 문화권이 있다. 비(非)서구 세계에서는 지식인층 일부가 부모가 정해준 상대와 결혼하는 전통에 맞서면서 서양의 가치관과 사랑 관념을 이상으로 삼은 지 고작 수십 년이 지났을 뿐이다. 한편 서유럽의 경우 사랑이라는 개념은 오래전부터 있었지만, 사랑이 결혼을 비롯해 장기간에 걸친 안정적 관계의 바탕이 되어야 마땅하다는 인식이 미국에서처럼 폭넓게 자리 잡고 있지는 않다.

이 책에서 다룰 사랑의 정의는 미국식 사랑 개념의 범위를 훌쩍 뛰어넘는다. 그러나 사랑이 무엇인지 이해하려면, 역사적으로 미국에서 이상적으로 여겨 온 사랑 개념과 과거 다른 문화권에서 바람직하게 여기던 사랑 개념을 비교하는 것이 유용할 것이다.

오늘날 미국에서 성장한 젊은이들은 사랑하는 사람과 함께 살아가는 미국 특유의 미래상을 당연하게 받아들이지만, 다른 문화권에 사는 젊은이들도 다 그런 것은 아니다. 미국에서는 사랑하는 두 사람이 생활을 같이할 대상으로서 본인의 의지에 따라 상대를 자유롭게 선택한다. 가족이든 친구든 종교 기관이든 국가든 그 누구도 그 선택을 대신해주지 않고 그래서도 안 된다. 그 선택은 사랑에 따른 것이지 사회적 이유나 가족에 관련된 이유, 경제적 이유에서 나오지 않는다. 그런 대상으로 어떤 사람을 선택할지는 중대한 문제이기에 서로의 차이는 대단히 중요하다. 사람들은 자신이 선택한 사람과 맺는 관계에서 행복을 얻길 바라고 기대하며, 그런 행복을 추구하는 것은 지극히 당연하다. 나아가 인간이라면 누구나 그럴 권리가 있다. 함께 살아가기로 선택하는 대상과 성적인 만족감을 구할 대상은 일치하며 한 명이다. 그런데 사실 인류 역사에서 이런 생각은 대체로 특이한 것, 심지어 거의 불가능한 것으로 여겨졌다.

이 점에 주목하여 1장에서는 낭만적 사랑과 이성 관계를 둘러싼 특유의 관점이 서양에서 어떻게 생겨나고 널리 퍼지게 되었는지 주요 사건들을 훑어볼 것이다. 역사를 살펴봄으로써 오늘날 우리가 놓인 상황의 맥락을 파악하고, 사랑 때문에 우리가 겪는 고뇌를 객관적으로 바라보고, 관계에서 행복을 찾으려는 시도가 수포로 돌아갈 때마다 우리 안에 여전히 살아 있는 과거의 가치관과 태도를 더 뚜렷하게 직시할 수 있을 것이다. 그러려면 철학, 정치, 윤리, 문학의 역사를 두루 아울러야 하는데, 이 모든 분야가 오늘날 우리가 사랑의 본질과 사랑에 따르는 문제를 이해하는 방식에 영향을 끼치기 때문이다.

2장에서는 사회사적 접근에서 심리적 접근으로 옮겨 간다. 낭만적 사랑 개념의 뿌리와 그 의미를 역사적 맥락을 벗어나 시간을 초월한 인간 존재의 본성이라는 측면에서 이해하기 위한 첫걸음을 내딛는다. 인간 심리가 지닌 기본 욕구가 어떻게 사랑을 향한 갈망으로 이어지며 그 갈망은 어디로 나아가는지 살펴볼 것이다. 이 과정에서 사랑하는 사람과 맺은 관계에서 느끼는 환희 또는 고통의 원천이 어디에 있는지 이해하는 실마리를 얻을 수 있을 것이다.

3장에서는 누구를 사랑하게 되는지, 즉 대상을 선택하는 과정에 영향을 끼치는 근본 요인을 논의한다. 여기서는 '사랑이 무엇이며 왜 사랑이 생겨나는지'를 탐구할 것이다.

4장에서는 '왜 어떤 사랑은 자라나고 어떤 사랑은 스러지는가?'라는 질문에 답하고자 한다. 이 장은 사랑이 성공하려면 심리적으로 무엇이 필요한지를 생각해보는 자리다. 사랑을 하면서 부딪치게 되는 도전을 탐구하는 한편, 사랑의 성패를 가르는 근본 요인을 살펴보면서 우리가 사랑에서 느끼는 만족감과 실망감을 더 깊이 이해할 수 있을 것이다.

이 책은 연애 지침서가 아니다. 실용적인 도움이 되는 내용이 각 장의 핵심 부분에 직접적으로 또는 간접적으로 나오기는 하지만, 이렇게 저렇게 하라는 식의 조언을 주는 것은 이 책의 목적이 아니다. 이 책의 목적은 낭만적 사랑이 어떤 것인지 밝히고 사랑에 대한 이해의 폭을 넓히고 사랑이 현실에서 추구해볼 만한 가치가 있는 멋진 일임을 보여주는 것이다.

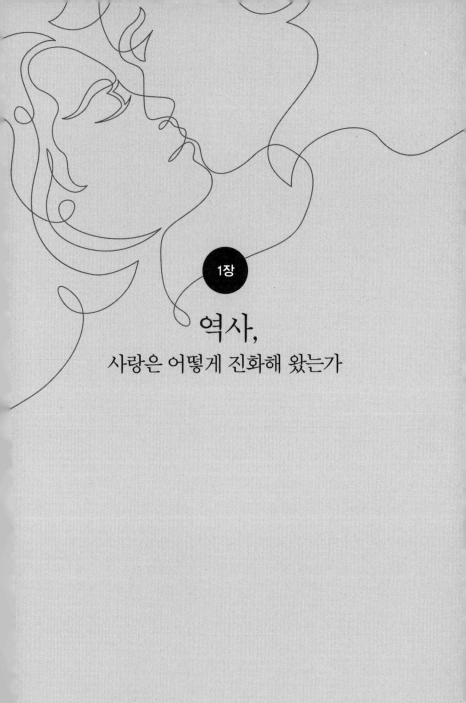

1장

역사,
사랑은 어떻게 진화해 왔는가

사랑은 왜 매혹적인가

여자와 남자의 정열적 사랑 이야기는 서양 문학의 소재로 널리 애용되어 온 서양의 귀중한 문화 유산이다. 랜슬롯과 기네비어, 엘로이즈와 아벨라르, 로미오와 줄리엣의 극적인 로맨스는 지금까지도 육체적 열정과 정신적 헌신의 상징으로 여겨진다. 하지만 이 이야기들은 모두 비극으로 끝난다. 그리고 그런 비극적 결말은 많은 것을 암시한다.

이야기 속 연인들이 인상 깊은 이유는 그들이 사회 규범에 따르지 않고 반항하기 때문이다. 그들의 이야기가 잊히지 않는 이유는 그들이 특별하기 때문이다. 그들의 사랑은 사회 통념과 관례를 거스른다. 그들의 이야기가 비극인 이유는 그들의 사랑이 사회의 장벽에 막혀 결국 패배하기 때문이다.

사랑 이야기가 언제나 비극으로 끝난다는 점, 연인들의 지고지순한 사랑이 곧 관습과 사회에 맞서 내건 저항의 깃발이 된다는 점을 통해 그들의 사랑이 '정상적'이거나 문화적으로 장려되는 사랑의 방식이 아니라는 사실을 읽어낼 수 있다.

서양 역사 대부분에 걸쳐 낭만적 사랑은 기존 관념과 대립해 왔다. 특히 사랑이 개인주의적이라는 것이 문제였다. 사랑은 한 인간을 다른 인간의 자리에 대신 채워 넣을 수 있는 존재로 보기를 부정하며, 개개인의 차이와 선택이 다른 것들보다 중요하다고 여긴다. 사랑은 이기주의적이다. 여기서 이기주의는 남을 비난할 때 쓰는 일상적 의미가 아니라 철학적 의미다. 철학적 관념으로서 이기주의는 자기 실현과 개인의 행복이야말로 삶에서 마땅히 추구해야 할 목표라고 생각한다. 사랑은 세속적이다. 사랑할 때는 성과 사랑에서 얻는 육체적 쾌락과 정신적 즐거움이 일치하고, 로맨스와 일상이 하나가 된다. 이 점에서 사랑은 지금 이곳 지상에서의 삶을 만끽하고 그 삶에서 지고의 행복을 누리겠다는 뜨거운 선언이다.

프롤로그에서 낭만적 사랑을 이렇게 정의 내렸다. '한 여자와 한 남자가 열정적으로 맺는 성적 · 정서적 · 영적인 애착이자, 서로의 가치를 높이 평가하고 소중히 여기는 관계'. 이 정의에는 개인주의, 이기주의, 세속주의가 모두 담겨 있다. 이 세 가지 성격이 얼마나 중요한지 독자들은 앞으로 점점 더 뚜렷하게 실감할 것이다. 그 과정에서 특히 개인주의가 사랑과 얼마나 밀접하게 이어져 있는지 알게 될 것이다. 같은 맥락에서 이기주의라는 개념을 전통적인 사고방식에서 벗어나 재평가하면서, 행복한 삶을 누리려면 합리적이고 지적인 고차원적 이기심이 없어서는 안 된다는 것, 자신의 이익을 솔직하게 따르는 태도야말로 생존에 필수적일 뿐 아니라 사랑에도 반드시 필요하다는 사실을 이해할 것이다.

연인들의 영혼에 불을 지피는 음악은 오직 두 사람의 내면에만, 그들만의 우주에만 존재한다. 연인들은 그 음악을 단둘이 나눌 뿐, 가족이나 사회와 나누지 않는다. 귀를 열어 그 음악을 듣고 누릴 용기를 내야만 사랑을 향해 첫발을 뗄 수 있다.

이성 관계의 진화는 인간 의식이 거쳐 온 진화의 일부분이다. 과거는 힘이 될 수도 있고 짐이 될 수도 있지만, 어쨌거나 우리는 과거의 산물이다. 그리고 사랑하는 사람과 맺은 관계에서 행복을 얻으려는 노력을 가로막는 정신적 갈등과 걸림돌을 이해하려면 우리의 과거, 우리가 오늘에 이르기까지 밟아 온 길을 제대로 알아야 한다.

이성 관계에 대한 관념이 지난 세월 어떻게 빚어져 왔는지 돌이켜보면, 전진하다가 후퇴하고, 둘러 가고, 그러다 또다시 앞으로 나아가는 모습을 볼 수 있다. 바로 진화가 이루어지는 방식이다. 낭만적 사랑에 대한 합리적인 개념이 출현하기까지는 오랜 발달 과정을 거쳐야만 했다.

이 장에서는 역사를 간략하게 살펴봄으로써 사랑 개념의 발달 과정을 이해하는 한편, 오늘날까지 몇 번이고 되풀이되었기에 과거와 현재를 떠나 거의 보편적인 것처럼 보이는 몇 가지 주제를 역사 속에서 살펴보고자 한다. 어떤 시대 어떤 문화권을 보더라도 우리 자신의 모습을 대면하지 않을 수는 없다. 그럼 본론으로 들어가보자.

부족 시대 : 생존을 위한 짝짓기

사랑이 아니라 먹고사는 일이 원시 사회에서 짝을 짓는 동기였다. 원시 사회는 사실상 수렵과 농경이 전부인 사회였다. 가족은 생존 가능성을 최대한 높이기 위해 조직된 단위였다. 남녀 관계는 '사랑'해서 맺는 것도 아니고, '정서적 교감'을 원하는 심리적 욕구 때문에 맺는 것도 아니었다. 실용적 필요, 즉 사냥, 전쟁, 작물 재배, 육아 같은 일을 해낼 필요 때문에 맺는 것이 원시인들이 이해하고 정의하는 남녀 관계였다.

산업화 이전 사회에서 생존 가능성은 육체적 힘과 기술에 달려 있었기에, 여자와 남자의 분업은 특히 신체 능력의 차이에 따라 결정되었다. 남자가 더 힘이 세고 여자는 특히 임신과 출산 기간 동안 보호받아야 한다는 사실이 곧 성차별과 여성의 종속의 정당화로 이어졌다.

따라서 원시 사회에는 사랑이라는 관념이 전무했음이 분명하다. 특히 중요하게 여겨진 가치는 부족의 생존이었다. 개인은 삶의 대부분 측면에서 부족의 필요와 규칙에 종속되었다. 이것이

'부족 정신'의 핵심이었다(지금도 그렇다). 개인의 인격이나 정서적 애착은 거의 또는 전혀 쓸모없는 것으로 여겨졌다.

이런 결론은 추론에 불과하지만, 추론을 뒷받침하는 근거를 원시 사회를 다룬 인류학 연구에서 찾을 수 있다. 모턴 M. 헌트 (Morton M. Hunt)는 다음과 같이 썼다.

원시 사회 대부분의 씨족 조직과 사회 생활에서 친분 관계는 큰 단위로 유지되며 애정의 대상은 그 폭이 넓다고 할 수 있다. 원시 부족들은 대체로 개개인의 차이를 인식하지 못하며 따라서 개인 대 개인으로 특별한 관계를 맺지 않는다. 수많은 연구자들이 원시 사회에서 사랑의 대상에 집착하지 않고 사랑은 다른 사랑과 교환할 수 있다고 믿는 경향을 관찰하였다. 인류학자 오드리 리처즈(Audrey Richards) 박사는 1930년대에 북로디지아 벰바족과 함께 산 적이 있는데, 한번은 벰바족 사람들에게 젊은 왕자가 주인공인 영국 민화를 들려주었다. 이야기 속에서 왕자는 오로지 사랑하는 여인의 마음을 얻고자 유리로 된 산을 오르고 깊은 골짜기를 뛰어넘고 용과 싸운다. 이야기를 들은 벰바족은 당황해서 눈만 껌벅거렸다. 침묵 끝에 나이 든 족장이 입을 열었다. 다른 모든 사람들의 의문을 대변하는 가장 단순한 질문이었다. "그냥 다른 여자를 만나지?"

마거릿 미드(Margaret Mead)의 저명한 사모아인 연구 역시 개인 대 개인의 정서적 애착은 원시 사회의 정신 세계와 생활 방식에서는 찾아보기 힘든 낯선 것임을 보여준다. 자유분방한 성생활과 단기간의 성적 관계는 허용되고 권장되지만, 개인끼리 정서적으로 밀접한 관계를 맺는 것은 의식적으로 피해야 할 일로 여겨진다. 성행위에 관련된 원시 사회의 규범을 살펴보면, 사랑(이라고 우리가 부르는 감정)을 바탕으로 한 성적 애착을 두려워하고 나아가 적대시하는 경우가 적지 않다. 대부분의 사회에서 바람직하게 여겨지는 성행위는 진지한 감정과 거리가 멀다.

한 가지 사례를 G. 래트레이 테일러(G. Rattray Taylor)의 글에서 볼 수 있다. "예를 들어 트로브리안드섬에서는 어린아이가 성적인 놀이나 성행위를 해도 문제 삼지 않는다. 청소년들은 종종 타인과 성행위를 하지만, 사랑하지 않는 상대하고만 할 수 있다. 누군가를 사랑하게 되면 그 사람과는 성행위를 해서는 안 된다. 사랑하는 사람과 잠을 자는 것은 남부끄러운 일이다."

사랑이 발생할 경우 섹스보다 엄격하게 규제된다.(물론 원시 사회에는 우리가 쓰는 '사랑'이라는 말과 조금이라도 비슷한 단어조차 없다.) 개인과 개인의 밀접한 관계가 부족이 추구하는 가치와 권위를 훼손한다고 여기는 것이 명백해 보인다.

원시성이 아니라 부족 정신에 주목해야 한다. 원시 사회와 비슷한 태도는 조지 오웰의 《1984》의 배경인 기술이 발전된 사회에서도 나타난다. 《1984》에서 막강한 권력과 권위를 손에 쥔 전체주의 국가는 여간해선 꺾이지 않는, 낭만적 사랑이 표방하는 개인주의를 분쇄하려 한다. 20세기의 독재 체제가 '사생활'을 원하는 시민의 욕망을 비웃고 그런 욕망을 '하찮은 부르주아적 이기심'으로 치부하는 이야기는 더 자세히 설명할 필요가 없으리라. 부족 정신은 옛날이건 지금이건 사랑은 반사회적 행위이자 부족의 안녕, 즉 사회의 안녕을 위협한다고 여기는 경향을 보인다.

고대 그리스 : 정신적 사랑

사랑의 가치를 높게 평가하고, 사랑을 서로를 소중히 여기는 마음을 토대로 삼아 두 사람이 맺는 끈끈한 정신적 유대 관계라고 여기는 생각이 고대에 존재하지 않았던 것은 아니다. 고대 그리스에는 사랑의 관념이 존재했을 뿐 아니라 철학적 논쟁의 주제가 되기도 했다. 그러나 그리스의 사랑은 매우 '특별한' 애착 관계였으며, 현실의 인간관계, 사람들 사이의 일상적 접촉과는 거리가 멀었다. 나아가 결혼 제도와는 아무 상관이 없었다.

여기서 내가 사랑을 바탕에 둔 섹스만 바람직하다거나 사랑은 반드시 결혼으로 이어진다고 주장하려는 것은 아니라는 데 먼저 이해를 구하고자 한다. 섹스, 사랑, 결혼은 상황에 따라 연결될 수 있긴 해도 별개의 현상이다. 이 세 현상의 관계를 내가 어떻게 보는지는 나중에 설명하겠다. 일단 섹스가 반드시 사랑을 동반하지는 않지만 낭만적 사랑은 섹스와 함께하며, 사랑한다고 해서 꼭 결혼하는 것은 아니지만 결혼은 사랑을 토대로 한다는 점만 짚고 넘어가겠다. 이 점을 유념하고 앞의 이야기로 돌아가보자.

그리스 문화가 여러 측면에서 육체미를 숭배한 것은 사실이지만, 성과 사랑에 대한 그리스인의 태도에는 정신을 육체보다 더 고귀하게 여기는 가치관이 깔려 있었다. 그리스인은 인간이 육체와 정신 두 가지 재료로 만들어졌으며, 육체는 정신보다 수준 낮은 부분을 구성한다고 생각했다. 육체의 욕구와 기능은 정신의 욕구와 기능보다 열등하며, 몸과 몸의 활동과 거리가 멀수록 더 가치 있고 고귀하다고 여겼다.

육체와 영혼을 따로 취급하는 이원론은 이성과 감정을 구분하는 또 다른 이분법과 밀접한 관련을 맺고 있었다. '이성'은 냉정하고 객관적이며 사물과 거리를 두는 태도를 뜻했고, '감정'은 곧 이성적이지 못한 상태로 여겨졌다.

그리스인은 연인 사이의 정신적 관계만을 찬미했는데, 그처럼 심오하고 영적인 사랑은 그리스에서는 오직 남성의 동성애 관계(주로 나이 든 남자와 어린 소년의 관계)에서만 가능했다.

동성애가 그리스에서 얼마나 흔했는지를 두고 논란이 있지만, 오늘날 서양에서보다 훨씬 더 흔했던 것은 분명하다. 그리스의 지식인들은 동성애를 "인간이 표현하는 감정 중 가장 고상한 것"(헌트Hunt)으로 여겼다. "진지한 애정에서 우러나지 않은 성욕은 종종 남자답지 못하고 불건전하게 여겨진 반면, 남자 둘이 나누는 정열적 사랑은 나이 든 남자가 어린 소년에게 고결함과 미덕을 가르쳐주는 관계이자 서로의 영혼과 정서를 고양해주는 관계로 찬미되었다."

한편 반(反)여성주의는 고대 그리스 문화에서 두드러진 현상이었다. 그리스인이 이성애나 여성미에 관심이 없었던 것은 아니지만, 그리스에서 그런 것들은 윤리적 가치도 없고 정신적 의미도 없었다. 플라톤과 아리스토텔레스는 여자가 남자보다 육체적으로나 정신적으로 열등하다는 데 의견이 같았다. 여자들은 거의 모든 측면에서 자신들이 남자들에게 종속되어 있다고 여기도록 길러졌다. 여자의 법적 지위는 없다시피 했다. 여자는 법적으로 자신을 대변할 보호자가 필요했다. 그리스 여자에게는 그리스 남자가 누리는 권리가 거의 주어지지 않았다. 고대 그리스 이전에 여자가 수행하던 경제적 역할은 이제 대부분 노예 몫이었다. 생존을 위해 남자와 함께 분투하던 동지의 자리에서 내려오자, 여자는 남자의 세상에서 더는 가치 있는 존재가 아니었다.

설령 남자가 여자를 사랑한다고 해도 그 여자가 아내일 가능성은 매우 낮았다. 사랑의 대상이 되는 여자는 거의 고급 매춘부였다. 고급 매춘부는 교양 있는 지성인으로서 남자에게 지적 즐거움을 주는 동시에 섹스 파트너로서 성적 쾌락도 주는 존재였다. 하지만 대부분의 그리스인들은 매춘부든 누구든 남자가 여자를 진지하게 사랑하는 것을 경멸했다.

남자들 사이에서만 가능한, 정신을 고양하는 존경이라는 이상적 의미의 사랑을 제외하면, 그리스인에게 '사랑'은 재미있고 유쾌한 게임, 기분 전환, 일탈이자 심각하지 않은 가벼운 감정이었다. 성욕을 동반한 정열적 사랑은 비극적인 광기이자 남자의 본성을 강탈하고 차분함, 냉정함, 침착함 같은 그리스인이 찬미하는 미덕을 잃게 만드는 번뇌로 여겨졌다.

따라서 '사랑해서 하는 결혼'이라는 생각은 그리스인의 사고 방식에는 없었다. 그리스 시인 팔라다스는 결혼에 대해 이렇게 썼다. "결혼해서 남자가 행복한 날은 이틀밖에 없다. 신부를 침대로 데려가는 날과 무덤에 눕히는 날." 아내는 비용이 들고 부담스러우며 남자의 자유를 제한하는 방해물이었다. 그러나 국가와 종교가 남자에게 자식을 낳을 의무를 부여했으며, 남자는 집안일을 해줄 사람이 필요했고, 아내는 지참금을 가져왔다. 결혼은 필요악이었고 불평등한 두 계급의 결합이었다.

고대 로마 : 사랑 없는 결혼

로마의 중심 철학이었던 스토아주의(금욕주의)에 따르면, 격정적인 관계는 임무 수행을 방해하는 것이었다. 로마 신화의 영웅 아이네이아스는 로마 공화국을 세우는 임무를 완수하고자 연인 디도를 향한 열정을 주저 없이 버린다. 그리스인과 마찬가지로 로마의 지식인들도 정열적 감정은 광기의 일종이라고 보았다.

로마인도 그리스인과 마찬가지로 사랑해서 결혼하지 않았다.

상류층에서 결혼은 보통 가문 사이에서 경제적 또는 정치적 이유로 주선하는 관계였으며, 남자에게 아내는 집안일을 하고 아이를 낳아주는 존재였다.

그러나 로마에서 가족은 중요한 정치적·사회적 단위로 새롭게 부각되었다. 주로 재산을 보존하려는 목적 때문이었다. 로마법은 재산 소유권을 다음 세대로 넘겨주는 과정을 세심하게 규정하였고 로마 시민의 계급 간 결혼과 로마 제국 내 다른 민족들의 결혼을 복잡한 규율로 다스렸다. 가족의 문화적·정치적 중요성은 남편과 아내의 관계에 새로운 의미를 부여했다. 로마 문화는 가족을 종교적 헌신의 대상으로 승격했고, 특히 미혼 여성의 순결과 기혼 여성의 정조를 찬양하는 풍조가 생겨났다. 어떤 도덕주의자들은 (때로 법 제정자들도) 남편에게도 정조를 지킬 것을 요구했다.

가족이라는 단위가 중요해지면서 여성의 지위도 높아졌다. 로마에서 여자들은 법적 권리를 훨씬 더 많이 누렸으며 자유, 경제적 자립, 사회적 존중 측면에서 과거와 비교할 수 없이 대접받았다. 따라서 여자가 남자와 사랑할 때도 평등한 관계를 맺을 가능성이 높아졌다. 사랑의 필수 조건 중 적어도 한 가지, 즉 평등이 충족된 것이다. 사랑은 평등한 관계이다. 우월한 자와 열등한 자, 주인과 종의 관계는 사랑이라고 할 수 없다. 로마의 묘비명, 부부가 주고받은 편지, 당시의 몇몇 기록을 보면 결혼으로 이루어진 결속이 매우 강했다는 사실, 어떤 부부들은 오랜 세월 화목하게, 때로 애정이 담긴 관계를 이어 갔다는 증거를 찾을 수 있다. 그러나 불타는 정열은 여전히 로마인의 부부 관계와는 상관없는 요소였다.

로마 제국의 전성기에서 해체 시기까지 정열적 사랑, 성적 관계에서 오는 즐거움과 희열은 여자와 남자 모두에게 부부 관계 바깥에서 찾는 것이었다. 시인 오비디우스의 《사랑의 기술》로 유명해진 혼외 정사, 외도가 널리 퍼졌다. 제국 전성기에는 성별을 불문하고 혼외 정사가 인기였는데, 따분한 삶에 활기를 주는 스포츠 정도로 여겨졌다. 로마 귀족들은 광적인 쾌락에 질리도록 탐닉하여 오늘날까지 로마 하면 퇴폐 문화를 떠올리게 되었다. 그것은 사랑과 증오, 매혹과 혐오, 욕망과 적대의 잔혹한 결집체였다. 오비디우스가 묘사한 '사랑의 기술'과 카툴루스가 레스비아에게 바친 연시를 보면 연인들은 쾌락에 빠져 허우적거리고 다른 이와 정을 통해 서로를 괴롭히며 복잡한 권력 게임에 몰두한다. 특히 눈에 띄는 것은 적지 않은 문헌에서 전과 달리 힘을 얻게 된 여성에게 적개심을 드러낸다는 점이다. 유베날리스의 《풍자시》제6편이 한 예다.

아내는 폭군이다. 남편에게 사랑받을수록 더욱 그렇다. 잔인함은 여자의 본성이다. 여자는 남편을 괴롭히고 가정부를 채찍질하며 노예를 거의 죽도록 매질하며 즐긴다. 여자의 욕정은 역겹다. 그들은 노예, 배우, 검투사를 좋아한다. 여자가 노래나 악기 연주를 해봤자 따분할 뿐이다. 여자가 게걸스럽게 먹고 마시는 것만 봐도 남자는 멀미가 나기 마련이다.

이처럼 로마 문화는 처음으로 가정 생활의 행복과 여자와 남자의 상호 존중을 찬양하고 결혼의 형태를 정교하게 정착시켰으면서도, 한편으로는 성과 사랑, 정열적 감정과 서로를 소중히 여기는 관계는 상반된 것이라고 보았다. 성과 사랑의 결합은 현대인의 낭만적 사랑의 개념으로는 당연하지만, 로마에서는 거의 찾아볼 수 없었고 있더라도 냉소의 대상이었다.

기독교의 가르침 : 비성애적 사랑

2, 3세기 로마 제국에서 퇴폐 분위기가 고조되는 동안 새로운 문화적·역사적 세력이 서양 세계에 충격을 주기 시작했다. 이후 남녀 관계는 물론 서양 문화 전체에 깊은 발자취를 남길 그 세력은 바로 기독교였다. 이 새로운 종교의 중심 동력은 엄격한 금욕주의, 인간의 성생활에 대한 강한 적개심, 세속적 삶에 대한 지독한 경멸이었다. 쾌락, 특히 성적 쾌락에 대한 적개심은 이 새로운 종교의 여러 신조 중 하나가 아니라 근본적인 신념이었다. 기독교가 이처럼 성을 부정적으로 보게 된 까닭은 육체적(세속적) 삶을 경시하는 태도, 세속의 삶에서 육체적 즐거움은 필연적으로 정신의 죄악으로 이어진다는 가치관 때문이었다. 이런 사

상은 로마에서 유행했던 스토아주의, 신플라톤주의, 오리엔트 신비주의에서 이미 찾아볼 수 있는 것이었지만, 기독교는 그러한 교의 뒤에 있던 정서를 동원하고 그 시대의 무분별한 퇴폐 풍조에 대한 반감을 이용하여 세상을 정화하는 수단으로서 호소력을 발휘했다.

그리스의 육체와 영혼의 이분법 개념은 사도 바울로에 의해 서양 세계에서 지난 어느 때보다도 중요해졌다. 바울로의 가르침에 따르면 영혼은 육체를 초월한 별개의 존재로서 영혼의 관심은 육체나 이 지구와 관련이 없는 가치이다. 육체는 영혼이 갇힌 감옥일 뿐이다. 육체는 인간이 죄를 짓게 하고 쾌락을 추구하게 하며 성욕에 탐닉하게 만드는 근원이다.

기독교는 한결같이 이타적이고 비성애적인 사랑의 이상을 설파했다. 이는 결국 사랑과 성은 서로 대립한다는 말이었다. 사랑은 신에게서 비롯하고 성은 실질적으로 악마에게서 비롯한다는 것이다.

"남자가 여자를 가까이 아니함이 좋으나." 만약 남자에게 마땅히 있어야 할 자제심이 부족할 경우 "음행을 저지르는 것보다 결혼하는 것이 나으므로 그들을 결혼시켜라."라고 사도 바울로는 가르쳤다.

성적인 절제는 도덕적 이상이었다. 후에 '부도덕에 처방하는 약'으로 묘사된 결혼은 기독교가 타락하기 쉬운 인간 본성과 타협하여 인간이 현실적으로 도덕적 이상에 가까이 갈 수 있도록 마지못해 한 양보였다.

테일러(Taylor)는 이렇게 썼다.

　중세 기독교는 성에 심각하게 집착했다. 성이라는 주제가 중세 기독교의 사고를 장악한 정도는 완전히 병적이었다. 기독교인이 지녔던 이상이 주로 성적인 이상이었다 해도 과언이 아닐 것이다. 이 규범은 언제나 변함이 없었고 기독교인의 삶을 규제하는 가장 정교한 교리에 포함되었다. 기독교 교리의 근거는 단순했다. 성행위는 전염병처럼 피해야 할 죄악이며 인간 종을 유지하는 데 필요한 만큼만 최소한으로 허용되어야 한다는 것이었다. 종 유지를 위한 성행위조차 필요하기에 어쩔 수 없이 허용하는 유감스러운 일이었다. 설령 결혼을 했더라도 가능하면 성행위를 아예 하지 않도록 강력히 권상했다. 한편으로는 욕구를 억누를 의지가 부족한 사람들을 관리하고자 거대한 거미줄 같은 교리가 존재했다. 교리의 궁극적 목표는 성행위의 쾌락을 가능한 한 없애는 것과 성행위 횟수를 최소한으로, 즉 오직 재생산을 하는 데 그치도록 제한하는 것이었다. 기독교가 끔찍하게 혐오한 것은 사실 성행위 자체가 아니라 행위에서 비롯되는 쾌락이었다. 설령 재생산을 위해 성행위를 했더라도 거기서 얻은 쾌락은 여전히 혐오스러운 것이었다. …… 성행위에서 느끼는 쾌락도 죄악이지만, 이성에게 느끼는 성욕 또한 (욕구를 실행에 옮기지 않더라도) 죄악이었다. 남자가 여자를 사랑하는 마음은 그저 성욕으로 여겨졌기에,

성에 대한 기독교의 입장은 결국 남자는 아내를 사랑하면 안 된다는 확고부동한 명제로 이어졌다. 실제로 중세 이탈리아의 스콜라 철학자 페트루스 롬바르두스는 남자가 아내를 사랑하는 것은 결단코 외도보다 나쁜 죄악이라고 주장했다.

'부도덕에 처방하는 약'으로 쓰인 한편, 결혼은 중세 시대에도 여전히 근본적으로 경제적·정치적 제도로 여겨졌다. 그러나 결혼식은 이제 교회가 주관하는 기독교 의례였다. 6세기 말에 교회가 세속의 삶을 통제하는 권력을 넘겨받으면서, 결혼의 정치적 통제권도 교회의 손으로 들어갔다. 교회 권력은 사회의 모든 부문에서 이성 관계를 엄격하게 규제하기 시작했다. 교회의 권위가 종래 부모의 권위를 대체하여 결혼을 중개하고 허가하는 역할을 차지했으며, 이혼과 재혼은 교황의 허락이 있을 때 예외적으로 가능했다.

기독교의 태도 중 오늘날의 가치관으로는 이해하기 어려우면서도 흥미로운 특징이 하나 있다. 사랑과 성의 결합을 고귀한 이상이 아니라 악덕으로 여겼다는 점이다.

교회의 시각에서 사제가 결혼하는 것은 정부를 두는 것보다 더 나쁜 범죄였으며, 정부를 두는 것은 아무나 만나 혼외 성관계를 하는 것보다 더 나쁜 범죄였다. 세속적 도덕 관념, 즉 깊이 있고 오래가는 인간관계를 높이 평가하는 가치관과는 정반대다. 결혼의 죄를 지은 사제가 자신을 변호하는 좋은 방법은 자신은 그저 스쳐 가는 유혹에 휩쓸렸을 뿐이라고 주장하는 것이었다. 잠깐의 일탈은 가벼운 징계로 끝나지만 결혼은 파문으로 이어지기 때문이었다.(테일러)

사제가 매춘부와 간음하는 것은 중세 교회의 시각에서 큰 죄가 아니었다. 그러나 사제가 사랑에 빠져 결혼하는 것은 곧 그의 성생활이 인격체와 결합하여 그의 인간성을 반영하는 것이었으며, 이것은 교회에 대한 반역이었다.

한편 교회가 가장 맹렬한 분노를 표출한 것이 혼외 성관계가 아니라 자위였다는 점은 의미심장하다. 자위를 하며 인간은 자기 몸의 성적 잠재력을 처음으로 발견한다. 나아가 자위는 오직 자신의 만족을 위한 행위라는 점에서 전적으로 '이기적인' 행동이다. 특히 많은 사람들이 자위가 계기가 되어 종교가 한 약속과는 전혀 다른 환희가 있다는 것을 처음 깨닫는다.

이처럼 성을 적대시하는 교회의 근본 태도는 여성 차별주의와 방향이 같았다. 중세 유럽에서 기독교가 발흥하면서 여성은 로마 제국 때 얻었던 권리를 거의 다 잃었다. 여성은 사실상 남자라는 군주에 완전히 종속된 가신으로 여겨졌다. 더 정확하게 표현하면 가축에 가까웠다. 여자에게 영혼이 있는지 없는지를 두고 논쟁이 벌어졌다. 기독교 교리에 따르면 여자가 남자와 맺어 마땅한 관계는 인간이 신과 맺는 관계였다. 인간이 신을 자신의 주인으로 인정하고 신의 뜻에 철저히 따라야 하듯, 여자는 남자를 자신의 주인으로 여기고 남자의 뜻에 철저히 따라야 했다. 여자가 남자에게 완전히 종속되어야 한다는 논리는 성경에 의해 부분적으로 정당화되었다. 하와가 아담이 타락하게 된 원인이며 따라서 하와 탓에 모든 인간이 고통을 겪으며 살게 되었다는 믿음이 차별을 뒷받침한 것이다.

중세 말기에 여성에 대한 또 다른 관점이 생겨나 첫 번째 관점과 공존했다. 한편으로 여자는 남자를 성적으로 유혹하여 인간을 영적으로 타락시킨 원인이었다. 다른 한편 여자는 '성모 마리아'이기도 했다. 처녀 상태에서 잉태한 순결의 상징으로서 인간의 영혼을 고양하고 구원하는 존재인 것이다. 창녀와 처녀, 또는 창녀와 어머니의 이미지는 지금까지도 서양 문화의 여성 개념에 큰 영향을 끼치고 있다.

이 이분법적 인식을 현대 언어로 표현하면 "욕망의 대상인 여성과 찬미의 대상인 여성은 따로 있다." 또는 "잠자리를 같이하는 여성과 결혼하는 여성은 따로 있다."고 할 수 있겠다.

또한 여성에 대한 이러한 태도는 기독교가 남녀의 사랑에 강렬한 적개심을 드러내도록 했다. 서로 사랑하는 남녀 관계에서는 욕망과 존경, 육체적 가치와 정신적 가치가 결합하며 두 사람이 근본적으로 평등하다는 전제가 바탕에 깔려 있다. 기독교는 뿌리에서부터 항상 낭만적인 사랑에 날카로운 반대의 목소리를 내 왔다.

자신이 중요하게 여기는 가치를 추구하는 것, 삶을 꾸려 가면서 스스로 판단하는 것, 성적 쾌락을 즐기는 것, 이 모두는 자기를 주장하는 행동이며, 낭만적인 사랑을 선택하고 경험할 때 뒤따르는 것이다. 기독교는 이 모두를 비난했다.

궁정 연애 : '낭만적' 사랑의 전조

비인간적으로 무자비하게 성을 억압했던 중세 시대와 결혼에 대한 교회의 엄격한 규제 속에서 처음으로 이성 관계를 더 나은 시각으로 암중모색한 이들이 궁정에서 나온 것은 놀랄 일이 아니다. 사랑과 결혼에 관한 당시의 생각들이 뒤섞인 이 기묘한 혼합물은 '궁정 연애 준칙'으로 알려졌다. 11세기 남프랑스에서 생겨난 궁정 연애 준칙은 궁정의 음유시인들에 의해 발전했다. 당시 귀족들의 궁정은 많은 경우 남편이 십자군에 참가하러 떠나 부인이 다스리고 있었다.

궁정 연애 준칙은 남녀 사이의 이상적이고 고상한 열정으로 칭송되었다. 이때 남녀는 자신의 배우자가 아니라 다른 사람의 배우자였다. 열정적이고 정신적인 감각의 이 사랑은 특히 혼외 관계에 존재했다. 그리하여 궁정 연애는 수백 년 동안 퍼져 있던 결혼에 대한 부정적 관점을 지속시켰다. 궁정 연애가 어느 정도로 실제였는지, 또는 주로 문학적인 현상이었는지에 대해서는 많은 논란이 있지만, 그것이 기록되었다는 사실은 궁정 연애가 중세 정신 세계의 개념이었음을 의미한다.

1174년 샹파뉴 백작 부인은 《사랑의 규칙》이라는 책에서 궁정 연애의 다양한 원칙을 문학적 형식으로 표현했다.

1. 결혼했다고 사랑할 수 없는 것은 아니다. 다시 말해 배우자가 아닌 다른 사람을 사랑할 수 없는 것은 아니다. …… 3. 동시에 두 명을 사랑할 수는 없다. …… 8. 그럴 만한 충분한 이유 없이 누군가에게서 사랑을 빼앗아서는 안 된다. 9. 사랑받으리라는 기대 없이는 사랑할 수 없다. …… 13. 공공연히 알려진 사랑이 지속되는 경우는 거의 없다. 14. 쉽게 얻은 사랑은 경멸받고 어렵게 얻은 사랑은 가치가 있다. …… 17. 새로운 사랑을 하게 되면 옛 사랑은 끝난다. …… 19. 사랑은 한번 시들해지면 빠르게 죽어버리며 다시 살아나는 일은 거의 없다. 20. 사랑에 쉽게 빠지는 남자는 두려움에도 쉽게 빠진다. 21. 진정한 질투는 언제나 사랑의 가치를 높인다. 22. 의심과 의심이 부추기는 질투는 사랑의 가치를 더 키운다. …… 25. 진정한 사랑을 하는 이에게 유일한 행복은 연인을 기쁘게 하는 것이다. 26. 사랑하는 사람의 요구는 무엇이든 들어준다. …… 28. 사랑하는 이를 의심할 이유는 추호도 없다.

그리고 이 유명한 규칙은 이렇게 선언한다.

여기서 단호히 선포하건대, 사랑의 힘이 결혼한 두 사람을 아우르는 것은 불가능하다. 연인들은 어떤 이유나 필요 없이도 무조건 서로에게 모든 것을 바쳐야 하는 반면, 남편과 아내는 부부의 의무에 얽매여 서로의 뜻에 동의하며 살아갈 뿐이다. 이 판단은 엄격하고 신중하게 내려진 것이며 수많은 숙녀들의 조언을 바탕으로 삼은 것이다. 부디 이 판단이 그대에게 확고부동한 진실이 되기를.

순진한 부분이 꽤 있지만 궁정 연애 준칙에 담긴 이상에서 오늘날 우리가 이해하는 사랑 개념에 대응하는 세 가지 기본 원칙을 찾을 수 있다. 첫째, 한 여자와 한 남자가 나누는 진정한 사랑에는 서로 자유롭게 선택했다는 전제가 반드시 필요하다. 가족, 사회적 압력, 종교적 권위에 복종하는 것을 더 중요하게 여길 때 사랑은 자라날 수 없다. 둘째, 진정한 사랑은 서로에 대한 존경과 존중을 바탕으로 한다. 셋째, 사랑은 심심풀이로 하는 놀이가 아니라 삶에서 매우 중요한 의미를 지닌다. 따라서 역사학자들이 궁정 연애 준칙을 가리켜 현대적 의미의 낭만적 사랑이 시작된 지점이라고 하는 것은 타당하다.

그러나 궁정 연애가 낭만적 사랑을 성숙하게 이해했다기엔 한참 부족하다. 인간 심리를 지극히 비현실적으로 인식해서 그렇기도 하지만(여기에 관해서는 이 책에서 거의 설명하지 않았다), 사랑과 성을 구체적인 방식으로 통합하는 데 철저히 실패했기 때문이다. 궁정 연애의 이상을 극단적으로 추구한 결과 연인들은 끝까지 육체적으로 맺어지지 않았다. 연애 관계의 가치는 남자가 경애하는 귀부인의 사랑을 얻고자 숭고하고 용맹한 행동을 하여 고결함을 획득하는 것으로 정당화되었다. 한편 여자는 자신이 남자가 고결함을 획득하도록 해주는 원동력이라는 데서 사랑의 가치를 찾았다. 채워지지 않는 욕망이 갈구와 열정에 불을 지폈다. 육체적으로 맺어진 뒤에도 이어졌다고 기록된 관계는 거의 없다. 궁정의 연인들 중 가장 유명한 인물 랜슬롯과 기네비어, 트리스탄과 이졸데는 결국 육체적으로 맺어지지만 죄책감과 절망에 빠진다. 이런 방식의 사랑은 현실에 발붙이고 살아가려는 사람들에게는 적합하지 않다.

르네상스에서 계몽주의까지 : 사랑의 세속화

르네상스를 특징지은 정치적 · 경제적 · 사회적 · 문화적 격변 속에서 사랑하는 여자와 남자가 지속적으로 행복한 관계를 맺을 수 있다는 인식도 진전했다. 그러나 서양 문화에 스며 있던 반여성주의와 반성애주의에 근본적으로 맞서는 데까지는 결코 나아가지 못했다. 근본적으로 성행위를 죄악시하는 태도는 여전히 굳건했다. 영혼과 육체의 이분법도 그대로였다. 개신교가 발흥하면서 교회의 권력이 줄어들고, 결혼이 필수적인 사회 단위로서 점점 더 중요시되긴 했다. 하지만 세속의 결혼보다 금욕이 더 바람직하다는 인식은 개신교에서도 바뀌지 않았고, 종교 개혁가들은 구교와 다름없이 인간의 성을 혐오했다. 칼뱅주의 원칙에 따르면 간음은 추방당할 수 있는 중죄였으며 간통은 물에 빠뜨려 죽이거나 목을 베어 죽일 만한 죄였다.

결혼의 목적은 자손 번식과 '자제력이 부족한 이들을 구제'하는 데 있었다. 섹스는 죄악이나 억누를 수 없는 욕구로 여겨졌으며, 마르틴 루터는 결혼 관계에서는 "신이 죄를 사해준다."고 주장했다. 그러나 르네상스가 진전하면서 문화는 점점 더 세속화되었다. 상업이 발달하고 중간 계급이 나타나면서 사람들은 세속적 존재의 가능성과 가치를 새롭게 인식하기 시작했다. 세속적 삶에 대한 종교의 적대감이 미세하게 천천히 약화되었다. 그 자체로 중요한 제도이며, 가치 있는 인간관계로서 결혼은 점점 더 존중받게 되었다. 15, 16, 17세기 지식인들은 결혼은 '합리적 근거'를 바탕으로 삼아 가족이 주선해야 한다고 주장했는데, 여기서 합리적 근거란 '혼인 당사자들의 이익이 아닌 다른' 근거를 뜻했다. 이런 측면을 보면 과거의 전통은 계속 유지되었고 바뀐 것이라곤 단 하나, 아마도 '합리'란 단어로 결혼을 정당화하는 것이 더 그럴듯하다는 생각뿐이었다.

하지만 특히 셰익스피어 희곡을 중심으로 한 당대 문학에서는 사랑을 결혼의 중요한 전제 조건으로 내세웠다. 하인리히 코르넬리우스 아그리파(Heinrich Cornelius Agrippa)를 비롯한 몇몇 작가들은 "결혼은 사랑해서 해야 하지 물질 때문에 해서는 안 되며", 남자는 "아내를 선택하는 것이지 옷을 선택하는 것이 아니고, 아내와 결혼하는 것이지 아내의 지참금과 결혼하는 것이 아니다."라고 말하는 데까지 나아갔다. 출판물로 남아 있는 남녀 관계에 대한 의견 중 가장 격정적이고 급진적인 목소리는 이혼을 허용해야 한다고 주장한 존 밀턴(John Milton)에게서 나왔다. "부부 관계가 이미 무너졌거나, 서로가 상대에게 배우자로서 부적합함을 깨달았거나, 정신적으로 좁힐 수 없는 차이가 생겨났을 때, 그리고 이러한 문제가 바뀔 수 없는 본성에서 비롯했으며, 결혼이라는 결합에서 얻을 수 있는 주된 장점, 즉 안식과 평화를 누리지 못하도록 가로막고 앞으로도 계속 가로막으리라 여겨질 때" 이혼할 수 있어야 한다고 밀턴은 주장했다.('안식과 평화'라고 했지 흥분, 환희, 황홀함이라고 하지 않은 데 주목하자.)

이처럼 르네상스 시기에는 점점 더 많은 이들이 사랑과 결혼의 통합을 모색했으며, 성을 자유롭게 표현하고 상대에 대한 욕망과 상대를 아끼고 사랑하는 마음이 공존할 수 있는 틀을 만들고자 노력을 기울였다. 그러나 가톨릭에 이어 서구 여러 나라를 장악한 개신교 문화는 여전히 세속적 가치를 경멸하고 성적 행동을 가혹할 만큼 엄격하게 규제했다.

17세기 후반과 18세기에 걸쳐 지식층은 개신교에 격렬하게 반발하기 시작했고 사회적·정치적으로 종교가 행사하는 권력에 전반적으로 강한 적개심을 드러냈다. 그러나 적어도 남녀 관계에서 그들의 '반항'은 인정받지 못한 항복으로 결말을 맺었다. 나

중에 '이성의 시대'로 불리게 되는 당대의 저술가와 사상가들은 종교에 '저항'한다는 맥락에서 인간을 죄인이 아니라 매력적인 동물, 나약할지언정 (종교적 의미에서) 타락하지 않은 동물로 보는 경향이 있었다. 그들이 보기에 섹스는 스포츠이자 모험이었고, 두 마리 동물이 날뛰는 것과 마찬가지로 특별한 정신적 의미나 가치가 없는 행위였다.

이성의 시대는 바로 이런 '이성적 도착(倒錯)'과 같은 관념을 낳았다. 19세기의 많은 낭만주의 작가들에게 영향을 끼친 드니 디드로(Denis Diderot)와 그의 다음 세대인 사드(Marquis de Sade) 같은 인물들이 이 관념을 옹호했다. 종교적 도덕률에 '저항'하다 생겨난 이런 흐름은 성적 학대를 찬미했다. "자연의 체계가 유물론의 논리를 철저히 따르고 있으며, 개인이 행복과 쾌락을 추구할 권리가 중요하다고 도덕과 종교의 압제에 맞서 부르짖은 가장 위대한 주창자이면서, 자연의 이름으로 성적 도착을 정당화할 길을 닦은 사람이 바로 디드로였다."(마리오 프라즈 Mario Praz)

인간을 보는 이러한 관점이 왜 이 시기에 생겨났는지를 이해하려면, 새로운 과학이 대두하면서 현실을 기계론적으로 이해하려는 태도가 나타났다는 사실을 고려해야 한다. 순수한 물리적 인과 관계가 지배하는 뉴턴의 우주는 궁극적으로 의미도 목적도 없는 입자의 운동으로 환원할 수 있다. 이러한 세계에서는 인간의 영혼뿐 아니라 기초적인 생명 현상 자체가 근본적으로 무의미하다. 이 새로운 세계관에 영향을 받은 지식인들은 인간 행동을 해석하려고 시도하면서 기계론적 결정론을 전제로 삼아 이론을 만들었고, 인류가 동물에서 진화했다는 사실이나 사회적 힘들의 관계 속 개인의 역할에서 인간 행동의 원인을 찾으려 했다. 즉 복잡해 보이는 인간의 욕망과 의도를 확고한 물리 법칙으로 환원하려 했던 것이다. 이러한 관점에서 여자와 남자가 서로 열정적이고 정신적인 관계를 맺는다는 생각은 어리석도록 '비과학적'인 것이었으며, 짝짓기를 하려는 순수한 육체적 충동을 고상하게 포장하려는 그릇된 시도였다.

이 이성의 시대에는 이성 대 감정의 이분법적 사고가 화려하게 부활했다. 당시 지식인이라면 모름지기 감정을 비웃어야 마땅했다. 조너선 스위프트(Jonathan Swift)에 따르면 사랑이란 "연극이나 소설에 나오는 우스꽝스러운 감정"이었고, 세바스티앵 샹포르(Sebastien Chamfort)는 사랑을 그저 "두 개체의 표피가 접촉"하는 것일 뿐이라고 썼다.(헌트)

종교적 가치가 사회를 억압한다고 믿고 거기에 저항하는 과정에서 사람들은 세속적 인간관계의 가치도 부정하고 말았다. 당시 지식인들은 환희와 쾌락을 우리에 가둔 종교의 압제에 반발하지 않았다. 그저 환희와 쾌락에 굴복했을 뿐이다.

그러나 이전 문화와 마찬가지로 이 시대 역시 이성과 감정, 영적이고 지적인 가치와 열정적이고 육체적인 경험이 대립한다고 믿었다. '이성의 시대' 문화는 무가치하다고 무시하려 했던 열정에 스스로 사로잡혀 있다는 것을 발견했다.

이 시대를 헌트는 이렇게 묘사했다. "감정을 멸시하고 인간은 철저히 지성에 따라 행동해야 한다고 생각하면서도, 동시에 사랑에 사로잡혀 있었다. 여기서 말하는 사랑은 당시 사교계의 관습으로 자리 잡은 특정한 종류의 사랑, 즉 정교한 의례에 따라 추파를 던지고, 유혹하고, 간음하는 방식의 사랑이었다. …… 당시 이성에 대해 가장 고상하게 논하던 이들이 음탕한 모험에 빠져 시간과 돈을 쏟아붓고 관능 속에 허우적거리다 건강을 해치기도 했다."

사랑은 게임이자 유희였다. 유혹과 외도는 오락이었다. 여성은 아첨의 대상, 희롱의 대상, 장난치고 유혹하는 대상이었으며 결코 진지하게 여겨지지 않았다. 체스터필드(Chesterfield) 백작은 아들에게 보낸 편지에 이렇게 썼다. "여자는 다 큰 어린애에 불과하다. 여자는 시간 때우기 좋은 수다를 떨 줄 알고 가끔은 재치도 보이지만, 견실한 이성이나 양식은 없다. 나는 살면서 한 번도 그런 여자를 본 적이 없다."

여기서 짚고 넘어가야 할 점은, 이 책에서 말하는 낭만적인 사랑은 이러한 반여성주의와 공존할 수 없다는 것이다. 열정의 대상을 존중하지 않는다면 열정 그 자체의 무게도 인정할 수 없다.

당시 영국과 유럽의 문화에서 사랑해서 하는 결혼은 일반적으로 매우 드물었다. 물론 역사의 어떤 시기에나 그렇듯 예외는 존재했다. 그러나 여기서 주목해야 할 것은 당시 사회에서 우세하고 지배적인 문화의 흐름이 무엇이었는가이다.

르네상스 이후로 세속적 행복에 대한 공감이 커지면서 한 쌍의 남녀가 결혼하고 나서 서로를 사랑할 수 있다는 관념이 발전한 것은 사실이다. 결혼 생활에서 행복을 얻을 수 있다는 생각이 이때부터 사회적으로 받아들여지기 시작했다. 그러나 결혼 자체는 여전히 경제적 이유나 정치적 이유, 즉 돈, 신분, 권력을 얻고자 가족에 의해 결정되었다.

따라서 남녀 관계의 영역에서 계몽 사상가들은 앞선 세대에 비해 크게 달라지거나 앞으로 나아가지 못했다고 할 수 있다. 수 세기 동안 지속되어 온 인간의 육체와 정신의 분열을 받아들이면서, 계몽 사상가들은 남녀 관계에서도 육체적 열정과 정신적 가치가 통합되지 않은 채 유지되리라 확신했다.

산업화와 자본주의 : 자유로운 사랑의 계약

그러나 사고의 다른 분야, 특히 과학과 정치 철학에서 이성은 유례없는 엄청난 진보를 이루었다.

이 시대에는 지적 탐구 분야에서 폭발적으로 빠르게 발견이 이루어졌다. 과학 분야에서 사상가들은 오로지 인간 정신의 힘만으로 자연의 비밀을 밝힐 수 있으며, 교회가 드리운 장막에 가려 몇 세기 동안이나 어둠에 묻혀 있던 세계에 빛을 비출 수 있다고 선포했다. 정치 분야에서는 몇 세기에 걸쳐 여러 형태의 폭정을 겪은 끝에 철학자들에 의해 인권 개념이 고안되었다. 이 두 가지 사상의 진보는 다가올 19세기와 20세기의 남녀 관계에 지대한 영향을 끼쳤다.

낭만적 사랑의 개념이 문화적 가치로 폭넓게 인정받고 이상적인 결혼의 기준으로 존중받게 된 것은 19세기에 와서야 일어난 일이다. 사랑의 새로운 개념은 세속주의와 개인주의가 지배하는 사회, 개개인이 지금 이 땅에서 삶을 명시적으로 중요하게 여기고 개인의 행복이 소중함을 인식하는 문화에서 비로소 자리잡을 수 있었다. 이러한 문화는 서양에서 산업 혁명, 자본주의와 함께 탄생했다.

인간 존재의 삶의 가능성에 대한 인식을 근본적으로 변화시킨 광범위한 정치경제적 맥락을 이해하지 못한다면 낭만적인 사랑이 문화적 이상으로서 어떻게 발생했는지 이해할 수 없다. 계몽주의와 함께 산업 혁명이 일어나고, 19세기에 절대주의 붕괴, 자유 시장의 발전과 더불어 자본주의가 발흥함에 따라 사람들은 이전까지 분출구를 찾지 못했던 생산적 에너지가 갑자기 풀려나는 것을 목격했다. 자본주의 이전의 사회라면 생존하지 못했을 수많은 이들이 살아갈 기회를 얻는 것을 보았다. 사망률이 떨어지고 인구 증가율이 치솟는 것을 보았다. 중세 봉건 영주도 상상하지 못했을 생활 수준을 자신들이 누리게 된 것을 보았다. 과학, 기술, 산업이 빠르게 발전함에 따라, 사람들은 역사상 처음으로 자유로운 인간 정신이 물질을 지배하는 모습을 보았다.

그러나 산업화와 자본주의가 낳은 결과는 물질적 풍요에 그치지 않았다. 인류 역사상 처음으로 인간은 각자 원하는 바를 추구할 자유를 명시적으로 인정받았다. 지적 자유와 경제적 자유가 함께 꽃피었다. 인간은 개인의 권리라는 개념을 발견했다. 개인주의는 세계와 인간관계를 근본적으로 바꿀 창조적 힘이었다.

자유로운 시장에서 자유로운 거래라는 자본주의 원칙이 가장 확고하게 자리 잡은 곳은 미국이었다. 19세기 내내 미국에서는 인간의 생산 활동이 정부의 규제에서 벗어나 자유롭게 이루어졌다. 한 세기 반이라는 짧은 시간 동안 미국은 자유, 진보, 성취, 부, 물질적 쾌락의 높은 수준을 이루었다. 그 당시까지 인류 발전의 총합으로도 견줄 수 없는 생활 수준이었다. 미국이 만들어 낸 세계에서 세속적 행복을 추구하는 것은 가능할 뿐 아니라 자연스럽고 당연한 일이었다.

자본주의에 반대한 이들 중 산업화와 자유 시장의 발달 덕분에 자유롭게 선택한 사랑이 문화적으로 승격되었다고 언급한 사람은 프리드리히 엥겔스다. "(자본주의는) 모든 전통적 관계를 해체하고 예부터 전해 오는 관습과 역사적 당위 대신 …… '자유로운' 계약이 들어서게 했다."

그러나 계약을 맺으려면 당사자 양쪽이 자유롭게 행동하고 소유권을 행사하고 의사 결정을 할 수 있어야 할 뿐 아니라, 서로 대등해야 한다.

(자본주의에서) 문학뿐 아니라 윤리학에서도 가장 확고한 명제는, 모든 결혼은 성적 끌림에 따른 사랑과 남편과 아내가 진정 자유로운 의지에 따라 맺은 서약에 기초해야 하며, 그렇지 않으면 비윤리적이라는 것이다. 즉, 사랑하는 사람과 결혼하는 것은 인간의 당연한 권리다. 사람(남성)의 권리(droit de l'homme)일 뿐 아니라, 기묘하게 들리긴 하나 여성의 권리(droit de la femme)이기도 하다.

남녀 관계의 영역에서 이러한 변화의 영향을 가장 많이 받은 쪽은 아마 여성일 것이다. 남녀 평등에 대한 사회적 인식은 역사적으로 엥겔스가 무척 경멸한 정치경제 체제에 뿌리를 두고 있었다. 앞에서 살펴본 대로 자본주의가 탄생하기 전 가족은 대부분의 사람들에게 경제적 생존에 필수 단위였다. 대부분이 농사를 짓고 살았고, 가족 규모가 크다는 것은 곧 잠재 노동력이 많음을 의미했기에, 아이를 낳고 키우는 여자의 역할은 특히 중요했다. 여자의 경제적 생존은 출산과 육아를 잘해내는지, 더 포괄적으로 말하면 남자와 관계를 잘 맺는지 여부에 달려 있었다. 그러나 산업 사회로 발전하고 도시가 생겨남에 따라 육체적 능력보다 지적 능력이 훨씬 중요해졌다. 기계 문명이 발달한 시대에 육체적 힘의 가치는 많이 줄었다. 주로 (정치와 경제가 아니라) 전통과 종교에서 일던 반발을 거스르면서, 여성이 자기 힘만으로 생존할 수 있는 가능성이 서서히 자라나고 있었다.

19세기에서 20세기에 걸쳐 점점 더 경제적으로 자립할 수 있게 되면서, 여성은 필연적으로 사회적, 법적으로 독립할 수 있게 되었다. 이에 따라 남녀 관계가 과거에는 꿈도 꿀 수 없었던 만큼 평등한 관계가 될 가능성이 커졌다.

종교가 낳은 반여성주의와 반성애주의는 19세기에도 결코 사라지지 않았다. 그 영향력은 비록 약해지긴 했으나 20세기에도 여전히 짙은 그림자를 드리웠다. 사실 싸움은 지금도 진행 중이다. 그러나 산업화와 자본주의 이래 반여성주의와 반성애주의의 종말은 명백하다. 반여성주의와 반성애주의는 이제 시대착오적인 과거의 유물일 뿐이다.

안타깝게도 오늘날 여성의 권리를 옹호하는 많은 이들이 자본주의를 적으로 규정하는 실수를 저지르고 있다. 그러나 자본주의야말로 여성의 자립을 가능케 해준 원동력이라는 것이 역사의 진실이다. 자본주의야말로 그 바탕에 깔린 개인주의와 함께 현대 페미니즘이 등장할 발판을 만들어주었다.

산업 혁명이 시작될 무렵부터 많은 사회 비평가들이 자본주의가 봉건적 사회 조직과 가족 제도를 깨뜨린다고 불평했다. 그들은 자본주의 덕택에 인간이 얻은 독립성이 결국 문명의 종말을 불러올 것이라고 경고했다. 그들의 경고는 어느 정도 옳았다. 과거 그 어떤 문명과도 다른 새로운 문명이 막 태어나려 하고 있었다. 이 새로운 문명의 특징 중 하나는 남녀가 자신들의 의지에 따라 함께 살아가기로 결정하며, 그 선택은 경제적 이유가 아니라 상대를 통해 행복과 정서적 만족을 얻고자 하는 욕구에서 비롯한다는 것이었다.

낭만주의 : 현실을 벗어난 사랑 예찬

산업 혁명의 시작과 함께 일어난 또 다른 혁명 역시 남녀 관계에 영향을 끼쳤다. 바로 문학의 낭만주의 운동이다.

18세기 후반에서 19세기 초반까지 낭만주의 운동이 주장한 인간의 삶을 보는 관점은 서양 문화를 근본적으로 바꾸었다. 특히 낭만주의는 개인주의적이었다. 낭만주의는 개개인을 인간 그 자체로 보았고, 삶의 방향을 자유롭게 결정하는 주체로 보았다. 그리고 낭만주의는 매우 가치 지향적이었다. 낭만주의에 따르면 인간의 삶을 움직이는 힘은 외부의 영향력, 이를테면 사회적 압력, 형이상학적 힘, 인간 내면의 '비극적 결점' 같은 것이 아니라 개개인이 선택한 가치였다. 낭만주의의 정수는 사실상 열정적 개인성의 찬양이었다.

문예 사조로서 낭만주의는 당시 한창 고양되던 개인주의의 표현이었다. 이 새로운 운동의 바탕에는 각자 선택한 가치관에 따라 살아가는 인간이라는 생각이 깔려 있었다. 가치관은 인간의 삶을 이끌어 나가는 중대하고 결정적인 요소였다.

궁정 연애가 극도로 규칙을 지키고 정해진 의례를 따랐다면, 19세기 낭만주의는 개성과 '자연스러운' 감정 표현을 찬양했다.

낭만주의 관점에서 사랑이란 독립적인 두 영혼이 서로가 지닌 정신의 결이 근본적으로 닮았음을 깨닫고 맺어지는 것, 즉 '영혼의 단짝'을 찾는 것, 서로에게 가장 중요한 단 한 사람을 선택하는 것이었다.

역사상 처음으로 (비록 보기 드물긴 했으나) 여성들이 이러한 관계에서 남자와 대등한 수준의 지성과 열정을 지닌 주역으로 등장했다. 메리 울스턴크래프트(Mary Wollstonecraft)는 1792년에 쓴《여성의 권리 옹호》에서 특히 이성과 지적 능력에서 여성이 남성 못지않게 뛰어나다고 주장했다. 바이런(George Gordon Byron)이 쓴 극시의 낭만적인 주인공 만프레드는 자신이 사랑하는 여성을 자신과 마찬가지로 훌륭한 능력을 지녔다고 묘사한다. "그녀도 마찬가지로 홀로 생각하며 떠돈다/ 숨겨진 지식을 탐구하고/ 우주를 이해하기 위한 정신을 품고……."

이처럼 여성을 남성과 대등하게 보는 시각이 낭만주의에서 보편적 관점이었다고는 할 수 없으나(낭만주의 문학의 주인공들은 많은 경우 비뚤어지고 잔인하며 우울하고 무기력할뿐더러 때로 사도마조히즘적이다.) 낭만주의자들에게 이상적인 관계는 대등한 (나아가 동등한) 능력과 가치를 지닌 개체가 맺는 관계였음은 분명하다.

연인을 자유롭게 선택할 자유를 가장 크게 부르짖은 이들은 영국 시인 퍼시 셸리(Percy Shelley)를 비롯한 급진주의자들이었다. 셸리는 "사랑은 자유롭다."라고 주장하며 결혼을 사회경제적 단위로 보아 감정의 자유를 제한하는 관습에 반기를 들었다.

바이런과 같이 시대를 풍미한 사회적 반항아들은 염문을 뿌리며 '사랑할 능력'을 과시했고, 근친상간 금제마저도 공공연히 무시하며 연인을 자유롭게 선택할 권리를 강조했다. 성관계를 맺을 때 중요한 것은 상대에 대한 성욕이 법적으로 허용되는지가 아니라 성욕이 서로를 향한 사랑에서 비롯했는지 여부였다.

사람들은 일반적으로 낭만주의 소설, 희곡, 시에 담긴 사랑 이야기를 통해 낭만주의 운동이 남녀 관계에 끼친 영향을 이해하려한다. 그러나 이렇게만 접근해서는 내가 낭만주의가 떨친 위력의더 깊은 뿌리라고 믿는 것을 놓치게 된다. 그것은 바로 낭만주의에 깃든 철학이다. 낭만주의의 뿌리는 삶의 본질, 세계와 인간본성, 인간 존재의 가능성을 바라보는 관점에 있다. 이 점을 이해할 때 비로소 문화와 문화적 이상과 기대에 낭만주의가 끼친 영향력을 꿰뚫어 볼 수 있다.

낭만주의 운동이 태동하기 전 서양 문학을 지배한 주제는 '운명'이었다. 인간은 꼭두각시 취급을 받았다. 꼿꼿이 저항하든 슬피 몸을 맡기든, 끝내 거역할 수 없는 운명의 흐름에 거의 항상패배하는 미약한 존재였다. 인간이 어떤 선택을 하고 어떤 희망을 품고 행동하든 결국 인간의 삶은 운명이 좌우했다. 희곡, 서사시, 영웅전설, 연대기를 비롯해 낭만주의 이전 온갖 형태의 문학 작품에는 같은 목소리가 담겨 있었다. 즉, 인간은 운명의 손에 놀아나는 장기짝에 불과하며, 인간이 사는 세계는 궁극적으로 인간이 원하는 바를 짓누르는 방향으로 움직이고, 설령 인간이 성공을 거두더라도 그 성공은 인간이 노력해 얻은 것이 아니라 우연한 외적 요인에 의해 얻어진다는 것이었다. 삶에 대한 이러한 가치관이 바로 낭만주의가 저항한 대상이었다.

반면에 낭만주의 문학에서 등장인물의 삶은 그들 자신이 선택한 목적에 의해 결정된다. 등장인물은 목적을 향해 나아가면서 발생하는 문제를 풀고, 장애물을 뛰어넘고, 자기 내면에서 일어나는 가치관의 갈등 또는 가치관과 목적의 차이가 빚어내는 다른 인물과의 갈등을 해결한다. 일관성 있게 짜인 여러 사건을 겪으며 목적을 향해 나아가다 마침내 모든 문제가 해소되는 절정에 다다른다. 이러한 전개에 담긴 철학적 의미는 물론 우리 인생은 우리 손에 달려 있으며, 우리의 운명은 우리가 개척하는 것이고, 우리의 삶에서 가장 중요한 것은 우리 자신의 선택이라는 가치관이다. 이 점이야말로 문학 속 낭만주의와 현대적 의미의 낭만적 사랑이 궁극적으로 결합하는 지점이다.

이런 인간적 상황을 작품으로 표현하려 한 작가들은 안타깝게도 함정에 빠졌다. 전통적 도덕 관념이 현실의 삶에 들어맞지 않는다는 점, 전통적 도덕을 항상 실천하고 관철하기는 불가능하다는 점, 전통적 도덕에 따라 산다고 해서 성공과 행복을 얻을 수 없다는 점을 낭만주의 작가들은 의식적으로든 무의식적으로든 알고 있었다. 바로 여기에서 삶의 의미를 본질적으로 인간과 현실에 둔 많은 낭만주의 작품이 비극적 결말을 맺는 이유이다. 빅토르 위고(Victor Hugo)의 《파리의 노트르담》이나 《웃는 남자》

가 대표적 사례다. 또한 대다수 낭만주의 문학이 먼 옛날, 특히 중세 시대를 배경으로 삼는 이유도 여기에 있다. 이를테면 월터 스콧(Walter Scott)의 소설이나 오늘날의 판타지 소설처럼, 낭만주의 문학의 명맥을 잇고 있으나 책꽂이에서 점차 사라져 가는 책들에서 그런 특징을 찾아볼 수 있다. 위고의《레 미제라블》처럼 작가가 살던 당대의 중대한 문제를 다룬 작품은 보기 드문 예외다.

현재의 문제에서 눈을 돌리는 것은 낭만주의의 (암묵적) 바탕인 인간 능력에 대한 철학적 믿음에 부합하지 않는다. 낭만주의자들은 개인을 (때로) 영웅으로 보았지만 삶은 (거의 언제나) 비극이라고 여겼다. 낭만주의자들은 개인이 이 세상에서 행복을 이룰 전망을 구체화하고 계획하는 데 실패했다. 전통적인 종교적 가치관뿐만 아니라 그에 저항하는 낭만주의자들의 주관적인 (또한 종종 노골적으로 비논리적이었던) 가치관, 둘 중 어느 것도 개인의 행복을 가능케 할 수 없었다. 역사 속 과거로 날아가거나 비현실적인 소설 속 감상에 젖음으로써 낭만주의 작가들은 점차 '현실 도피'라는 비판을 피할 수 없게 되었다. 낭만주의자들은 인간 존재가 겪는 현실의 문제로부터 점점 더 멀리 도피하는 경향을 보였고, 결국 진지한 고민과 성찰에서 아예 손을 떼고 말았다. 시간을 때우기 위한 읽을거리 수준으로 추락한 것이 오늘날 대부분의 낭만주의 문학이 처한 현실이다.(여자와 남자의 낭만적 사랑을 공격하는 이들은 일반적으로 낭만주의 문학과 함께 비슷한 실패로 끝난 사실주의를 언급하며 낭만적 사랑도 실패했다고 주장하곤 한다.)

　낭만주의가 삶을 보는 관점은 19세기 중반에 점점 더 거센 공격을 받았다. 공격의 이유는 다양했다. 낭만주의가 인간을 스스로 통제할 수 없는 외부의 힘에 휘둘리는 무력한 존재라고 보는 점에서 당시 세계관인 기계론, 결정론, 유물론과 완전히 상반되었기 때문이기도 했다. 낭만주의 운동에 만연했던 비이성주의와 신비주의에 대한 열광 때문이기도 했다. 많은 사람들이 낭만주의를 찬양하면서도 쇠약해지던 종교적 가치 지향을 버리지 못했기 때문이기도 했다. 하지만 가장 근본적인 이유는 낭만주의가 자신이 추구하는 것을 이루려면 이성이 중요한 역할을 해야 한다는 사실을 이해하지 못했기 때문이다.

　자신의 적인 종교가 표방하는 이성과 감정의 이분법을 받아들임으로써 낭만주의자들은 지성에 반하여 감각을 찬양하고 객관에 반하여 주관을 찬양하는 데 앞장섰다. 그들은 이성과 열정, 지성과 본능이 모두 동등한 인간성의 표현이자 생명력의 표현이며 굳이 서로 대적할 필요가 없다는 사실을 이해하지 못했다. 이성을 적에게 넘겨준 것은 낭만주의의 치명적 실수였다. 낭만주의가 자신의 적과 벌인 싸움은 사실상 이성 대 비이성의 싸움이 아니라 비이성(어떤 의미에서) 대 비이성(또 다른 의미에서)의 싸움이었다. 어느 쪽도 승자가 되지 못했다.

　낭만적이라는 단어가 낭만주의 소설을 뜻할 때도 쓰일 수 있고 여자와 남자의 낭만적 사랑을 뜻할 때도 쓰일 수 있는 것은,

인간이 스스로 선택한 가치가 자신의 삶을 결정하는 중대한 요인이라고 보기 때문이다. 그러나 낭만적 사랑이 요구하는 것, 하지만 19세기의 낭만주의가 전혀 제공하지 못한 것은 이성과 열정의 통합이다. 인간이 건강한 삶을 살아가기 위해 유지해야 하는 주관과 객관의 균형이다. 달리 표현하자면, 여자와 남자의 낭만적 사랑에 필요한 것, 그리고 19세기 낭만주의 소설가들이 제공하지 못한 것은 심리적 현실 감각이다.

19세기 : '정숙한' 사랑

낭만주의가 공격당하던 19세기에도 (가장 일반적 의미에서) 낭만적 사랑의 이상은 사회적 확신은 물론이고 낡은 철학과 과학이 붕괴하는 시대에 등장한 중간계급의 상상력을 말해주었다. 19세기 중반에는 과학적 세계관이 완전히 자리 잡았다. 당시 잇따른 과학적 발견은 오랫동안 인간 존재에 의미와 목적을 부여해온 종교에 대한 믿음을 뒤흔들었다. 진화는 그런 과학적 발견 중 하나에 불과했다. 인간관계에 정성을 쏟는 것만이 인간의 삶에 변함없는 안정과 의미를 부여하는 길로 보였다.

매튜 아널드(Matthew Arnold)가 1867년에 쓴 시 〈도버 해안〉의 쓸쓸한 어조를 보면, 사랑만이 인간이 안심하고 머무를 수 있는 마지막 보루라는 한탄이 들려오는 듯하다.

믿음의 바다는

한때 물이 꽉 들어차 이 땅의 해변을

곱게 접힌 빛나는 허리띠처럼 둘러싸고 있었다

하지만 지금 내 귀에 들려오는 것은

물이 흐느끼며 빠져나가는 기나긴 울부짖음

광막한 저 가장자리 너머로

갈가리 찢긴 세상의 파편 너머로

밤바람의 숨결에 맞춰

후퇴하는 소리

아, 사랑이여, 진실하자

서로에게! 왜냐하면 세상은

우리 눈앞에 꿈나라처럼 펼쳐진 듯하지만

그토록 다채롭고 아름답고 신선해 보이지만

사실 그곳엔 기쁨도 사랑도 빛도 없고

확신도 평화도 고통을 덜어줄 손길도 없기 때문이다

그리고 우리는 여기 어둑해진 전장에 섰다

전투와 패주의 아우성이 어지럽게 휘몰아치는

무지한 군대가 암흑 속에 충돌하는 이곳에

　19세기를 살아간 많은 사람들에게 사랑은 혼란스럽고 예측할
수 없는 이 세계에서 의지할 수 있는 단 하나의 안식처이자 지지

대였다. 사랑만이 영원한 무언가에 대한 희망을 구할 수 있는 가치였다.

19세기 중간 계급에게 정숙하게 길들여진 낭만적 사랑은 결혼에 따라와야 할 조건으로 여겨졌다. 세상이 뒤집히는 격변의 소용돌이 속에서 급격한 사회적·문화적 변화 속에서 정치적 자유가 열리면서 결혼과 가정은 사회의 안정을 위한 필수 단위로 이상화되었다. 부부의 헌신은 사실상 사회적 의무가 되었다. 낭만적 사랑을 보는 관점치고는 그리 낭만적이지 못했다. 이들 중간 계급은 기본적으로 개신교의 윤리관을 지니고 있었던 데 더해 신흥 부유층으로서 사회적 존경을 얻고자 했기에 낭만적 열정에 낭만적이고 가정적으로 접근했다. 사랑할 대상을 자유롭게 선택할 권리는 옹호하되 나머지는 얌전하게 '길들인' 것이다.

빅토리아 분화가 얼마나 억압적이었는지는 잘 알려져 있다. 가장 나쁜 경우를 묘사하자면, 가족과 함께하는 가정 생활의 환희를 거의 신파조로 찬양하면서도 성적 측면은 엄격하게 억눌렀다. 개신교 위에 세워진 사회에서 성욕은 남자만이 지닌 짐승 같은 욕정으로 여겨졌다. 남자의 짐승 같은 본성은 도덕적이고 영적이지만 무성인 존재와의 결혼, 당시 유명했던 소설에 나오는 묘사를 빌리면 '가정의 천사'와의 결혼 생활을 통해 윤리적으로 구제될 수 있었다. 빅토리아 시대의 사랑은 결혼을 서로에 대한 존중과 헌신과 애정과 묶어 생각했지만, 성생활은 엄격하게 통제했다.

낭만적 사랑의 두 날개라 할 수 있는 자유와 개인주의는 경제적 측면에서 미덕으로 인정받았지만, 사생활 영역에서는 사회 규범을 따라야 한다는 압력이 거세게 작용했다. 중간 계급은 특히 '사회적 존경'을 갈구했기에 오늘날의 상식과는 달리 사랑한다고 해서 거리낌 없이 자유롭게 성적 표현을 할 수 있다고 생각하는 이는 거의 없었다.

그러나 멈출 수 없는 무언가가 속박에서 풀려났다. 억누를 수 없는 변화가 일어나고 있었다. 여성의 재산권이 점점 더 커지면서 여성의 지위도 계속해서 올라갔다. 결혼은 점차 종교적 색채를 잃어 가며 사적인 약속에 가까워졌고, 이혼이 점점 더 사회적으로 수용되었다. 법률의 변화는 낭만적인 상대를 뜻대로 선택할 자유를 북돋웠다.

마침내 19세기 후반에서 20세기 초반에 새로운 심리학이 발전하면서, 개인의 성을, 일부 측면에서나마 자유롭게 표현하는 성관계라고 보는 새로운 관념이 생겨나기 시작했다. 그전까지 성을 '동물적'인 것으로 보던 종교적 관점에서 성을 중요한 심리적 의미가 담긴 자연스러운 기능으로 보는 관점으로 대체되었다.

그러나 '프로이트 혁명'의 영향은 역설적이었다. 인간의 성에 대해 한층 더 계몽된 시각을 제공한 반면에 다른 방식으로 낭만적인 사랑을 배격하고 여성을 억압한 것이다. 프로이트의 반낭만주의는 개개인이 짝을 선택할 권리를 부정하지는 않았다. 프로이트는 단지 '사랑'을 '목적을 억압당한 성'이라고 단언했다. 프로이트에 따르면 부르주아의 낭만주의는 성적 갈망을 채우지 못한 결과 연인을 우상화해 숭배하는 것일 뿐이었다. 프로이트가 보기에 낭만적인 사랑은 그저 어두운 성적 충동의 승화된 표현일 뿐이었다. 서로에 대한 애정 표현으로 나타나는 성욕은 프로이트가 남녀 관계를 보는 관점에서, 그리고 아마도 프로이트의 개인적 경험에 비추어봤을 때 그야말로 낯선 것이었다. 여성을 볼 때 프로이트는 '작고 가련한 여인'이라는 신조를 철저히 따랐다. 그에게 여성은 가냘프고 그리 영리하지 않은 생물, 남성이 엄혹한 현실에서 보호해주어야 할 대상이었다. 여성의 일생은 남근이 없어서 느끼는 부족하다는 감각이 특징이라고 프로이트는 가르쳤다. 그리하여 지적 능력을 지나치게 활발히 펼치거나 세속적 야심을 품은 여성은 프로이트가 보기에 여자로서 지닌 근본적 결함과 부족함을 부정하기 위해 과한 몸부림을 치는 것이었다. 현대 페미니스트가 보기에 프로이트는 결코 위인은 아니었다.

그렇더라도 프로이트가 인간의 성을 탐구하는 새로운 길을 열어젖혔다는 점, 그가 품었던 끊임없는 호기심의 탐조등을 이전 시대에는 어둠 속에 갇혀 있던 영역을 향해 비추었다는 점, 논의의 대상이 되지 못했던 것을 기꺼이 논의 주제로 삼았다는 점에서 인간에게 전에 없는 해방감을 선사한 것은 사실이다. 프로이트는 후대에 결국 그의 주장을 반박할 이들, 그보다 더 멀리, 더 선명하게 내다볼 이들이 걸음을 뗄 수 있도록 길을 냈다. 프로이트 자신이 어떤 사람이었는지와는 별개로 그는 낭만적 사랑의 발전에 공헌했다.

개인주의 : 사랑은 개척하는 것

앞에서 개인주의와 낭만적 사랑의 이상이 (어떤 방식으로든) 밀접한 관계를 맺는다는 점을 살펴보았다. 이 관계는 왜 낭만적 사랑이 처음으로 바람직한 가치로 사회 전반에 널리 퍼진 곳이 다름 아닌 미국이었는지, 그리고 왜 오늘날에도 세계 곳곳에서 낭만적 사랑이 보통 '미국적' 현상으로 여겨지는지 이해하는 데 실마리가 될 수 있다.

미국 문화에서 성에 대한 태도는 분명 개신교의 (나중에는 빅토리아 문화의) 영향을 받았고, 반낭만적인 미국의 '상식'의 전통이 열정의 중요성을 종종 부인한 것은 사실이다. 하지만 19세기 미국인이 다른 동시대인들보다 훨씬 더 자유롭게 사랑에 따라 결혼 상대를 선택할 수 있는 사회에 살았던 것도 사실이다. 그리하여 결과적으로 서양 세계의 나머지도 미국의 모범을 따르게 되었다. 1953년 버지스(Ernest Burgess)와 로크(Harvey Locke)는 역사적인 설문 조사 〈가정: 제도에서 동지애로〉에 이렇게 썼다. "여하튼 오직 미국만이 낭만적인 사랑을 결혼의 전제 조건이자 핵심 내용으로 가장 온전하게 표현하고 실천하는 나라다."

미국과 유럽의 차이에 대해서는 앞에서도 잠시 언급하긴 했지만, 워낙 중요한 내용이기에 다시 한번 강조하고 넘어가는 게 좋겠다. 조금 전에 살펴보았듯이 19세기 유럽에서 진보적 변화가 급격하게 이뤄지긴 했지만, 미국은 정치적 자유에서 과거에는 찾아볼 수 없었던 수준의 자유를 추구했다. 확고한 개인주의와 개인의 권리가 어떤 가치보다 앞선다는 신조 역시 미국을 19세기 유럽과 구별짓는 특징이었다. 특히 인간은 지금 여기 이 세상에서 자신의 행복을 추구할 권리가 있다는 투철한 믿음은 미국 특유의 것이었다. 이런 개인 관념이 당시 얼마나 혁명적인 것이었는지 현대 미국인이 온전히 실감하기는 어려울 것이다. 그러나 특히 당대 유럽 지식인들이 보기에 미국은 이런 측면에서 대단한 나라였다. 미국은 오랫동안 인류 역사상 진정으로 세속적인 최초의 사회로 여겨져 왔다. 역사상 최초로 개인을 종교나 사회나 국가 권력의 심부름꾼으로 보는 관점에서 벗어나, 자신의 행복을 위해 존재할 권리를 지닌 개체로 인식한 나라라는 점을 봤을 때 합당한 주장이다. 개인에 대한 이러한 원칙이 담긴 뚜렷한 정치의 형식을 제공한 나라도 미국이 처음이었다.

철학적·정치적 측면과 함께 미국에서 낭만적 사랑이 발전할 수 있었던 이유를 설명하는 데 도움이 될 또 다른 고려사항은 미국이 시작부터 여러 나라에서 이주한 사람들이 개척해서 만든 이민자 사회였다는 사실일지도 모른다. 이민자들은 전통을 더 쉽게 버릴 수 있었다. 초기 개척자들이 일군 경제 체제는 태생적으로 더 개방적이고 모험을 두려워하지 않았다. 개척 초기의 거친 상황에서 여성은 성적, 경제적 차원뿐 아니라 모든 차원에서 귀한 존재였다.

19세기 후반에서 20세기 초반에 걸쳐 사람들은 갈수록 더 많이 옮겨 다니며 살게 되었다. 이러한 추세는 여성과 남성이 다양한 상황에서 점점 더 자유롭게 어울리는 결과를 낳았다. 피임 수단이 대중화되고 이혼이 점차 받아들여진 것 또한 남녀 관계의 해방을 촉진했다. 20세기에 들어와 빅토리아 시대의 성 관념은 미국에서 영향력을 잃어 갔다. 조금 더 시간이 흐른 뒤에는 여성의 성에 대한 이해가 커졌고 여성과 남성의 평등에 대한 인식이 널리 퍼졌다.

오늘날 미국과 미국에 영향을 받은 지역에서 사람들은 사생활, 그중에서도 특히 성적 사생활에서 전에 없는 자유를 누리고 있다. 성을 인간 본성의 '어두운 면'이 아니라 전체 인격을 구성하는 요소의 하나로 이해하는 법을 배우고 있다. 19세기 낭만주의자들 사이에 퍼졌던 것처럼 비극을 숭고하게 미화하려는 경향이 덜하다. 종교의 영향력이 점차 줄어든 결과 종교적 권위에 저항하거나 '계몽된' 사람임을 '증명'하고자 성적 쾌락에 탐닉할 필요도 훨씬 줄어들었다. 그리고 그 결과 낭만적 사랑을 '자연스럽게' 보는 관점이 과거 어느 때보다 보편적으로 받아들여지고 있다.

낭만적 사랑은 불가능한가?

그렇다고 해서 현대 미국에서 낭만적 사랑의 이상이 전혀 공격받지 않은 것은 아니다. 오히려 그 반대에 가깝다. 사회학과 심리학 분야의 많은 이들이 감정에 의지하여 장기적인 관계(결혼)를 맺으려는 시도를 좋게 봐줘봤자 지독하게 순진하고 가혹하게 비판할 경우 병적이고 사회적으로 무책임하다고 주장한다.

미국의 인류학자 랠프 린턴(Ralph Linton)은 1936년에 이렇게 썼다. "모든 사회에서 반대 성을 지닌 사람 사이에 때로 지독한 정서적 애착이 생겨날 수 있음을 이해한다. 그러나 오늘날 미국 사회는 사실상 …… 그런 애착을 결혼의 근거로 삼으려 한 …… 유일한 사회다. 대부분의 사회가 그렇지 않다는 점에서 우리 문화는 비정상적 심리 현상에 엄청나게 높은 가치를 부여하고 있다."

이보다 더 정교하고 더 영향력이 큰 공격은 드니 드 루즈몽 (Denis de Rougemont)이 펼쳤다. 1940년에 초판이 나온 《서구 세계의 사랑》에서 드 루즈몽은 이렇게 썼다.

한 문명이 앞의 문명을 계승하며 이어져 온 지난 7천 년의 세월 동안, 그 어떤 문명도 이른바 연애라고 불린 사랑에 지금처럼 널리 주목하지 않았다. 그 어떤 문명도 사랑과 결혼을 일치시키려 하거나 후자에 의존해 전자를 지키려는 위험한 시도를 독창적 확신으로 밀고 나가지 않았다. 현실에서 …… 낭만적 사랑 앞에 장애물을 놓아보라. 몇 개를 뛰어넘든 언젠가는 결국 실패할 것이다. 장애물은 시간에 의해 생겨난다. 그리고 결혼은 지속되리라 믿고 만든 제도다. 지속하지 못하는 결혼은 의미가 없다. …… 사랑은 그 정의상 본래 불안정한 것인데, 그런 감정을 결혼의 토대로 삼는다는 것이 네바다주에 과연 이득이 되겠는가? …… 연애는 장애물, 짧은 흥분, 그리고 이별을 먹고 산다. 반면 결혼은 결핍을 채우고 친밀감을 유지하며 점점 서로에게 익숙해지는 나날로 이루어져 있다. 연애는 음유시인의 노래에 나올 법한 '멀리 있어 애절한 연인'을 마음속에 그린다. 결혼은 '내 곁에 있는 이'에 대한 사랑을 마음속에 그린다.

이보다 더 근본적인 공격은 제임스 H. S. 보사드(James H. S. Bossard)와 엘리너 S. 볼(Eleanor S. Boll)이 쓴 《결혼이 실패하는 이유》에서 찾아볼 수 있다. "어떤 사람이 자신의 의지로 짝을 선택하고 오로지 개인의 행복과 만족을 목적으로 삼아 결혼한다면, 그 짝이 더는 행복과 만족을 제공해주지 못할 때 결혼은 끝이 난다. …… 개인주의자와 자기 중심적인 사람은 사실 종이 한 장 차이다. …… 개인의 행복에 대한 욕망은 결국 사회적 무기력으로 타락한다."

보사드와 볼의 주장에 따르면 낭만적 사랑을 고집하는 미국인에게서는 '떼쓰는 아이의 심리'를 엿볼 수 있다.

1973년에 열린 '사랑에 관한 토론회'의 한 참가자는 다음과 같은 말로 당시 다른 많은 사람들이 지녔던 의견을 대변했다. "사회문화적 차원뿐 아니라 심리적 차원에서도 사랑은 기존 사회의 약점까지 떠받치는 탓에 더 좋고 만족스러운 인간의 삶과 미래 사회의 발전에 매우 중요한 새로운 사회적 형식의 발전을 방해할 수 있다."

더 개인적인 차원에서 이루어진 공격 중 인상 깊은 것은 큐버 (John F. Cuber)와 해러프(Peggy B. Harroff)가 쓴《미국의 명사들》에 나오는 내용이다. 이 책의 부제는 '상류층의 성 행동 연구'다. 이 연구에서 저자들은 두 종류의 결혼을 대비한다. '실용적 결혼'은 서로에 대한 애정이나 열정 없이 사회적 · 경제적 · 가족적 이유로 맺는 관계다. 때로 오랫동안 떨어져 살고, '공동체 활동'에 시간을 투자하고, 외도를 하는 덕에 유지가 가능하다. '내재적 결혼'은 정서적 · 성적 측면에서 서로에게 뜨거운 애정을 느끼는 관계다. 서로의 삶을 최대한 공유하기로 약속하며, 두 사람의 관계를 인간이 사회적 존재로서 겪는 다른 어떤 경험보다 더 행복하고 즐겁고 만족스러운 것으로 인식하는 태도다(즉, 낭만적 사랑이다). 저자들에 따르면 '내재적 결혼'을 한 부부는 자기 시간을 매우 이기적으로 쓴다. 사회적 활동, 정치적 활동, 공동체 활동 또는 그밖에 두 사람을 떨어뜨려놓는 활동에 웬만큼 특별한 이유 없이는 참여하지 않으려 한다. 서로 헤어져 있을 핑곗거리를 찾으려 하지 않는 것이다. 이런 관계를 보며 '실용적 결혼'

생활을 하는 사람들은 어느 정도 부러움을 느끼기도 하지만, 한편으로는 분노와 적대감을 느끼기도 한다고 저자들은 말한다. 저자들이 인용한 구절을 빌리면, "저렇게 미성숙한 사람들"이 어떻게 "우리와 대등한 입장"에 서느냐는 것이다. 저자들은 심리학을 전공한 한 남자의 주장을 인용한다. "나이가 들면 나이에 맞게 행동해야죠. 그렇게 자기 위주로 사는 사람들에게는 심리적으로 무슨 문제가 있는 게 틀림없습니다. 지금 문제가 없더라도 곧 생길 겁니다."

저자들은 또 다른 심리학자의 확신에 찬 단언도 인용한다. "남자와 여자가 그렇게 가깝게 지내고 싶어 하는 건 해괴한 일입니다. 배우자가 없으면 자기 힘으로 못 서는 사람들 아닙니까? 너무 의존적이라고요! 그런 현상은 건강하지 못하다고 할 수밖에 없습니다."(이 정도로 부정적인 관점을 《미국의 명사들》의 저자들이 직접 표현하는 것은 아니다.)

낭만적 사랑이 가장 번성한 나라가 한편으로는 세계에서 가장 이혼율이 높은 나라라는 점을 지적하는 목소리도 높다. 높은 이혼율의 주범이 낭만적 사랑은 아니지만(오히려 미국인의 이혼율이 높다는 것은 그만큼 많은 미국인들이 결혼 생활은 행복해야 한다는 투철한 신념을 품고 있다는 사실을 반증한다. 불행한 삶에 체념하지 않겠다는 의지의 표명인 것이다.) 많은 사람들이 낭만적 사랑을 성취하려고 노력하다가 결국 실망하고 나아가 절망적인 실패를 경험한다는 것은 반박할 수 없는 사실이다. 한때 푹 빠졌던 상대에게서 마음이 떠나가는 일은 어디서나 흔하게 일어난다. '부부 교환', '집단 결혼', 성적 공동체, 다커플 가정, 3인 '결혼' 같은 이름으로 점점 더 많은 사람들이 새로운 실험을 하고 있다. 기존의 낭만적 사랑이 아닌 다른 방식으로 행복을 찾으려는 시도다. 그러나 이제까지 아무도 주목할 만한 성공 사례를 제시하지는 못했다. 관계의 형태가 더 다양해진다고 해서 근본적 문제가 해결되는 것 같지는 않다. 문제는 분명 그런 '해결책'보다 훨씬 더 깊은 데 있다.

인간관계를 통해 지속적으로 안정된 행복을 얻는 것이 어렵다는 사실은 부인할 수 없는 압도적 현실이다. 사랑이 무엇인지, 사랑과 관계는 무엇에 좌우되는지 시급하게 더 깊이 생각해야 한다고 우리의 등을 떠미는 듯하다.

하지만 먼서 왜 낭만적 사랑이 이제까지 그토록 많은 공격을 받았는지 그 이유부터 먼저 간단히 살펴보자.

낭만적 사랑을 비판하는 목소리 대부분이 서로를 '사랑한다'고 고백한 사람들 사이에서 일어나는 비이성적이거나 미성숙한 과정에 근거를 두고 있다. 그리고 나서 낭만적 사랑 자체가 문제라고 일반화한다. 사실 이러한 주장이 비판하는 대상은 낭만적 사랑이 아니다. 적어도 낭만적 사랑을 '한 여자와 한 남자가 열정적으로 맺는 성적 · 정서적 · 영적인 애착이자, 서로의 가치를 높이 평가하고 소중히 여기는 관계'라고 이해한다면 그렇게 일반화할 수는 없을 것이다.

예를 들어 서로 강한 성적 끌림을 경험하고 서로를 '사랑한다'고 생각하는 여자와 남자가 있다. 그 생각을 근거로 삼아 결혼까지 결정하지만 사실 이들은 공통된 가치관과 관심사가 거의 없으며, 서로를 진심으로 존경하는 마음도 없으며, 거의 상대에게 의존하려는 욕구만으로 서로에게 묶여 있다. 둘은 성격도 성향도 상반될뿐더러 애초에 서로 상대에게 진정한 관심이 없다는 사실을 놓치고 있다. 물론 이런 관계는 실패로 끝날 수밖에 없다. 이런 관계를 낭만적 사랑의 표본으로 놓고 비판한다면 이는 마치 허수아비를 세워놓고 공격하는 것이나 다를 바 없다.

어떤 사람을 사랑한다는 것은 한 인간으로서 그를 알고 사랑하는 것이다. 이것은 볼 수 있는 능력과 합리적인 명료함을 전제로 한다. 낭만적 사랑을 하는 사람들이 상대를 이상화하여 미화하는 경향이 강하다는 주장이 적지 않게 들려온다. 그리하여 상대를 오해하고, 상대의 장점을 과장하고, 상대조차 자기 단점에 눈감도록 한다는 것이다. 물론 그런 경우가 없지는 않다. 하지만 그런 경향이 사랑의 본질은 아니며, 반드시 나타나는 것도 아니다. '사랑은 맹목'이라고 주장하는 것은 사랑을 피어나게 하는 진실하고 깊은 친밀함은 실제로 사람 사이에 존재할 수 없다고 주장하는 것이다. 서로 뜨겁게 사랑하면서도 상대의 장점뿐 아니라 단점도 충분히 이해하는 여자와 남자가 이런 주장을 듣는다면 전혀 공감하지 못할 것이다.

드 루즈몽이 (그리고 그 전에는 프로이트가) 주장했듯, 낭만적 사랑은 오로지 성적 불만의 표출일 뿐이며 따라서 성관계를 맺고 나면 곧 소멸할 수밖에 없다는 의견도 있다. 불만이 집착을 낳고 욕망의 대상에 일시적으로 가치를 부여하도록 부추긴다는 것이다. 그러나 성적 만족을 얻은 뒤에는 낭만적 사랑이 유지될 수 없다고 주장하는 사람들은 개인적인 주장을 하는 것이며, 다른 사람들의 경험에 특별히 무지하거나 무관심하다는 사실을 드러낼 뿐이다.

대부분의 커플이 실제로 결혼하고 나서 얼마 지나지 않아 서로에게 품었던 환상이 깨지는 것을 보면, 낭만적 사랑 자체가 허상이 아니겠느냐고 주장하는 이들도 있다. 그러나 많은 사람들이 직업을 갖고 일을 하다 적어도 한 번은 환상이 깨지는 경험을 하는 것을 보고, 직업에서 의미를 찾으려는 시도 자체가 잘못이라고 주장하는 사람은 드물다. 많은 사람들이 자녀를 키우면서 어느 정도 환상이 깨지는 경험을 하지만, 그렇다고 해서 아이를 낳고 키우고자 하는 욕망이 본질적으로 미성숙하고 병적이라고 주장하는 사람은 거의 없다. 그런 현상을 보면 보통 일이나 자녀 양육에서 행복을 얻기란 사람들이 흔히 생각하는 것보다 훨씬 어렵고 많은 노력을 필요로 하는 일이라고 결론을 내릴 것이다.

낭만적 사랑은 만능이 아니다. 사랑이 만능이라고 믿는 사람들은 사랑을 하기엔 아직 미성숙한 이들이다. 많은 사람들이 의심, 두려움, 자신감 부족, 약하고 불안정한 자존감을 비롯해 자신의 온갖 심리적 문제를 낭만적 사랑으로 끌고 들어온다. 많은 사람들이 사랑하는 사람과의 관계도 다른 모든 인간관계처럼 또렷한 의식, 용기, 지식, 지혜가 있어야 유지할 수 있다는 것을 배우지 못했다. 이런 현실을 고려한다면 대부분의 낭만적 사랑이 좌절로 끝나는 것은 놀랍지 않다. 그렇다고 해서 사랑 자체에 좌절의 씨앗이 들어 있다고 주장하는 것은 '사랑만으로는 부족'하다면, 오직 사랑 자체만으로 영원한 행복과 만족을 지키는 것이 불가능하다면, 사랑은 원래 잘못되었거나 허상이거나 병적 증상이라고 주장하는 것이나 다름없다. 잘못이 있다면 낭만적 사랑의 이상 자체가 아니라 사랑을 핑계로 비합리적이고 불가능한 요구를 하는 데 있을 것이다.

한편 앞서 《미국의 명사들》에 잠깐 언급한 것처럼, 낭만적 사랑을 향한 일부 공격이 다름 아닌 부러움에서 우러나왔으리라는 느낌이 드는 것은 어쩔 수가 없다. 질투, 자신의 삶은 불행하다는 박탈감, 자기와는 다르게 삶을 즐길 줄 아는 사람의 심리를 이해하지 못하는 데서 비롯된 공격일 수 있다는 말이다.

그러나 더 깊은 차원의 철학적 주제도 고려해야 한다. 역사적·철학적 맥락에서 낭만적 사랑을 옹호할 근거를 찾을 수 있는 것처럼, 오늘날 낭만적 사랑이 받는 공격의 근거도 많이 찾을 수 있다.

이제 윤리적·정치적 이론의 측면으로 잠시 돌아가, 앞에서 살펴본 '부족적 정신'에 다시 주목해보자. 현대 지식인들이 낭만적 사랑에 쏟아붓는 공격의 물결을 관찰하다 보면, 내 머릿속에는 나치 시대 동전에 새겨져 있던 구호가 떠오른다. "공공의 이익은 개인의 이익에 앞선다." 히틀러는 이렇게 선언했다. "자기 자신의 행복을 좇다 보면 천국에서 지옥으로 떨어진다."

인간 역사의 비극 하나는 세상에 어느 정도 영향을 끼친 윤리 체계 대부분이 결국 본질적으로는 자기 희생을 변주한 것이라는 사실이다. 이타심은 미덕으로 칭송받았고, 이기심, 즉 자기 자신의 욕구와 욕망을 존중하는 태도는 악과 동의어로 여겨졌다. 그런 윤리 체계에서 개인은 언제나 피해자가 될 수밖에 없었다. 자기의 목소리에 귀를 닫고 모두가 나 자신보다 더 숭고하다고 하는 무언가, 이를테면 신이나 파라오나 황제나 왕이나 사회나 국가나 인종이나 특정 계급 또는 우주를 위해 희생하는 '이타적' 인간이 되라는 명령을 받을 수밖에 없었다. 이타심이라는 신조가 인산에게 자기 자신을 희생 제물로 취급하길 요구하는데도, 한편으로는 인류에 대한 자비와 사랑을 표현한다고 여겨지는 것은 인간 역사의 괴상한 역설이다. 이런 역설이 결국 어떤 결과를 낳았는지만 봐도 이타심의 교의가 말하는 '자비'의 실체가 무엇인지 알 수 있다. 수천 년 전 부족의 안녕을 위해 제물로 바쳐진 첫 번째 인간부터 시작해서 신의 영광과 다수의 이익을 위해 기둥에 묶여 불타 죽은 이단과 소수파, 특정 인종의 이익을 위해 가스실에서 죽거나 특정 계급의 이익을 위해 노동 교화소에서 노예처럼 일하다 죽어 간 수많은 피해자들까지, 이 모든 비극을 지휘한 독재와 잔혹 행위를 정당화하는 데 동원된 것이 바로 희생의 윤리였다.

그러나 지식인들 가운데 그런 학살을 정당화한 근본 전제, 즉 "개인의 이익은 더 큰 전체의 이익에 종속되어야만 한다"는 주장에 저항한 사람은 이제까지 거의 없었다. 이 전제가 적용된 특정 상황에 맞서 싸우고, 누가 누구를 위해 희생되어야 하는지를 두고 싸우고, 자신이 생각하기에 적절하지 않게 피해자와 수혜자가 선택된 데 충격과 분노를 표출한 이들은 있었다. 그러나 개인은 희생의 대상일 뿐이라는 근본 원리에 의문을 제기한 이들은 드물다.

이제 원래 이야기하던 주제인 낭만적 사랑을 향한 비판이 지닌 문제로 돌아가보자. 린턴의 주장대로 낭만적 사랑이 일반화된 문화가 거의 없다는 사실이 곧 낭만적 사랑은 '비정상적인 심리 현상'임을 암시한다면, 같은 논리에 따라 미국 사회의 다른 여러 '비정상적 현상'도 비난받아야 할 것이다. 이를테면 생활 수준이 손꼽히게 높다는 점, 개인의 권리를 존중한다는 점, 정치적 자유가 보장된다는 점 전부 비난의 대상이 될 것이다. 모두 다른 곳에서는 찾아보기 힘든 특징이기 때문이다.

두 사람이 서로 사랑한다고 해서 반드시 행복하고 의미 있는 관계를 맺는다는 보장은 없다. 사랑을 한다고 해서 성숙함과 지혜를 보증하는 것은 아니다. 그러나 그렇지 못하면 사랑은 유지되기 어렵다. 사랑을 한다고 해서 자동으로 소통 기술이나 효과적인 갈등 해소 방법, 사랑을 내 존재의 일부로 통합하는 기술을 알게 되지는 않는다. 그러나 그런 기술과 지식이 없다면 사랑은 죽기 마련이다. 사랑을 한다고 해서 자존감이 생기지는 않는다. 사랑이 자존감을 강화해줄 수는 있지만 없는 자존감을 만들어주지는 못한다. 하지만 자존감이 없다면 사랑은 꽃피기는커녕 싹 튼 뒤 목숨을 유지하지도 못한다.

그리고 현실에 안정적으로 발 디딘 성숙한 사람들조차 사랑을 반드시 '영원히' 유지할 수 있으리라는 법은 없다.

사람이 성장하고 발전함에 따라 욕구와 욕망도 변하거나 우선 순위가 바뀐다. 새로운 목표와 갈망이 생겨나서 관계에 균열이 생길 수도 있다. 그렇다고 해서 사랑이 '실패'했다고는 할 수 없다. 두 사람이 함께하며 서로 큰 즐거움을 주고 서로 소중히 아껴주고 서로 많은 긍정적 자극을 준 추억이 있다면, 그 관계가 영원히 지속되지 않았다고 해서 '실패'한 것은 아니다. 인생에서 그런 경험을 했다는 것만으로도 행복한 일일 수 있다.

결혼식에 '죽음이 우리를 갈라놓을 때까지' 함께하겠다는 식의 표현이 처음 등장했을 때, 인간이 서른 살까지 생존할 확률은 지극히 낮았다. 예를 들어 어떤 남자가 스물여섯 살에 죽더라도 죽기 전까지 세 번 결혼하는 일은 드물지 않았다. 여자가 출산하다 죽는 경우가 종종 있었기 때문이다. 그런 시대에 '영원하다'는 말의 의미는 오늘날 일흔, 여든을 넘기는 이들이 대다수인 오늘날과는 무척 달랐을 것이다.

사랑이 실패했다고 느끼는 때는, 사랑함으로써 즐거움과 만족을 얻지 못할 때가 아니라 사랑을 언제 떠나 보내야 할지 몰랐을 때다. 이미 사라진 것을 부여잡으려고 발버둥 치며 느끼는 괴로움과 좌절감이 '사랑의 실패'라는 잘못된 이름으로 불리는 것이다.

이제 낭만적 사랑을 우리가 어떻게 이해하고 있는지 다시 생각해볼 때다. 사랑의 의미는 무엇이고, 사랑을 통해 어떤 경험을 할 수 있으며, 사랑은 어떤 욕구를 채워주고, 사랑하려면 어떤 조건이 필요한가? 낭만적 사랑을 있는 그대로 보아야 한다. 여자와 남자 사이에 이루어지는 특별한 만남, 특별한 경험, 특별한 모험이면서, 결혼을 거칠 수도 있지만 그러지 않을 수도 있고, 자녀와 함께할 수도 있지만 그러지 않을 수도 있고, 성적으로 독점적인 관계일 수도 있지만 그러지 않을 수도 있고, '죽음이 갈라놓을 때까지' 이어질 수도 있지만 아닐 수도 있는 관계로 투명하게 인식해야 한다.

역사상 지금은 낭만적 사랑이 혼돈의 도가니에 빠져 있는 순간이다. 낭만적 사랑이라는 이상 자체가 비합리적이기 때문이 아니라 아직 우리가 사랑의 의미를 찾고 있기 때문이며, 아직 사랑의 철학적 전제와 심리적 필요 조건을 이해하는 과정을 겪고 있기 때문이다.

이제 낭만적 사랑의 심리적 뿌리, 사랑을 통해 우리가 채우려 노력하는 욕구, 사랑이 성공하거나 실패하는 조건을 더 자세히 탐구해보도록 하자. 사랑이란 무엇인지, 사랑은 왜 생겨나는지, 사랑은 어떨 때 자라나고 어떨 때 스러지는지 알아보도록 하자.

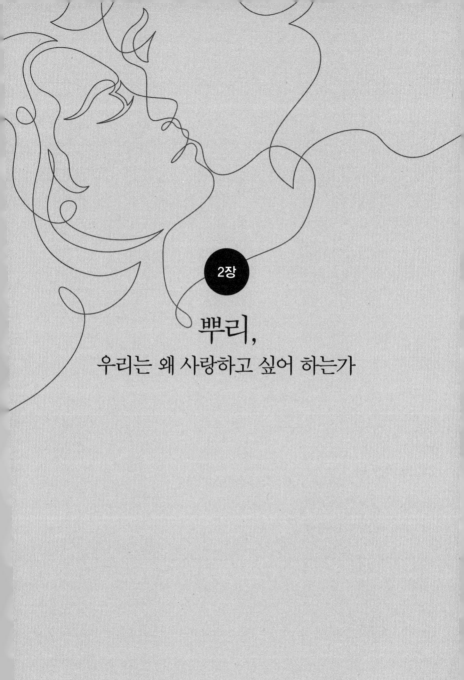

2장

뿌리,
우리는 왜 사랑하고 싶어 하는가

사랑의 첫 번째 조건

여자와 남자가 서로 만나 사랑하려 할 때, 삶의 동반자를 찾을 때, 누군가와 하나가 되길 원할 때, 가장 친밀한 관계를 경험하길 바랄 때, 출발선에 선 그들은 모두 혼자다. 이 점을 이해해야만 다음에 이어질 모든 내용으로 나아갈 수 있다. 사랑을 이해하려면 역설적이게도 혼자라는 것, 우리 모두가 경험하는 그 상태를 이해하는 데서부터 시작해야 한다.

우리의 삶은 혼자이면서도 혼자임을 알지 못하는 데서 시작한다. 갓난아기는 자기와 타자를 구분하지 못한다. 어른이 느끼는 자의식 같은 것은 아기의 내면에 아예 존재하지 않는다.

마거릿 말러(Margaret Mahler), 프레드 파인(Fred Pine), 애니 버그먼(Anni Bergman)이 쓴 《유아의 심리적 탄생》을 인용하면, "아기의 생물학적 탄생과 개인의 심리적 탄생은 동시에 일어나지 않는다. 전자가 일정한 때에 일어나는 관찰 가능한 사건이라면,

후자는 정신 내부에서 서서히 진행되는 과정이다."

자신이 끝나고 외부 세계가 시작되는 경계를 발견하는 것, 자신과 세계의 분리를 깨닫고 온전히 이해하는 것은 아기에게 가장 중요한 과제이며, 이 과정을 잘 넘겨야 정상적으로 성장할 수 있다.

인간이 성숙해 가는 이 과정에서 그 다음 단계는 개별화다. 신체적, 정신적 정체성을 조금씩 형성하고 기본적인 운동 능력과 인지 능력이 발달하면서 아이는 자율적으로 행동할 능력, 즉 자신의 의지로 스스로 통제하고 책임지는 능력의 기초를 쌓게 된다. 분리와 개별화를 거치면서 아이는 비로소 한 명의 인간이 되는 셈이다.

이 두 가지는 어린 시절에만 적용되는 개념이 아니다. 누구나 전 생애에 걸쳐 분리와 개별화를 끊임없이 경험한다.

어린 아기만 자라면서 분리와 개별화를 배우는 것이 아니라 우리 모두가 그 과정을 계속 겪는다고 이해한다면, 인간이 성숙하고 진화할수록 같은 주제를 더 높은 차원에서 거듭 대면하는 것을 볼 수 있다. 아이가 무사히 어른으로 자라나는 보편적 과정, 즉 걸음마를 배우는 데서 시작해 직장을 선택하고 가정을 꾸리고 자기 삶을 살아가는 과정은 잘 알려져 있다. 비슷한 성장 과정은 어머니라는 정체성에 지나치게 얽매인 여성에게서도 관찰할 수 있다. 자녀가 어른이 되었을 때, 이 여성은 이제 아이가 더는 자신을 필요로 하지 않는 상황에 부딪쳐 자기 정체성에 관해 힘겨운 질문을 던지게 된다. 이 여성 또한 분리와 개별화를 겪고 있다. 결혼이 이혼으로 끝날 때나 오랫동안 함께해 온 삶의 동반자가 죽었을 때, 옛 관계의 맥락 바깥에서 정체성의 문제에 직면해야 할 때도 분리와 개별화를 거친다.

인간이 궁극적으로 혼자라는 사실을 외면하려 발버둥 칠 수는 있어도, 우리는 이 사실과 끊임없이 마주칠 수밖에 없다. 낭만적 사랑으로 맺는 관계가 우리의 삶을 풍요롭게 만들어줄 수는 있지만, 개인의 정체성을 대체할 수는 없다. 이러한 사실을 부정할 때 관계가 망가진다. 의존, 착취, 지배, 복종, 스스로 깨닫지 못한 불안이 관계를 잠식한다.

어쩌면 인간으로서 우리가 거쳐 온 진화의 핵심은 "나는 누구인가?"라는 이 하나의 근본 질문에 점점 더 깊이 파고들며 끊임없이 답하는 자세일지도 모른다. 이 질문에 답하고 자기 자신을 정의하고자 우리는 생각하고, 느끼고, 행동하고, 자기 존재와 행복을 위해 더욱 충실히 책임지는 법을 배우며, 일하고 관계를 맺음으로써 자신을 더욱 드러내고 표현한다. 이 과정이 바로 더 넓은 의미에서 '개별화'이며, 인간이 평생 동안 추구하는 과제다.

어린아이가 자신의 인식, 감정, 판단이 부모나 다른 가족과 다르다는 것을 알고, 자기 목소리에 집중해야 할지, 다른 사람의 목소리 뒤에 자기 목소리를 숨겨야 할지 고민할 때. 아내가 남편이 중요한 일에서 잘못이 있다고 생각할 때, 자기 생각을 표현해야 할지, '친밀한' 관계를 지키기 위해 생각을 억눌러야 할지 고민할 때. 예술가나 과학자가 '상식적' 믿음과 동료들의 가치관에 반하고 '주류'가 추구하고 주장하는 바에 어긋나는 길 앞에 서서, 두려워도 외로운 길을 꿋꿋이 택할지, 물러서서 그 선택지를 묻어버리고 다른 사람이 받아들일 만큼만 자기 신념을 드러낼지 고민할 때. 이 모든 경우에 결국 문제는 똑같다. 내면의 신호를 귀담아들을 것인가, 외면할 것인가? 자율적으로 살 것인가, 순응할 것인가? 자신을 긍정하고 드러낼 것인가, 부정하고 억누를 것인가?

혁신을 이루고 새로운 것을 창조하는 이들은 혼자라는 사실을 보통 사람들보다 더 의연하게 받아들일 수 있는 사람들이다. 사회의 주류에서 떨어져 나가더라도 기꺼이 자기 신념을 따르는 사람들이다. 그들은 미지의 세계에 발을 내딛는 것이 두렵지 않다. 설령 두렵더라도, 주변 사람들이 품은 두려움에 비해 그들 자신이 품은 두려움은 작다. 이것이 그들이 지닌 힘의 비결이다. 그래서 천재가 되려면 먼저 용감하고 대담하며 배짱이 있어야 한다고들 하는 것이다.

숨쉬는 것은 사회적 행위가 아니다. 생각하는 것도 사회적 행위가 아니다. 물론 인간은 사회적 교류를 한다. 타인에게 배우고, 공통의 언어로 말하고, 생각을 표현하고, 각자의 꿈을 이야기하고, 감정을 나눈다. 인간은 서로 영향을 끼친다. 그러나 인간의 의식 자체는 본질적으로 어쩔 수 없이 개인적이다. 결국 우리는 각자 자기 자신이며, 자기만의 의식을 지닌 섬이다. 그리고 이것이 우리가 혼자라는 사실의 핵심이다.

살아 있다는 것은 개체로 존재하는 것이다. 의식을 지닌 개체로 존재한다는 것은 세계를 (아니면 적어도 세계의 일부 측면을) 자기만의 관점에서 경험하는 것이다. 의식뿐 아니라 자의식을 지닌 개체로 존재한다는 것은, '나는 혼자'라는 불변의 진실을 짧은 순간이라도, 자기 마음속에서라도 직시하는 것이다.

'혼자라는 것'에는 자기 책임이 따른다. 아무도 나 대신 생각해줄 수 없고, 느껴줄 수 없고, 살아줄 수 없고, 존재에 의미를 부여할 수 없다. 대부분의 사람들에게 이 사실은 공포다. 존재에 관한 사실 가운데 사람들이 가장 격렬하게 저항하고, 가장 적극적으로 부인하는 것이 이 사실이다.

사람들은 자신에게 책임을 져야 한다는 사실을 갖가지 형태로 부정한다. 생각을 멈추고 타인의 신념을 무비판적으로 따르기도 하고, 내면 깊은 곳의 진짜 감정을 무시하고 집단에 대한 소속감을 앞에 두기도 한다. 힘없는 척, 잘 모르는 척, 어리석은 척하며 독립적인 위치에 서기를 피하기도 하고, 어떤 사람을 사랑하지 않으면 '죽을 것' 같다는 믿음에 매달리기도 한다. 대중 운동이나 '대의'를 추구하는 활동에 가담하여 독립적으로 판단할 책임을 회피하고 자기만의 정체성 추구에서 벗어나기도 한다. 지도자에게 자기 정신을 맡기기도 하고, 상징과 추상을 얻기 위해 남의 목숨을 빼앗고 제 목숨을 바치며 복종하기만 하면 달리 노력하지 않아도 명예와 자기 존재의 의미를 얻을 수 있으리라 믿기도 한다. 온 힘을 다해 주변 사람들의 사랑이 자기에게 향하도록 교묘하게 조작하기도 한다.

물론 인간이 혼자가 아니라는 점을 보여주는 측면도 많지만, 그러한 측면들이 앞서 설명한 내용과 상충하지는 않는다. 인간으로서 우리는 사회의 다른 모든 구성원들과 이어져 있다. 생명체로서 다른 모든 생명과 이어져 있다. 우주의 거주자로서 존재하는 모든 것과 이어져 있다. 우리는 끝없는 관계 속에 놓여 있다. 분리와 연결은 양극단이면서 서로를 포함한다. 우리 모두가 우주의 일부분임은 자명한 사실이다. 그러나 그 우주 속에서 각자는 의식을 지닌 하나의 점이며, 특별한 사건이고, 복제할 수 없는 하나의 사적인 세계다.

이 사실을 이해하지 못하면 동반자를 찾고 그와 하나가 되는 황홀한 경험을 이해할 수 없다. 존재하는 모든 것과 내가 하나임을 실감하는, 평화와 환희로 가득 찬 경이로운 순간도 이해할 수 없다. 낭만적 사랑의 희열도 이해할 수 없다.

삶의 비극적 모순은 (이 점은 아무리 강조해도 지나치지 않다) 인간이 혼자라는 사실을 부정하면 결국 사랑을 부정하게 된다는 사실이다. 사랑을 하는 '나'의 존재가 없다면, 사랑이 무엇을 의미하겠는가?

먼저 나 자신이 존재해야 한다. 그 다음에 오는 것이 가능성이다. 나 자신이 타인과 만나는 더없는 기쁨의 가능성이다.

무엇이 사랑인가?

낭만적 사랑이 무엇인지 정의하려면 아직 준비가 더 필요하다. 먼저 일반적 사랑, 즉 그냥 '사랑' 개념부터 살펴보자.

낭만적 사랑은 사랑이라는 더 넓은 범주에 속하는 특별한 사례이다. 우리가 느끼는 사랑은 다양하다. 낭만적 사랑부터 부모와 자녀 사이의 사랑, 친구 간의 사랑, 동물에 대한 사랑을 비롯해 여러 종류가 있다. 이 모든 사랑에 공통적으로 드러나는 특징, 사랑이라면 어떤 경우든 해당되는 사실이 있다. 이 부분부터 짚고 넘어가야 비로소 낭만적 사랑을 이야기할 수 있다.

가장 일반적인 의미에서 사랑은 우리가 소중하게 생각하는 대상에 대한 감정적 반응이다. 즉, 사랑은 사랑하는 대상이 있어 느끼는 기쁨이며, 그 대상에 가까이 있고 그 대상과 교류하며 느끼는 기쁨이다. 사랑한다는 것은 사랑하는 이의 존재 자체로 기뻐하고, 그 존재가 내 곁에 있다는 데 즐거워하고, 그 존재와 맺는 관계에서 만족감과 충족감을 발견하는 일이다. 사랑하는 이는 우리 내면 깊은 곳에 있는 중요한 욕구를 채워주는 원천이다.(사랑하는 사람이 방에 들어오면 눈과 심장에 불이 켜진다. 그를 바라보며 내면에서 샘솟는 기쁨을 느낀다. 팔을 뻗어 그를 만지며 충만한 행복에 젖는다.)

그러나 사랑은 감정 그 이상이다. 사랑은 판단이고, 평가이며, 행동 경향이다. 사실 모든 감정은 평가와 행동 경향을 포함한다.

감정에 대해 가장 먼저 이해해야 할 점은 감정은 가치 판단에 따른 반응이라는 것이다. 어떤 현상에 맞닥뜨렸을 때 우리의 잠 재의식은 그 현상이 우리 삶의 어떤 측면에 부정적인지 긍정적 인지 판단한다. 그 판단에 따라 우리가 반사적으로 보이는 심리 적 반응이 바로 감정이다. 이 반응은 정신적, 생리적 특징을 포 함한다.

사랑, 공포, 분노를 비롯해 인간이 보이는 여러 감정적 반응을 곰곰이 생각해보면, 모든 반응에는 두 가지 가치 판단이 개입한 다는 것을 깨달을 수 있다. 모든 감정에는 '내게 긍정적인가' 또 는 '내게 부정적인가' 그리고 '얼마나 그런가'에 관한 판단이 담 겨 있다. 따라서 감정은 그 내용과 강도에 따라 달라진다. 엄밀 하게 말하면 사실 두 가지 다른 가치 판단이 아니라 가치 판단을 구성하는 척도가 두 가지 있는 것이고, 판단의 결과는 단일한 반 응으로 드러난다고 할 수 있다.

사랑은 '내게 긍정적이고' '나를 위한 것이며' '내 삶에 이롭다' 는 가치 판단이 가장 강렬하고 격하게 드러나는 표현이다.(사랑 하는 상대에게서 이렇게 판단하게 하는 뚜렷한 성격과 특성을 많이 발 견할 수 있다. 우리는 그 성격과 특성이 삶, 즉 우리 자신의 주관에 따 라 이해하고 경험하는 삶에 가장 적합하며, 따라서 우리의 행복에 가장 필요하다고 여긴다.) 모든 감정은 그 감정에 내재된 행동 경향을 포함한다. 즉, 우리는 어떤 감정을 겪을 때 그 감정에 관련된 행 동을 하려는 충동을 느낀다. 이를테면 공포는 가치관이 외부 자극으로 흔들릴 때 드러나는 반응이다. 공포를 느낄 때 우리는 공포를 주는 대상을 피하고 그로부터 도망치려는 행동 경향을 띤다. 사랑의 감정은 사랑하는 대상과 관계를 맺고 소통하려는 행동 경향을 띤다.(사랑하는 연인에게 이렇게 불평하는 사람이 종종 있다. 당연한 불만이다. "날 사랑한다고 말은 하지만 실제 행동은 사랑하는 것 같지 않네요. 나와 단둘이 시간을 보내고 싶어 하지도 않고 나랑 얘기하고 싶어 하지도 않는데 어떻게 나를 사랑한다고 할 수 있나요?")

마지막으로, 사랑은 좀 더 근본적인 의미에서 사랑하는 상대를 향한 지향이고 자세이며 심리 상태라고 정의할 수 있다. 사랑은 매 순간 바뀌는 기분이나 감정보다 더 깊은 차원에 있는 변함없는 태도다. 지향으로서 사랑은 사랑하는 대상을 자신에게 지극히 중요한 가치의 화신으로 바라보고 그를 경험하려는 태도이며, 결국 상대를 지금 현재의 기쁨의 원천이자 잠재적 기쁨의 원천으로서 경험한다.

아리스토텔레스는 사랑을 이해하고 싶다면 다른 관계와 비교하고 대조하는 잣대로서 친구 사이의 애착을 기준으로 삼으라고 했다. 친구는 발달 수준이 비슷하며 관심사와 공감대가 겹치고 서로 존중하는 관계다. 사랑의 본질을 더 깊이 탐구하면서, 이러한 관점이 얼마나 장점이 많은지, 그리고 특히 낭만적 사랑에서 이러한 관점이 얼마나 중요한지 살펴보겠다.

그러나 한편으로 신기하게도 친구 관계와는 아주 다른 관계인 부모와 자녀 관계 역시 때때로 사랑의 본질을 이해하는 데 이상적인 참고 기준, 나아가 '건강하고' '바람직한' 인간관계로 여겨진다. 예를 들면 인류학자 애슐리 몬터규(Ashley Montagu)는 다음과 같이 썼다. "어머니와 아기의 관계야말로 사랑의 본질을 가장 선명하게 규정한다고 보편적으로 인정되어 왔다고 믿는다." 나는 이 관점이 심각하게 잘못되었다고 생각한다. 왜 그렇게 생각하는지 간략히 설명하겠다.

지난날 여러 시대의 철학자와 심리학자들이 사랑에 대해 연구하고 논쟁한 발자취만 돌아봐도, "보편적으로 인정되어 왔다"는 몬터규의 주장은 근거가 없다. 그러나 논쟁거리가 될 만큼은 의미 있는 정도의 사람들이 몬터규와 같은 주장을 내세워 왔던 것은 사실이다.

몬터규는 다음과 같은 분석으로 자신의 주장을 뒷받침한다.

갓 태어났을 때부터 아기에게는 어머니와 사랑을 주고받으려는 욕구가 있다. 어머니와 아기의 관계가 외부의 장애물에 의해 방해받지만 않는다면, 아기는 세상에 오자마자 어머니에게 이익을 주기도 한다. …… 아기가 어머니 품에 안겨 젖을 빨 때, …… 많은 비극과 불행의 원인인 세 가지 문제가 대부분의 경우 한번에 해결된다. …… 출산 후 자궁의 출혈이 …… 줄어들고 자궁은 몇 분 안에 거의 정상 크기로 돌아오며, 태반이 떨어져 나온다.

…… 물론 아기도 어머니에게 이익을 얻는다. …… 어머니와 아기가 서로 이렇게 이익을 주고받는다는 점을 봤을 때, …… 사랑은 서로의 행복과 성장에 도움을 주는 관계라 말할 수 있다.

아기와 어머니가 이처럼 서로에게 육체적, 심리적 도움을 준다는 것은 물론 자명한 사실이다. 마찬가지 논리로 내가 서점에서 책을 사고 돈을 냈을 때 서점 주인이 번 돈의 일부를 자신의 학비로 쓴다면, 나와 서점 주인도 서로의 행복과 성장에 도움을 준다고 할 수 있다. 그렇다고 해서 나와 서점 주인이 서로 사랑하는 것은 아니다. 이 예만 봐도 사랑에 관한 몬터규의 정의에 중요한 무언가가 빠져 있다는 것이 분명히 드러난다.

게다가 어머니는 아기에게 의도적으로 도움을 주려는 반면 아기는 어머니를 의도적으로 돕지 않는다. 애초에 아기는 어머니를 자신과 분리된 개체로 인식하지도 못한다. 그런데 어떻게 아기가 어머니를 '사랑한다'고 할 수 있겠는가?

이 특별한 관계가 대등하지 않은 두 사람이 맺는 관계의 가장 극명한 예라는 점을 눈여겨보자. 어머니와 아기는 의식적인 의지의 차원에서 봤을 때 한쪽은 거의 주기만 하고 다른 한쪽은 거의 받기만 하는 관계다. 성인들이 이런 관계를 맺는다면 착취와 기생 관계라고 할 수 있을 것이다. 물론 아기와 어머니의 관계는 명백한 생물학적 이유가 있으므로 착취와 기생으로 보지 않는다.

부모와 자녀 관계는 사랑 전반 그리고 특히 낭만적 사랑을 이해하는 데 관련은 있지만, 이해하는 방식은 달라야 한다. 어머니 또는 어머니 역할을 하는 사람은 아기가 삶에서 처음으로 만나는 인간의 대표자이다. 이 관계에서 아기는 자신이 안전하며 보호받고 있다고 느낀다. 이 관계에서 아기는 또 다른 인간 존재를 감사와 기쁨의 원천으로서 경험하기를 배운다. 이 관계에서 아기는 타인에게 감사하고 타인과 맺는 관계에서 기쁨을 얻는 법을 배운다. 이런 경험은 장차 아기가 스스로 사랑하는 데 큰 도움이 될 준비 과정이다. 즉 여기서 아기는 사랑하는 데 필요한 감정적 능력의 토대를 쌓는다고 할 수 있다. 하지만 이러한 관계는 사랑 그 자체를 경험하는 것과 분명히 다르다. 사랑하려면 아기에게는 아직 없는 성숙함이 필요하다.

나중에 아기가 자라 능동적으로 사랑할 능력을 갖추게 되었을 때도 자녀와 부모의 관계를 사랑의 원형으로 일반화기는 어렵다. 적어도 자녀가 성인이 될 때까지 이 관계는 여전히 불평등하며, 불평등한 관계에는 많은 한계가 있을 수밖에 없다.

낭만적 사랑을 이해하려면, 먼저 낭만적 사랑으로 충족할 수 있는 심리적 욕구가 무엇인지, 그 욕구는 어디에서 오는지부터 이해해야 한다.

다른 인간과 관계를 맺고 싶은 욕구, 존경하고, 감탄하고, 가치를 인정할 수 있는 사람을 만나 그와 다양한 방식으로, 다양한 차원에서 교류하고 싶은 욕구에 대해 생각해보자. 거의 모든 사람이 타인과 어울리고 친구가 되고 사랑하고 싶은 본능적 욕구를 자연스럽게 느낀다. 이 본능은 설명할 필요가 없다.

어쩌면 우리가 지닌 관계 욕구는 사회에서 타인과 함께 살아가면서 유·무형의 재화를 교환하는 것이 고립된 섬에서 자급자족하는 것보다 생존에 훨씬 유리하기 때문일지도 모른다. 우리는 분명 가치관과 성격이 비슷한 사람들과 교류하는 것이 자기에게 해로운 가치관과 성격을 지닌 사람들과 교류하는 것보다 더 이득이 된다고 생각한다. 자신과 공감대를 형성하고 자신에게 도움이 되는 쪽으로 행동하는 사람에게 더 호감을 느끼기 마련이다. 그러나 이런 설명은 우리가 묻고자 하는 본질적 질문에는 답하지 못하며, 이렇게 실용적이고 경험 중심적인 생각은 우리가 탐구하려는 현상을 설명하기에는 부족하다.

타인과 사귀고 사랑하고자 하는 욕망은 실존보다는 심리적인 근본 동기에 따르며, 더욱 친밀한 이유에서 솟아난다. 거의 모든 사람들이 타인과 사귀고 이야기하고 싶은 욕망, 함께하고 싶은 욕망, 이해받고 서로의 경험을 공유하고 싶은 욕망, 즉 다른 존재와 감정적으로 친밀하게 지내고자 하는 욕망이 (사람에 따라 정도는 다를지언정) 있음을 인식한다.

먼저 사랑하고자 하는 욕구와 욕망을 살펴보자. 사랑하고자 하는 욕망은 내가 관심이 있고 기쁨을 느끼고 영감을 받는 무언가를 발견하고 소중히 여기려는 뿌리 깊은 욕구에서 비롯한다. 소중하게 여기는 것이 있기에 사람은 세계와 연결되고 살아갈 동기를 얻는다. 사람의 모든 행동은 결국 자신의 삶에 보탬이 되고 자신에게 행복을 안겨주리라 믿는 것을 얻고 지키기 위해 이루어진다.

태어났을 때부터 줄곧 자신에게 보탬이 되는 것, 자신을 기쁘고 즐겁게 하는 것을 삶에서 하나도 찾을 수 없다면 생존하고자 발버둥 칠 이유를 어디서 찾겠는가? 그 사람의 성장은 태어난 지 얼마 되지 않아 금세 멈춰버리지 않을까? 삶에서 아무런 의미를 찾지 못하는 사람에게는 생명 자체도 의미가 없다.(물론 죽음에 공포를 느낄 수는 있지만 말이다.)

나이를 불문하고 추구할 만한 가치가 있는 것을 발견할 때 우리의 삶은 그만큼 가치가 있다. 삶에서 기쁨을 주는 것을 무엇 하나 찾지 못하는 아이, 흥미, 호기심, 재미를 느낄 대상이 없는 아이는 죽음을 눈앞에 둔 것이나 마찬가지다. 그런 처지에 놓인 아이의 생명은 몇 년을 채 버티지 못할 것이다.

아이가 살아가려면 자신의 삶에서 행복을 찾을 수 있어야 한다. 아이에게는 다양한 활동을 통해 얻는 행복, 물질적 환경에서 얻는 행복, 다른 사람과 맺는 관계에서 얻는 행복이 필요하다. 아이는 그저 수동적으로 받기만 하는 존재가 아니라 능동적인 주체다. 사랑하고자 하는 아이의 욕구는 사랑받고자 하는 욕구보다 강하지는 않더라도 어쩌면 사랑받고자 하는 욕구만큼 강할 수 있다. 이 사실은 아이가 성인이 되어도 변하지 않는다.

많은 성인들이 '사랑할 능력'이 있어도 그 능력을 발휘할 대상,

즉 사랑을 쏟을 대상이 없어서 고통을 겪는다. 사람들은 존경을 표현할 대상이 필요하다. 진정으로 기쁨을 느끼고 존경할 수 있는 존재를 만나기를 절실히 원한다. 그런 타인을 찾지 못했을 때 외롭고 우울해진다. 이 세상에서 살아가는 우리는 세상이 우리에게 열어줄 수 있는 가능성을 믿고 싶다. 살아 있는 우리는 생명체로서 승리의 환희를 경험하고 싶다. 인간인 우리는 영감을 주는 인간의 대표자들과 연결되고 싶다.

건강한 자존감을 지닌 사람이라면 이런 욕구를 의식적으로 인식한다. 깊은 불안을 느끼는 사람이라면 자기보다 더 행복한 이들에게 느끼는 시기와 질투, 분노 탓에 이런 욕구가 더 뒤틀려 표현될 수 있다. 그러나 욕구는 계속해서 존재한다.

때로 성공한 사람들에게서 나를 슬프게 하는 이야기를 듣는다. 오랜 세월 고생한 끝에 '최고의 자리'에 올랐지만, 꿈꿔 왔던 것과 달리 거기서 만난 사람들이 옛날에 만난 사람들보다 더 매력적이지 않다는 이야기다. 능력이 뛰어나고 많은 것을 성취한 사람들이 때로 채워지지 않는 갈망이 있음을 고백하곤 한다. 뜨거운 애정을 쏟을 누군가가 곁에 있었으면 하는 갈망이다.

누구나 삶의 여정을 밝혀줄 빛, 살아가기 위한 발버둥에 의미를 부여해줄 사람을 찾기를 바란다. 이러한 측면에서 우리는 모두 어린아이다.

열정적인 사랑의 가치는 사랑을 하며 우리의 '사랑 능력'을 발휘할 수 있다는 것이다. 사랑할 상대를 찾음으로써 내면의 에너지를 쏟을 출구가 열린다. 사랑함으로써 삶에 생기가 돌고, 존재에 의미가 생기고, 삶에 살아갈 가치가 있음을 깨닫는다.

사랑하고자 하는 욕구, 사랑받고자 하는 욕구에는 물론 다른 요소도 있다. 이제 시선을 다른 쪽으로 돌려보기로 하자.

사랑은 나를 비추는 거울

내 삶에서 중요했던 두 사건을 잠시 돌아보려 한다. 내가 사랑과 인간관계를 이해하는 데 중대한 영향을 끼친 사건들이다. 내가 낭만적 사랑의 가장 중요한 핵심이라고 믿는 것을 이해하려면, 이 이야기에서 시작하는 것이 가장 효과적이리라 생각한다.

먼저 내가 '머트닉 원리'라고 부르다가 나중에는 '심리적 가시성(Psychological Visibility) 원리'라고 이름 붙인 이론을 설명하겠다. 서로에게서 강렬한 '심리적 가시성'을 체험하는 것이야말로 낭만적 사랑의 핵심이다. 이 말이 무슨 뜻인지, 어떻게, 왜 그런지 살펴보도록 하자.

어느 날 오후 거실에 혼자 앉아 나는 그때 키우던 큰 넝쿨 식물을 바라보고 있었다. 벽을 등지고 선 화분을 보며 내가 느낀 즐거움은 예전에도 경험한 것이었지만, 문득 궁금해졌다. 이 즐거움은 어디에서 오는 것일까? 즐거움이 느껴지는 이유는 무엇일까?

당시 나는 딱히 자연을 좋아한다고 생각하지는 않았다.(이후 점점 자연을 좋아하게 되긴 했지만 말이다.) 넝쿨 식물을 바라보니 기분이 좋아지는 느낌이 들었지만, 왜 기분이 좋은지 이유는 잘 알 수 없었다.

아름다운 것을 보고 느끼는 즐거움은 아니었다. 만약 그 식물이 인조 식물이었다 해도 아름답게 보이긴 마찬가지였겠지만, 식물을 대하는 내 태도는 전혀 달랐을 것이다. 진짜 식물에서 느낀 특별한 감정은 없었을 것이다. 내가 느낀 즐거움의 핵심은 분명 식물이 건강하고 기운차게 살아 숨 쉬고 있다는 인식이었다. 식물과 나 사이에는 어떤 연결, 즉 끈끈한 연대감이 있었다. 마치 식물과 내가 형제처럼 느껴졌다고도 할 수 있겠다. 생명 없는 사물에 둘러싸여 우리 둘은 살아 있음으로 이어져 있었다. 지독한 가난에 시달리면서도 어떤 이들은 창가에 꽃을 심어 키운다는 사실이 머릿속에 떠올랐다. 그들이 꽃을 키우는 이유도 생명이 자라는 것을 보는 즐거움 때문이다. 활기차게 살아 있는 생명을 본다는 것은 인간에게 큰 의미가 있음에 틀림없다.

죽은 행성에 혼자 살아 있다면 어떤 기분일까? 생존에 필요한 모든 물질적 자원이 충분하지만 어떤 생명도 존재하지 않는 행성을 떠올렸다. 내가 초자연적 외계인 같다는 느낌이 들 것 같다. 그러다 생태계가 존재하는 행성을 만난다면? 다른 생명체를 목격하고서 두근거리고 신이 날 것이 확실하다. 그런데 도대체 왜 그럴까?

고민 끝에 깨달음이 찾아왔다. 모든 생명은 본질적으로 살기 위해 분투한다. 분투는 실패로 끝날 수도 있다. 생명이 분투에 성공해 삶을 이어가는 현실 속 사례를 보면서, 우리는 삶의 가능성을 눈으로 직접 확인한다. 이것은 형이상학적인 경험이다. 우리는 삶에 대한 불안을 잠재우고 스스로 위로하기 위해서뿐 아니라, 추상적, 개념적으로만 알고 있는 눈앞의 현실을 지각의 수준에서 경험하고 확인하는 수단으로 다른 생명을 보기를 바란다.

식물을 보는 것이 인간에게 이렇게 가치가 있다면, 다른 인간을 보는 것은 더욱 강력한 경험이 아닐까? 나는 생각에 잠겼다. 주변 사람들이 자기 나름으로 노력해 이뤄낸 성과를 보면서 우리는 스스로 해 온 노력을 돌아보고 분발할 에너지를 얻는다. 어쩌면 이것이야말로 인간이 다른 인간에게 줄 수 있는 가장 큰 선물일지도 모른다. 행복하고 충만하고 성공적인 삶을 살아가는 모습을 보여주는 것. 어떤 자선을 베풀어도, 어떤 훌륭한 가르침이나 조언을 베풀어도 이보다 더 큰 선물은 없을 것이다.

몇 달이 지난 뒤 어느 날 오후, 또 다른 사건을 겪으며 내 생각은 한 걸음 더 나아갔다. 그때 나는 바닥에 앉아 당시 키우던 와이어 폭스테리어 머트닉과 놀고 있었다.

서로 쿡쿡 찌르고 툭툭 치면서 우리는 싸우는 척하고 있었다. 머트닉이 내가 장난친다는 것을 잘 이해하는 듯이 보여서 기뻤다. 머트닉은 으르렁거리기도 하고, 컹컹 짖기도 하고, 내게 반격하기도 했지만 그 모든 행동이 한결같이 온순했다. 나를 무서워하지 않고 완전히 신뢰한다는 것을 머트닉의 태도에서 확실히 느낄 수 있었다. 개와 이렇게 노는 것은 특별한 일이 아니다. 개를 키우는 사람들 대부분이 늘 하는 경험이다. 그러나 이때 이전에는 한 번도 떠오르지 않았던 질문이 문득 머릿속에 떠올랐다. 왜 나는 지금 이렇게 즐거울까? 지금 내가 느끼는 즐거움은 어디에서 오는 것이며 그 본질은 무엇일까?

내 즐거움은 부분적으로 건강한 생명체가 적극적으로 자기 표현을 하는 모습을 보는 데서 왔으리라고 나는 생각했다. 하지만 그게 답의 핵심은 아니었다. 개와 나의 교류에 깃든 무언가, 의식을 지닌, 살아 있는 다른 개체와 소통하고 관계를 맺는 과정에 담긴 무언가가 내 즐거움의 원천이었다.

만약 머트닉이 의식이나 인식 없이 그냥 자동 반응한다고 생각했다면, 머트닉이 기계적으로 행동했을 뿐이라고 생각했다면 나는 그렇게 즐겁지 않았을 것이다. 의식이 가장 중요한 요소였다. 이때 나는 다시 한번 아무도 살지 않는 섬에 외톨이로 고립된 상황을 상상했다. 섬에 갇힌 내 곁에 만약 머트닉이 있다면 그의 존재는 내게 무척 소중할 것이다. 머트닉이 내 물리적 생존에 실질적으로 도움이 되어서가 아니라 머트닉이 내 곁에 있다는 사실 자체가 의미가 있을 것이다. 나와 장난치고 있는 지금 이 순간과 마찬가지로, 머트닉은 의식을 지닌 개체로서 나와 소통하고 교류할 수 있기 때문이다. 그런데 그게 왜 그렇게 중요한 것일까?

이 질문에 대한 답은 키우는 동물에게 느끼는 애착보다 더 많은 것을 설명할 수 있을 것이다. 새로운 깨달음에 내 마음은 흥분으로 부풀었다. 이 질문은 결국 우리가 다른 인간과 교류하고 싶어 하는 욕망 밑에 깔린 심리학적 원리에 대한 고찰로 이어진다. 이 원리는 왜 의식을 지닌 개체가 의식을 지닌 개체를 만나고 싶어 하고 거기에 의미를 부여하는지, 왜 한 의식이 다른 의식에 그 자체로 의미가 있는지를 설명해준다.

질문에 대한 답을 찾았을 때, 나는 머트닉과 장난치던 상황에서 한 생각이라는 데 착안하여 이 답을 '머트닉 원리'라고 부르기로 했다. 이제 머트닉 원리의 본질을 살펴보자.

머트닉과 노는 것이 왜 그렇게 나에게 긍정적 감정을 이끌어냈는지를 이해하려면, 내가 한 행동에 머트닉이 보인 반응에 담긴 '자기 인식'에 초점을 맞춰야 한다. 내가 머트닉에게 싸움을 걸자마자 머트닉은 장난스럽게 반응했다. 두려워하는 기색은 전혀 없었다. 머트닉의 태도에는 나에 대한 신뢰, 재미, 즐거운 흥분이 묻어났다. 만약 내가 무생물을 밀거나 툭툭 쳤다면 아무 반응이 돌아오지 않았을 것이다. 사물은 내 행동의 의미를 알아챌 리 없고, 내 의도를 이해할 리도 없고, 그에 맞춰 적절하게 반응할 리도 없다. 그런 소통은 오직 의식을 지닌 개체끼리만 할 수 있다. 머트닉의 행동은 나로 하여금 '누군가가 나의 존재를 보고 있다'고 느끼게 해주었다. 즉, 나는 머트닉을 통해 '심리적 가시성'을 (일정 정도나마) 얻은 것이다. 머트닉은 나를 그냥 기계적으로 상대한 것이 아니라 인간으로 인식하고 반응했다. 한편 머트닉과 노는 과정에서 나 역시 나 자신에 대해 더 뚜렷한 가시성을 경험했다. 오랫동안 엄격하게 억눌러 온 나의 유쾌하고 장난스러운 측면을 새삼 깨달았던 것이다. 따라서 머트닉과 나눈 교류에 자기 발견의 측면도 있었다고 할 수 있다. 자기 발견에 대해서는 조금 뒤에 더 자세히 다루겠다.

특히 강조해야 할 점은, 머트닉이 내가 객관적으로 적절하다고 여긴 방식으로 내게 반응했다는 것이다. 달리 말하자면, 내가 나 자신에 대해 지닌 생각이나 내가 머트닉에게 전하고자 했던 의도가 머트닉이 내게 보인 태도에 그대로 담겨 있었다. 만약 머트닉이 공포를 느끼고 경계심을 보였다면 나는 머트닉에게 내 존재가 오해받았다고 느꼈을 것이고 즐거운 감정도 없었을 것이다. 인간과 개의 교류가 너무 단순한 예처럼 보일 수도 있겠지만, 나는 여기서 의식을 지니고 서로에게 반응할 능력을 지닌 두 개체의 교류를 설명하는 기본 원리를 발견할 수 있다고 본다. 인간들은 긍정적으로 교류할 때 정도는 다르더라도 언제나 가시성을 경험한다. 이 기회가 실현될 가능성이 가장 큰 관계가 바로 낭만적 사랑이라는 것을 곧 살펴볼 것이다.

이처럼 우리는 의식을 지닌 다른 존재로부터 적절한 반응을 얻었을 때 자기 인식과 심리적 가시성을 경험한다. 이제 여기서 물어야 할 질문은 이것이다. 왜 우리는 이런 경험에서 느끼는 기쁨에 가치를 두고 이 기쁨을 발견하는 것일까?

우리가 실제로 우리 자신을 일종의 과정으로 경험한다는 사실을 고려하자. 의식을 지닌 우리 존재는 계속 변화하고 움직인다. 우리 마음속에는 온갖 인식, 이미지, 유기적 감각, 공상, 생각, 감정이 끊임없이 흘러간다. 마음은 우리 스스로 객관적으로 생각할 수 있는 정적인 객체가 아니다. 우리가 자신을 인식하는 방식은 외부 세계의 어떤 대상을 관찰하는 것과는 다르다.

물론 일반적으로 인간에게는 자기 감각, 정체성이 있다. 그러나 우리는 이런 정체성을 논리적 사고보다는 느낌으로 경험한다. 이 느낌은 불분명하고 모호하며 다른 느낌과 엉켜 있어 이 자체만 떼어내 생각하기는 힘들다. '자기 개념'은 하나의 개념이라기보다 우리의 (진짜든, 상상의 산물이든) 다양한 기질과 성격에 관련된 이미지와 추상적 관점이 뭉쳐 있는 덩어리라고 할 수 있다. 이 덩어리는 부분적으로 초점을 맞춰 인식하는 방식으로는 묶을 수 없는 것들의 총합인데, 이 총합은 경험할 수는 있지만 그대로 지각할 수는 없다.

삶에서 가치관, 목표, 꿈이 처음 형성되는 장소는 마음속이다. 우리의 가치관, 목표, 꿈은 처음에는 우리 의식의 정보로 존재하다가, (삶이 순조롭게 흘러갈 경우) 행동으로 옮겨지고 객관적 현실로 옮겨진다. 우리가 지각할 수 있는 외부 세계의 일부가 된다. 이때 우리의 가치관, 목표, 꿈은 드디어 물리적 형태로 표현되고 실체를 얻는다. 인간 존재가 갖춰야 할 적절하고 필수적인 양식이다. 성공한 삶이란 자신을 세상에 드러내고, 생각, 가치관,

목표를 표현하는 것이다. 이 과정이 성공적으로 이루어졌을 때 우리의 삶도 그만큼 충만해진다.

그러나 우리에게 가장 중요한 것, 즉 인격, 영혼, 마음, 심리적 자기(self) 등으로 불리는 것은 이 과정을 그대로 따라가지 않는다. 이것은 결코 우리 자신의 의식과 떨어져 존재할 수 없다. 이것은 결코 외부 세계의 일부로 지각될 수 없다. 그런데도 우리는 어떤 식으로든 객관적 자기 인식을 원하고 또 이러한 경험이 필요하다.

나를 움직이는 동력은 나 자신이기에, 내가 나를 누구라고 생각하는지, 내가 어떤 사람으로 성장해 왔는지가 내 모든 행동의 핵심 동기이기에 우리는 자신의 객관적 실체를 최대한 경험하기를 원하며 또 그런 경험이 필요하다.

거울 앞에서 사람은 자신의 얼굴을 실재하는 대상으로 지각할 수 있다. 물리적 개체로서 자신을 바라보며 우리는 보통 즐거움을 느낀다. 거울을 보며 "이게 나야."라고 생각하는 행위에서 사람들은 의미를 찾는다. 자신의 객관적 실체를 경험하는 데서 나오는 의미다.

달리 말하자면, 내면을 객관화하고 외화하는 경험은 성공적인 삶의 핵심이다. 이러한 과정을 거치며 우리는 자신의 눈으로 자기 자신을 인식하고 싶어 한다. 자신의 판단에 따라 행동할 때, 자신이 생각하고 느끼고 의도한 것을 이야기할 때, 말과 행동으로 우리의 내적 실체를, 내적 존재를 솔직하게 표현할 때 우리는 간접적으로 이 과정을 경험한다.

직접 경험은 어떨까? 심리적 자기, 영혼을 지각할 수 있는 거울이 있을까? 있다. 바로 의식을 지닌 다른 존재다.

개인이 자신을 (적어도 어느 정도는) 개념적으로 인식하는 것은 가능하다. 그러나 의식을 지닌 다른 존재가 있어야 비로소 구체적 대상으로서 바깥에 놓인 자기 자신을 지각하는 기회를 얻을 수 있다.

물론 어떤 사람들의 의식은 나의 의식과 현저히 다를 수 있다. 이 경우 그들이 제공하는 '거울'에 비친 나의 모습은 마치 놀이동산 귀신의 집에 있는 거울에 비친 상처럼 뒤틀려 있다. 가시성을 경험하려면 나의 의식과 어느 정도 비슷한 의식을 지닌 존재가 필요하다.

머트닉을 비롯해 인간보다 지능이 낮은 동물의 한계가 여기에 있다. 물론 머트닉의 반응이라는 거울로 나의 일부를 볼 수 있었던 것은 사실이다. 그러나 최선의 자기 인식과 가시성은 나와 동등한 수준의 의식, 즉 다른 인간 존재와 관계를 맺을 때 경험할 수 있다.

오해를 막기 위해 여기서 하나 짚고 넘어가야 할 점이 있다. 우리가 타인과 맺는 관계와 상관없이 오로지 자기 스스로 정체성을 확립하고 그 다음에 다른 사람과의 관계에서 가시성을 추구한다는 말이 아니다. 가끔 들리는 주장처럼 인간의 자기 개념이 타인에 의해 형성되는 것은 아니지만, 타인과 맺는 관계, 타인에게서 돌아오는 반응이 자기 감각을 확립하는 데 영향을 끼치는 것은 사실이다. 자신이 어떤 사람인지 강렬하게 느낄 때는 다른 사람과 관계를 맺을 때다. 새로운 사람을 만날 때 우리가 드러내는 성격에는 과거의 수많은 만남이 맺은 결말, 과거의 경험이 깔려 있으며, 타인이 우리의 행동에 보인 수많은 태도와 반응이 스며들어 있다. 만남을 통해 우리는 성장하고 진화해 간다.

낭만적 사랑이 성공적으로 이뤄질 때, 우리는 사랑하는 상대의 존재와 성격에 깊이 빠려들고 매혹된다. 바로 그 이유로 다른 어떤 관계에서보다 강렬하게 가시성을 경험할 수 있다. 설령 최선의 상태가 아닐지라도, 다른 관계와 비교할 수 없을 만큼 강렬한 경험이라는 데에는 변함이 없다. 이것이야말로 낭만적 사랑에서 얻는 가장 큰 기쁨이며 유익함이다.

'심리적 가시성'을 경험하는 과정에 대한 논의는 여기서 끝이 아니다. 그 과정이 어떻게 시작되고 어떤 결말이 있을 수 있는지마저 살펴보자. 세상을 보는 근본적 가치관, 삶의 감각, 지적 수준, 경험을 처리하는 방식, 타고난 생물학적 리듬, 보통 기질이라고 일컬어지는 여러 특징이 어우러져 한 사람의 성격을 구성한다. 성격은 인간의 모든 심리적 특성과 성향이 외부에서 지각할 수 있는 형태로 합쳐진 것으로서, 한 인간이 다른 인간과 구별되는 이유다.

인간의 심리는 말과 행동으로, 말하고 행동하는 방식과 내용으로 드러난다. 이렇게 생각하면 우리의 자기는 타인에게 지각의 대상이다. 타인이 나에게 반응할 때, 즉 나와 나의 행동을 보고 반응할 때, 나에 대한 그의 인식은 그의 행동, 그가 나를 보는 방식, 그가 내게 쓰는 말투, 그가 대답하는 태도 따위로 나타난다. 만약 나에 대한 타인의 인식이 나의 내면 깊은 곳에 있는 자기 인식(이 인식은 내가 겉으로 주장하는 내 모습과 다를 수 있다)과 일치하고 그런 타인의 시선이 그의 행동으로 전해진다면, 나는 이해받았다고 느낀다. 우리는 자기(self)에 대한 객관적 감각과 우리 존재의 심리적 상태를 경험한다. 타인의 행동에는 나 자신이 반영되어 있다. 그래서 타인이 심리적 거울 역할을 할 수 있는 것이다. 엄밀하게 말하자면 이것은 타인이 심리적 거울이 될 수 있는 '한 가지' 이유다. 다른 이유도 있다.

나와 똑같이 생각하는 사람을 만났을 때, 내가 눈여겨보는 것을 똑같이 눈여겨보는 사람을 만났을 때, 내가 소중히 여기는 것을 똑같이 소중히 여기는 사람을 만났을 때, 내가 어떤 상황에서 보이는 반응과 똑같은 반응을 보이는 사람을 만났을 때, 우리는 그 사람에게 강한 친밀감을 느낄 뿐만 아니라 그 사람에 대한 나의 지각을 통해 나 자신을 경험한다. 이것은 내 의식 바깥 세계의 객관성을 경험하는 또 다른 방식이자 우리 바깥에서 우리 자신을 지각하는 또 다른 방법이며 또 다른 형태의 심리적 가시성이다. 그리고 그런 사람이 존재한다는 데서 느끼는 즐거움, 우리가 친밀함을 느끼는 사람과 함께 나누는 기쁨과 즐거움은 심리적 가시성의 욕구가 채워지는 것이 얼마나 중요한지를 다시금 강조한다. 그렇다면 심리적 가시성은 단순히 다른 사람이 나에게 보인 반응에 따라 일어나는 현상이 아니다. 그 사람이 세상에 보이는 반응에 따른 현상이기도 하다. 이 점은 가벼운 접촉에서 불꽃같은 사랑에 이르기까지 모든 관계가 빚어내는 심리적 가시성에 모두 적용된다.

사람의 성격과 내면 세계에 다양한 측면이 있듯, 우리는 다양한 인간관계 속에서 다양한 측면에서 가시성을 느낄 수 있다. 자신이 얼마나 선명하게 '보이는지'(즉 얼마나 가시성이 높은지), 성격 전체에서 얼마나 많은 부분이 (또는 적은 부분이) 보이는지는 우리가 관계 맺는 사람의 성질과 관계 자체의 성질에 따라 천차만별이다.

나의 기본적인 기질과 관련되어 있기도 하고, 내가 어떤 행동을 하게끔 한 의도의 본질과 관련되어 있기도 하다. 어떤 감정적 반응을 불러일으킨 이유를 보게 되기도 하고, 삶의 감각을 보게 되기도 한다. 내가 하는 일, 성(性)에 대한 심리, 내가 지닌 미적 가치를 보게 되기도 한다. 가능성은 거의 무궁무진하다.

사람들과 주고받는 (정신적이고 지적이고 감정적이고 물리적인) 모든 형태의 소통과 교류에서 우리는 자신의 여러 측면을 '보는' 경험, 즉 가시성을 얻는 데 필요한 단서를 얻는다. 말하자면 어떤 경우에는 관계에서 오히려 자신을 '비가시적'으로 느낄 수도 있다. 대부분의 사람들은 어떻게 '비가시성'을 느끼게 되는지는 잘 몰라도 그 결과는 안다. 어떤 사람과 함께 있을 때 편하고 어떤 사람과 있을 때 불편한지, 친밀감이 들고 공감이 가고 정서적 애착이 생기는 사람은 누구고 그렇지 않은 사람은 누구인지 안다.

다른 사람과 대화를 나누는 것만으로는 최소한의 가시성밖에 경험할 수 없다. 의식을 지닌 개체로서 다른 개체에게 '인식'되는 경험이다. 그러나 존경하고 아끼는 사람과 맺는 깊은 인간관계에서는 훨씬 강도 높은 가시성을 경험할 수 있다. 이 관계에서 경험하는 가시성은 우리 내면의 고도로 독자적이고 개인적인 측면까지 포함한다.

관계에는 가시성을 빚어내는 여러 요인이 있다. 그러나 분명한 것은 기본적인 가치관, 삶을 마주하는 근본 태도, 사고 능력이 비슷하다는 사실이 서로에게 가시성을 제공하는 데 필요한 전제 조건이라는 점이다. 진정한 우정 또는 낭만적 사랑의 핵심이 바로 이런 가시성이다. 아리스토텔레스는 친구는 또 다른 자신이라고 썼다. 연인들은 아리스토텔레스가 말한 것과 같은 관계를 가장 강렬하게 경험한다. 너를 사랑함으로써 나 자신을 만난다. 사랑하는 상대 안에 있는 나 자신에게 반응하는 것이기에, 사실상 연인은 이상적으로 우리에게 반응하는 것이다. 그리하여 나는 사랑하는 이의 반응으로 나 자신을 지각한다. 나 자신이 의식을 지닌 다른 이에게 불러일으킨 결과로, 결국 사랑하는 상대의 행동으로 나는 나 자신이 누구인지를 지각한다.

이제 타인과 관계를 맺고 우정과 사랑을 나누려는 인간의 욕망이 어디서 나오는지 한 가지 주된 요인을 알게 되었다. 바로 나 자신을 실재하는 개체로서 지각하려는 욕구와 그것을 다른 인간의 반응과 응답으로 경험하려는 욕망이다.

이 욕망을 설명하는 심리적 가시성 원리를 다음과 같이 요약할 수 있겠다. 인간은 자신을 실재하는 존재로 지각하기 위하여 자기 자신을 경험하기를 원하고 또 그런 경험이 필요하다. 인간은 의식을 지닌 다른 생명체와 교류함으로써 그런 경험을 할 기회를 얻을 수 있다.

심리적 가시성을 이야기할 때는 항상 '정도'의 맥락을 고려해야 한다. 어릴 때 우리는 다른 사람들에게서 어느 정도 적절한 반응이 돌아오는 경험을 한다. 모든 아이들은 어느 정도 가시성을 경험한다. 그런 경험이 없다면 아이는 살아남을 수 없다. 통계적으로 소수의 운 좋은 아이들만이 아주 어렸을 때부터 높은 수준의 가시성을 경험한다. 내게 심리 치료를 받는 환자들, 내가 전국에서 진행한 연수 모임인 '자존감과 존재의 기술' 집중 과정 참가자들과 만날 때마다 어렸을 때 가정에서 '비가시적' 존재로 사는 고통에 시달린 이들이 얼마나 많은지, 그 고통이 나중에 그들의 성장에 큰 걸림돌이 되고 자존감과 사랑하는 이와의 관계에 악영향을 끼치는 경우는 또 얼마나 많은지를 실감했다.

성공적인 성장 과정을 거쳤을 때 아이는 다른 사람들이 자신에게 보이는 반응과 응답을 경험하며 다양한 방식으로 자기 자신을 관찰할 기회를 얻는다. 관찰을 하며 아이는 자기 개념을 발전시키는 데 도움을 얻는다. 관찰을 하며 자신이 이미 알거나 진실이라고 믿고 있던 것을 넘어서는 무언가를 포착하기도 한다. 가시성은 종종 자기 발견을 낳는다. 이 사실은 성인의 인간관계에서도 중요한 역할을 한다. 상대의 눈에 진정한 내 모습이 비친다고 느끼는 친밀한 관계에는 항상 다양한 차원에서 자기 발견의 순간이 찾아온다. 지금까지 몰랐던 나의 가능성, 잠재력, 겉으로 드러난 적 없던 숨겨진 성격 따위를 깨닫게 된다.

처음 사랑에 빠졌던 열여덟 살 무렵을 기억한다. 드디어 내게 소중하고 의미 있는 것들을 공유할 누군가를 찾았다는 사실에 나는 엄청난 기쁨과 흥분을 느꼈다. 그전까지 겪어본 적 없는 강렬한 심리적 가시성을 경험했다. 바로 그때, 그 과정에서 내가 누구인지에 대한 의식은 그 지평을 넓혔다. 사랑한 상대가 여성이었기에 우리의 상호작용은 나 자신의 남성성과 만나도록 이끌어주었고, 그에 따라 나의 자기 감각을 넓혀주었다.

타인과의 관계에서 지속적으로 가시성을 경험할 때, 우리는 필연적으로 자기 자신의 새로운 측면과 만나게 된다. 가시성의 경험이 점점 더 깊어질 때, 그리고 그 경험이 오랜 기간 이어질 때 자기 발견의 과정은 더 활발해진다. 이처럼 자기 인식을 넓힐 가능성이야말로 모든 인간관계에서 가장 의미 있는 부분이다. 첫사랑 이후 내가 맺은 중요한 관계를 돌이켜보면, 관계 하나하나를 통해 나 자신에 대해 더 깊은 이해에 다다를 수 있었다.

퍼트리샤와 결혼하기 전후를 합쳐 함께 지낸 15년 동안, 내 삶은 끊임없는 자기 탐구의 여정이었다. 이 여정은 공통의 과정이었고 나에게는 이 과정이 우리 관계의 본질로 보였다. 자기 탐구는 항상 서로를 더욱 깊이 바라보아야 하는 도전이었다.

처음 만났을 때 퍼트리샤는 나에 비해 '자신의 몸 안에' 단단히 뿌리내리고 있었으며, 자신의 감정을 무척 잘 이해하는 사람이었다. 감정을 솔직히 표현하고 자신을 투명하게 드러내는 데 거리낌이 없었던 퍼트리샤 덕분에 나는 나 자신의 내면에 가까이 다가가는 과정을 수월하게 밀고 나갈 수 있었다. 퍼트리샤를 통해 나는 방어하거나 변명하지 않고, 내가 누구이며, 무엇을 느꼈는지 다른 사람에게 내보이는 힘, 바로 취약성(vulnerability)의 힘을 배웠다. 내가 내 안의 어린아이를 재발견할 수 있었던 것은 퍼트리샤가 그녀 안의 어린아이와 연결되어 있을 뿐 아니라 내 안에 있는 어린아이의 존재를 발견해주었기 때문이다. 역설적이게도 이와 동시에 나는 나 자신의 무자비한 측면을 더 깊이 이해하게 되었고, 퍼트리샤의 내면에도 그런 부분이 있다는 사실을 그녀에게 일깨워주었다. 퍼트리샤는 종종 내게 이렇게 말하곤 했다. "당신 안의 여성성이 좋아요." 그녀는 나 자신도 몰랐던 특징이 내 존재 전체와 조화를 이루도록 도와주었다. 나는 평정을 유지하며 해결할 수 있는 문제에 때로 분노를 표출하곤 했는데, 그럴 때마다 퍼트리샤는 이렇게 말해주었다. "너새니얼 브랜든답게 행동해야죠." 관계 초기에 퍼트리샤가 이런 말을 한 적이 있다. "당신은 가끔 너무 오만할 때가 있어요." 나는 물었다. "그 점에 대해 어떻게 느껴요?" 퍼트리샤의 대답은 이랬다. "싫지 않아요. 당신의 오만함에서 나의 오만함을 받아들일 용기를 얻을 수 있거든요." 퍼트리샤가 죽고 마지막 작별 인사를 할 때 내가 할 수 있었던 말은 하나밖에 없었다. "고마워요. 고마워요. 고마워요." 그리고 지금 책상에 앉아 이 글을 쓰는 내 눈 앞에는 퍼트리샤가 활짝 웃는 얼굴이 떠오른다. 거의 웃음을 터뜨릴 듯한 표정이다. 마치 이렇게 말할 것만 같다. "지금 책의 주제를 분명히 하려고 이걸 쓴 거예요, 아니면 책을 핑계 삼아 나한테 연애 편지를 쓰려는 거예요?" "솔직히 잘 모르겠어요, 퍼트리샤." "괜찮은 내용인 것 같아요. 어떤 주제를 설명하려고 노력하다 보면 좀 추상적이 되거나 현실에서 멀어질 수도 있잖아요? 독자들에게 당신의 생각만 보여줄 게 아니라, 당신 자신을 보여줘요."

자기를 속이는 맹목적 사랑

두 사람이 서로를 대면할 때, 상대를 진정으로 바라보려는 의지와 능력이야말로 가장 본질적인 차원에서 두 사람이 어느 정도로 가시성을 경험하는지를 결정한다.

그러나 의지와 능력 말고도 기본적으로 중요한 요소가 두 가지 더 있다. 하나는 정신 세계와 가치관이 얼마나 닮았는지, 세계관, 지향, 의식의 성장 과정이 얼마나 비슷한지다. 또 하나는 두 사람의 자기 개념이 실제 각자의 모습을 얼마나 정확하게 반영하는지, 자기 자신을 얼마나 현실적으로 이해하는지, 자신을 바라보는 내적 관점이 행동을 통해 겉으로 드러나는 성격과 얼마나 일치하는지다.

첫 번째 요소의 사례를 살펴보자. 자신감 있고 당당한 여자가 불안에 시달리고 공격적이고 주눅 든 남자와 만났다고 가정해보자. 남자는 여자에게 의심과 적대감으로 반응한다. 여자가 어떤 말과 행동을 하든 남자는 악의적으로 해석한다. 여자의 당당함은 남자에게 자신을 통제하고 휘두르려는 의도로 보인다. 이때 여자는 가시성을 느끼지 못한다. 여자는 자신이 심하게 오해받는 상황에서 당황하고 혼란에 빠지거나 짜증과 분노를 느낄 수 있다. 사실상 남자의 눈에는 여자가 안 보이는 것이나 마찬가지다. 여자와 남자가 추구하는 목표 사이에 가로놓인 골은 너무나 깊다. 이제 그들의 만남을 지켜보던 또 다른 남자가 나타나 여자에게 미소 지으며 자신은 그녀의 감정을 이해하고 그녀를 지지한다는 뜻을 전한다고 상상해보자. 마음이 편안해진 여자는 새로운 남자에게 웃음 짓는다. 이 순간 여자는 불현듯 가시성을 느낀다.

두 번째 요소의 사례를 살펴보자. 어떤 남자가 자기 행동을 합리화하고 가짜 자존감을 지탱하고자 지극히 비현실적인 망상에 기댄다고 가정하겠다. 남자가 자기 기만적 이미지를 만들어낸다 하더라도, 그 이미지는 결국 행동을 통해 타인에게 드러나는 그의 실제 자기와 충돌하기 마련이다. 즉, 그의 가식과 타인의 반응이 일치하지 않기에, 결과적으로 남자는 언제나 좌절하고 관계에서 가시성을 결코 느끼지 못한다. 설령 남자가 꾸민 겉모습을 믿어주는 타인이 있을지라도, 남자는 여전히 가시성을 느끼지 못한다. 무슨 수를 쓴다 해도 남자가 자기 내면에서 자신의 행동과 그 자신이 다르다는 사실을 피할 길은 없다.(그러나 만약 누군가가 남자를 멸시하거나 비웃지 않으면서 행동 뒤에 있는 내면, 거짓된 모습을 꾸미려 하는 욕구의 근원을 있는 그대로 봐준다면 남자가 실제로 가시성을 경험할 수도 있다.)

관계를 맺는 두 사람이 모두 미성숙하고 거짓된 이미지로 똘똘 뭉친 삶을 살고 있을 경우, 서로에게 가시성을 제공하고 있다는 망상을 주고받을 수도 있다. 이때 두 사람은 서로의 거짓된 이미지와 자기 기만을 지탱해주는 일종의 '교환'을 하게 된다. 물론 이 교환은 대체로 무의식적 차원에서 이루어진다. 흥미로운 사실은 이러한 (현실에서 어렵지 않게 찾아볼 수 있는) 관계에서 사람들이 경험하는 피상적인 가짜 가시성의 뒷면에 진짜 가시성이 있을 수 있다는 점이다. 관계를 맺는 두 사람은 사실 마음 깊숙한 곳에서는 상대가 진실을 정확히 파악하고 있음을 알고 있다. 그들은 무언의 이해를 바탕으로 하여 서로 관계를 맺고 강화할 수 있다. 이런 관계는 낭만적 사랑이 아닌 미성숙한 사랑이다. 미성숙한 사랑에 관해서는 나중에 더 자세히 설명할 기회가 있을 것이다.

위에 든 사례들은 과정의 본질만 분리해 본 것이다. 따라서 실제 인간관계의 복잡함을 담지 못하며 애초 그 목적에서 제시한 것도 아니다. 실제 관계에서는 진정한 가시성과 가짜 가시성, 진짜 성격과 꾸며낸 성격이 연결되어 뒤섞이기 마련이다. 이상적 현실 인식이 한 끝에, 완전한 자기 기만이 또 다른 끝에 자리 잡을 것이다.

타인에게 사랑받고 싶은 우리의 욕구는 가시성을 얻고 싶은 욕구와 밀접하게 얽혀 있다. 어떤 사람이 나를 사랑한다고 고백하더라도, 그가 사랑스럽다고 여기는 대상의 특성을 열거할 때 그런 특성이 나에게 없다는 생각이 들거나, 그런 특성이 왜 사랑스러운지 공감이 가지 않거나, 그런 특성이 딱히 높이 평가받을 만하다고 여겨지지 않는다면 그에게 정말 사랑받는다는 느낌이 들지 않을 것이다. 우리가 원하는 것은 맹목적 사랑이 아니다. 우리는 특별하고 구체적인 이유에 바탕을 둔 사랑을 받고 싶다. 어떤 사람이 나를 이러이러한 이유로 사랑한다고 고백하지만 그 이유가 내가 인식하는 나 자신, 나의 인격, 나의 가치관과 아무 상관이 없을 때, 사랑받아서 기쁘기는커녕 사랑받는다는 느낌조차 들지 않을 것이다. 가시성을 느끼지 못하기 때문이다. 상대가 나 자신에게 반응한다고 느껴지지 않기 때문이다.

가시성에 대한 욕구는 종종 이해받고 싶다는 욕구로 드러난다. 내가 어떤 일을 성취해서 행복하고 뿌듯하다면, 나와 가까운 사람들, 내가 좋아하는 사람이 나의 성취와 그 성취가 내게 어떤 의미인지 이해해주길 바랄 것이다. 나의 감정 뒤에 있는, 감정의 이유까지 이해하고 그 이유의 중요성을 알아주길 바랄 것이다. 친구가 내게 책을 주면서 네가 좋아할 것 같아서 주는 책이라고 말한다면, 그리고 친구의 말이 옳다면 나는 기쁨과 행복을 느낄 것이다. 가시성을 느꼈기에, 즉 이해받았다고 느꼈기 때문이다. 무언가 소중한 것을 잃어 괴로울 때, 나의 고통을 가까운 이들이 이해해주고 나의 감정이 그들에게 의미가 있다는 것을 안다면 마음에 큰 도움이 될 것이다.

나는 지난날 내가 만난 그 누구와 맺은 관계보다 퍼트리샤와 맺은 관계에서 깊이 사랑받는다고 느꼈다. 또한 이해받는다고 느꼈다. 이해받는다는 느낌은 가시성의 핵심이다. 몇 해 전 참석했던 모임에서 있었던 일을 종종 떠올린다. 어떤 사람이 비굴해 보일 정도로 자기를 깎아내리며 아부하는 말투로 나를 칭찬했다. 그 사람이 떠난 뒤 퍼트리샤가 말했다. "아까 그 사람이랑 얘기하면서 기분이 별로 안 좋았죠? 스스로 자신이 없고 주눅 든 사람들이 자기 딴에는 칭찬이지만 사실 그렇지 않은 말을 남한테 하는 경우가 너무 많은 것 같아요. 그 사람한테 그만 좀 하라고 하고 싶더라고요. 그 사람 눈에는 당신이 예의 바르고 배려심 있는 사람처럼 보였겠죠. 내가 보기에는 미숙하고 외로운 사람인데."

성숙한 개인이라면 맹목적 사랑에 기대어 불안을 가라앉힐 수 있을지는 몰라도 가시성의 허기를 채울 수는 없을 것이다. 우리에게 필요한 것은 맹목적이고 무조건적인 지지가 아니라 나를 의식하고 인식하고 이해해주는 사람이다.

가시성을 느끼게 해주는 사람은 나를 동정할 수도 있고, 안쓰럽게 여길 수도 있고, 공감을 보일 수도 있고, 존경할 수도 있고, 인정할 수도 있고, 찬미할 수도 있고, 사랑할 수도 있고, 이러한 여러 태도를 동시에 보일 수도 있다. 가시성을 느끼게 하는 관계가 꼭 사랑일 필요는 없다. 그러나 가시성 없는 사랑은 망상에 불과하다.

때로 사람들은 가시성의 욕구와 누군가 자기를 인정해주었으면 하는 욕구를 헷갈리곤 한다. 두 욕구는 다르다. 자기 존재와 행동을 인정받고자 하는 욕구는 정상이다. 남을 속이고 진심을 저버리면서까지 인정받으려 한다면 그 인정 욕구는 병적이며, 인정에 그 정도로 집착하는 사람은 자존감이 결핍되었다고 볼 수 있다. 그러나 아무리 정상적이고 이성적인 인정 욕구라도 가시성의 욕구와는 분명히 다르다. 물론 실제로 이 욕구들이 채워지는 경험을 할 때 두 욕구가 동시에 충족되는 지점이 있음을 부정할 수는 없지만 말이다.

가시성의 욕구는 결코 스스로 확신하지 못하는 약한 자아나 낮은 자존감에서 비롯되지 않는다. 오히려 자존감이 낮을수록 더 숨고 싶어지고, 가시성을 얻고 싶은 것인지 아닌지 자신도 잘 알 수 없는 혼란에 빠지게 된다. 가시성을 갈구하면서 동시에 두려워하는 것이다. 자부심이 있을수록 자신을 있는 그대로 드러내는 데 주저하지 않으며, 나아가 적극적으로 원하게 된다.

자존감이란 나 자신의 가치와 능력에 대한 자신감이다. 자존감이 모자라고 내 생각과 판단이 옳은지 확신이 없는 사람은 일반적으로 남의 인정을 받는 데 집착하고 비판을 피하고자 애를 쓰는 모습을 보인다. 이런 사람들은 삶의 매 순간 타인의 승인과 지지를 받는 데 매달린다. 낭만적 사랑으로 이러한 인정 욕구를 채울 수 있다고 믿는 사람도 있다. 그러나 자존감 결핍은 근본적으로 내면의 문제이며 자기 자신을 믿지 않아서 생긴 결과이기에, 바깥에서 아무리 따뜻한 지지를 받아도 인정에 대한 갈망은 채워질 수 없다. 채워진 것 같아도 만족감은 순간일 뿐이다. 갈망의 대상은 결국 가시성이 아니라 자존감이다. 낭만적 사랑의 목적은 자존감을 빛내는 것이지 없는 사람의 내면에 자존감을 만들어주는 것이 아니다.

많은 심리학자들이 자기 자신을 스스로 긍정하려면 먼저 타인에게 인정받을 필요가 있다고 주장한다. 널리 받아들여진 관점이기는 하지만 이 주장을 뒷받침하는 근거는 없다. 자율성 획득, 즉 자기 자신을 믿고 스스로 서고 자기 통제를 배우는 것이 먼저이며 그 다음에 타인에게 내가 이미 이룬 바를 인정받고 싶은 것이지, 없는 것을 타인의 칭찬을 통해 쌓아 올리기를 바랄 수는 없다. 우리는 남이 나의 본모습을 봐주기를, 내가 나 자신의 본

모습을 더욱 또렷이 볼 수 있도록 도와주기를 원할 뿐, 남의 환상을 통해 만들어진 나의 모습을 보기를 원하지는 않는다. 현실을 이성적으로 볼 수 있는 사람이라면 그런 만들어진 모습에는 아무 의미가 없다는 사실을 이해할 것이다.

지나친 단순화의 우려가 있기는 하지만, 성숙하고 독립적인 사람과 (비교적) 미성숙하고 의존적인 사람의 정신 세계는 이렇게 구분할 수 있다. 어떤 사람을 처음 만났을 때 독립적인 사람은 자신에게 이런 질문부터 던진다. "이 사람은 내가 보기에 어떤 사람이지?" 미성숙하고 의존적인 사람은 이런 질문을 한다. "이 사람은 나를 어떻게 생각할까?"

앞에서 본 대로 사람은 다양한 측면에서 다양한 관계에서 경우에 따라 정도가 다른 가시성을 느낀다. 낯선 이와 스쳐 가는 만남에서 느끼는 가시성은 지인과의 관계에서 경험하는 가시성보다 정도가 약하다. 지인과의 관계에서 느끼는 가시성은 친밀한 벗과 함께 경험하는 가시성보다 정도가 약하다. 그리고 그 어떤 관계보다 강렬하고 통합적으로 가시성을 경험하는 관계가 바로 낭만적 사랑이다. 그토록 온몸을 내던지는 관계는 어디에도 없다. 자신의 다양한 측면을 그토록 다채롭게 내보이는 관계는 어디에도 없다. 낭만적 사랑을 나누는 두 존재는 다른 어떤 관계에서도 불가능한 방식으로 서로에게 감사하고 자신의 존재에 기쁨을 느낀다.

왜, 어떻게 낭만적 사랑이 이런 의미를 품게 되었는지 이해하려면, 인간 존재에서 성(性)의 역할을 알아볼 필요가 있다.

쾌락 없는 사랑은 가능한가

심리적 융합뿐 아니라 성적 욕망은 낭만적 사랑의 한 가지 특징이다. 그러나 여자와 남자의 성적 상호작용의 의미에 관한 이해는 지극히 얕다. 낭만적 사랑에서 성의 역할을 논하기 전에 먼저 인간의 삶에서 성이 차지하는 위치를 전반적으로 살펴보도록 하자.

인간에게 성이 매우 중요하다는 것은 명백하다. 사람들은 어마어마한 시간을 성에 대해 생각하고, 성에 대해 공상하고, 성을 다룬 영화를 보고 책을 읽고, 그리고 물론 성행위를 하는 데 쓴다. 이제껏 인간의 성적 행동에 관련된 규제가 없었던 사회는 없다는 것만 봐도 인간에게 성이 얼마나 중요한지 알 수 있다. 아무리 원시적인 부족이더라도 부족 구성원의 성적 행동을 통제하는 규율은 있었다. 인류의 도덕률, 그중에서도 특히 종교 율법은 성적 행동에 엄청나게 집착했다. 인류가 이처럼 성에 집착한 이유는 물론 성행위가 번식으로 이어질 수 있기 때문이다. 그러나 사회 규율과 종교 율법이 오로지 번식 때문에 인간의 성욕과 성적 표현을 통제하려 애쓴 것은 아니다.

성행위의 가장 중요한 의미는 인간이 성행위에서 느끼는 강렬한 쾌락에 있다. 쾌락은 인간에게 있어도 없어도 되는 사치품이 아니라 심리적으로 반드시 필요한 욕구다. (넓은 의미에서) 쾌락은 삶에 반드시 따라오는 형이상학적 요소로서 어떤 일을 이루어냈을 때 따라오는 보상이자 결과다. 고통이 실패, 파괴, 죽음의 휘장인 것처럼 쾌락도 성취의 표지이다.

살기 위해 우리는 행동해야 한다. 삶을 유지하는 데 필요한 것을 얻어내고자 투쟁해야 한다. 즐거운 상황에서, 행복한 상황에서, 쾌락을 느끼는 상황에서 우리는 삶이 소중하며 살 만한 가치가 있음을 실감한다. 기쁨은 자연이 우리에게 살아갈 힘을 주는 감정적인 동기 부여다. 삶의 질을 높여주는 무언가를 성취했을 때 보통 우리는 즐거움을 맛본다.

한편 쾌락에는 다른 심리적 의미도 있다. 쾌락은 우리가 현실의 문제에 맞설 능력, 원하는 바를 이루고 얻어낼 능력, 한마디로 말해 살아갈 능력을 갖추고 있음을 직접 경험하게 해준다. 쾌락의 경험에는 "나는 내 존재를 통제할 능력이 있다. 나는 지금 현실과 내가 맺고 있는 관계가 좋다."는 생각과 감정이 담겨 있다. 쾌락에는 곧 이러한 능력에 대한 자신감이 깃들어 있다. 마찬가지로 고통에는 내가 무기력하다는 느낌, 할 수 있는 게 없다는 느낌, "나는 무력하다."는 생각과 감정이 담겨 있다.

또한 쾌락은 우리 자신을 펼치고 성장하는 데 반드시 필요한 두 가지 경험을 제공한다. 쾌락은 우리에게 삶은 살 만한 가치가 있음을, 그리고 우리 역시 존재할 만한 가치가 있음을 (즉 사는 데 필요한 능력을 갖추고 있고, 살아갈 가치가 있으며, 스스로 통제할 수 있음을) 경험하게 해준다. 우리가 알아야 할 것 중 삶의 가치와 나 자신의 가치만큼 중요한 것은 없다. 그리고 이 두 가지 가치를 뼛속 깊숙이 와닿는 직접적인 경험으로 전해주는 것이 바로 기쁨이고 쾌락이다.

성행위에서 얻는 쾌락과 기쁨은 내밀하고 강렬하다. 그래서 성행위는 우리의 삶에서 그토록 큰 의미를 지닌다. 성행위가 가져다주는 쾌락은 몸과 마음의 통합이라는 점에서 특별하다. 성행위는 지각, 감정, 가치관, 사고를 하나로 통합한다. 성행위는 자신의 전 존재를 가장 강렬하게 체험하게 하며, 자신의 가장 내밀한 자기 감각을 경험하게 해준다. 다만 이러한 체험이 모든 성행위에서 가능한 것은 아니다. 갈등과 죄책감에 방해받지 않고 열린 마음으로 상대와 소통해야만 비로소 온전하게 이러한 체험을 할 수 있다.

성행위에서는 상대라는 인간 그 자체가 내게 쾌락을 주는 직접적 원천이고 수단이며 쾌락의 구현이다. 성행위에서 우리는 행복이 가능함을 감각으로 직접 확인할 수 있다. 다른 어떤 행위보다 성행위를 할 때야말로 삶의 목적이 나 자신의 행복이라는 것을 경험한다.

성행위에서 우리는 자신을 독특하고 강렬하게 인식하는 경험을 한다. 성행위 자체뿐 아니라 상대와 나누는 언어적·감정적·

육체적 상호작용도 이러한 경험을 가능케 한다. 어떤 경험을 통해서든 자기 인식에 도달할 때, 그 뿌리에는 그 경험의 바탕이 된 관계의 성격, 내가 상대에게 부여하는 가시성, 그리고 상대의 반응을 통해 내가 느끼는 가시성의 정도와 종류가 있다. 만약 상대와 정신적, 감정적으로 친밀함을 느끼고 나아가 나와 상대의 성적 특징이 조화를 이뤄 서로가 원하는 바를 채워준다면, 충만함을 느끼는 만큼 그 상대와의 성관계는 가장 깊은 차원에서 자기를 느끼고 영혼과 육체를 그대로 드러내고 그 사실에 환희를 느끼는 경험이 될 것이다.

반대로 상대와 정신적, 감정적으로 멀게 느껴진다면 그 상대와 맺는 성관계는 아무리 좋아봤자 소통이 없는 무미건조한 행위이거나, 그저 '육체' 관계로 끝나는 쓸쓸한 행위이거나, 최악의 경우 무의미하고 공허한 행위가 될 것이다. 그렇다고 해서 모든 사람들이 성적 관계에서 낭만적 사랑을 추구하고 낭만적 사랑이 없는 성행위에서 좌절감을 느낀다는 말은 아니다. 그러나 우리가 나 자신, 나의 성적 부분, 나와 성행위를 하는 상대와 의미 있는 관계를 맺는 데 실패한다면 성적 결합에서 얻을 수 있는 가장 황홀한 기쁨을 놓치는 것은 사실이다.

성행위는 인간이 가장 행복한 방식으로 자기를 인식하도록 한다. 낭만적 사랑을 하는 여자와 남자는 서로의 존재를 통해 이러한 경험을 하고자 하는 갈망을 품는다. 이러한 경험이야말로 인간이 주고받을 수 있는 가장 고귀하고 따뜻한 선물이며, 내가 사랑하는 사람의 가치를 인정하고 나 자신의 가치를 인정받는 최고의 방식이다.

이 경험을 구성하는 가장 중요한 요소는 나의 존재가 사랑하는 이에게 기쁨을 줄 수 있다는 깨달음이다. 나의 육체만이 아니라 나라는 존재 전체가 사랑하는 이가 느끼는 기쁨의 원천이다.(우리는 성적 능력뿐만 아니라 다른 이유로도 사랑받고 싶다.) 달리 말해 우리는 "내가 나이기에 사랑하는 이에게 그가 느끼는 감정을 느끼게끔 할 수 있다."고 느낀다. 따라서 우리는 나의 영혼과 내 영혼의 가치를 사랑하는 이의 얼굴에 떠오른 감정에서 읽을 수 있다.

만약 성행위가 자기 긍정의 행위라면, 성행위를 통해 자유롭게 훨훨 날고 마음을 열어 속속들이 내보일 수 있길 원한다면, 기쁨을 느끼는 권리를 긍정하고 나의 존재를 채우는 기쁨을 온 세상에 펼쳐 보이고 싶다면, 우리가 상대로 원하는 사람은 내 본모습을 가장 편안하게 드러낼 수 있는 사람, (의식적으로든 무의식적으로든) 나의 모습을 맑게 비춰주는 심리적 거울로 인정할 수 있는 사람, 내가 나 자신과 삶을 보는 궁극적 가치관을 반사해 보여주는 사람이다. 이 사람이야말로 성의 세계에서 우리가 꿈꾸는 바를 최고의 경험으로 실현해줄 사람일 것이다.

여자와 남자가 만나 열정적인 사랑에 빠졌을 때, 성은 서로의 더 넓은 영역을 깊이 탐구하고 싶게 만든다. 사랑하는 여자와 남자가 서로를 '알고 싶다는' 갈망을 품을 때, 그들은 모든 것을 하나도 빠짐없이 알고 싶다. 감각으로, 즉 만지고 맛보고 냄새 맡으며 상대를 탐색하고 싶다. 그 어떤 관계에서보다 서로의 느낌과 마음을 오랫동안, 깊이, 꾸준히 탐색하고 나누고 싶다. 상대가 관계에서 꿈꾸는 바를 나도 간절히 추구하게 된다. 상대의 성격과 특징과 행동이 내게 영적·지적·육체적·정서적·성적 의미를 띠게 된다.

두 이성 사이의 차이도 관계에 긴장감을 조성하고 서로에 대한 뜨거운 흥미와 호기심을 불어넣는다. 이 호기심은 상대에게 온몸을 던져 푹 빠져드는 열정이면서 동시에 나 자신의 아주 내밀하고 이기적인 욕구이기도 하다. 개인적인 욕구가 사랑하는 상대를 아우를 만큼 확장되는 것이다. 이것은 사랑에 따라오는 최고의 부산물이다.

우리는 다 같은 인간이 아니라 각자 다른 개체다. 저마다 특정한 성을 지니고 있다. 이 사실에 과도한 의미를 부여하는 잘못을 저지를 수도 있지만, 이 사실에 담긴 의미를 과소평가하고 이 사실이 우리의 삶에 얼마나 큰 영향을 끼치는지를 부정하는 것은 더 큰 잘못일 것이다.

모든 인간은 자기 자신을 인식할 때 남성성 또는 여성성을 고려한다. 우리의 성 정체성은 일반적으로 개인의 정체성 중심부 깊은 곳에 자리 잡고 있다. 우리는 자신을 그냥 인간으로 인식하지 않고 남성 또는 여성으로 인식한다.

성 정체성, 즉 남성성과 여성성의 기반이 생물학적 성질에 있기는 하지만, 남성의 육체 또는 여성의 육체를 가지고 있다는 사실이 성 정체성을 결정하지는 않는다. 성 정체성은 심리적으로 남성성 또는 여성성을 어떻게 경험하는지에 달려 있다. 예를 들어 어떤 남자가 사람들을 늘 정직하게 대하는 태도를 지니고 있다면 이 특성은 인간으로서 그의 심리와 관련된 것이지 성적 특성과는 관계가 없다. 한편 그가 성적으로 자신감이 있고 여성에게 매력을 느낀다면 이 특성은 남성으로서 그의 심리와 관련되어 있다. 반대로 그가 여성과 만나면 늘 어쩔 줄 몰라 당황하고 관계를 제대로 맺지 못한다면 그의 남성성에 문제가 있다고 볼 수 있다. 만약 어떤 여성이 남성기를 위협적으로 느끼고 두려워한다면 성인 여성으로서 제대로 성장하지 못했다고 볼 수 있다.

심리적 성 정체성, 즉 우리의 성적 특성은 성적 존재로서 우리의 본성에 응답하는 것을 배우는 방식의 산물이며 반영이다. 이는 우리의 개인적 정체성이 더 넓은 의미에서 인간 존재로서 본성에 응답하는 방식의 산물이며 반영인 것과 마찬가지다.

성적 존재로서 대면할 수밖에 없는 질문이 있다. 평소에 의식할 일은 별로 없지만 결국 맞닥뜨리게 되는 질문들이다. 나는 내가 성적 개체임을 얼마나 의식하는가? 나는 성에 대해 어떻게 생각하고 성이 인간의 삶에서 얼마나 중요하다고 생각하는가? 나는 내 몸을 어떻게 느끼는가? (이 질문은 내 몸을 미적 측면에서 어떻게 평가하느냐는 말이 아니다. 내 몸을 내가 소중하게 생각하는지,

내게 즐거움을 준다고 긍정적으로 여기는지를 묻는 것이다.) 나는 이성을 어떻게 생각하는가? 이성의 몸은 어떻게 느끼는가? 여자와 남자의 성적 접촉에 대해 어떻게 생각하는가? 나는 이성과 성적으로 접촉할 때 자유롭게 행동하고 반응할 능력을 얼마나 갖추고 있는가? 성을 둘러싼 우리의 심리에는 이러한 질문에 대한 답변이 암시적으로 담겨 있다.

성을 대하는 우리의 태도는 오로지 내면에서 생겨난 것이 아니다. 사실 다른 어떤 영역보다 성적 측면에서 우리 성격의 전체가 자주 드러나고는 한다. 여러 연구에 따르면 다른 모든 상황이 같을 때 전반적으로 자존감이 높을수록 성적 존재로서 자신과 성적 현상 전반에 건강하고 긍정적인 태도를 보인다.

섹슈얼리티는 우리의 인간성에서 빠뜨릴 수 없는 요소이기에, 충분히 발달한 성숙한 개인은 자신의 섹슈얼리티를 자신의 일부로 자연스럽게 받아들일 줄 알며 성적 존재로서 성행위를 자연스러운 표현으로 받아들일 수 있다. 자신의 섹슈얼리티를 자신의 일부로 자연스럽게 받아들이는 일은 낭만적 사랑에 필수 요건이다.

건강한 남성성 또는 여성성은 자신의 성적 본성을 긍정한 결과이자 긍정의 표현이다. 여기에는 자신의 섹슈얼리티를 뚜렷이 그리고 긍정적으로 인식하는 것, 성적 현상에 대한 밝고 적극적인 (두려움과 죄책감이 없는) 태도, 성적 경험을 낯설고 꺼림칙하고 음침하고 죄스러우며 '더러운' 것이 아니라 자기 자신을 표현하는 행위로 보는 관점, 자신의 몸을 긍정적으로 보고 소중하게 여기는 자세, 이성의 몸을 두려움 없이 바라보고 감탄하는 시선, 성적 접촉에서 경험하는 예측 불가능한 자유로움과 즐거움을 받아들일 포용력 등이 담겨 있다.

여러 해 전 심리 치료 모임을 이끌면서 많은 내담자들에게 남성성과 여성성에 대한 관점이 시대와 장소에 따라 얼마나 다양한지 들을 기회가 있었다. 어떤 환자가 내게 남성성과 여성성 개념을 어떻게 이해하느냐고 물은 적이 있다. 그때 내 입에서는 반사적으로 이런 대답이 나왔다. "남성성이란 조물주가 여성을 창조한 것이 가장 멋진 일이라는 믿음의 표현이며, 여성성이란 조물주가 남성을 창조한 것이 가장 멋진 일이라는 믿음의 표현이지요!" 물론 이런 설명에 과학적 정밀함은 없다. 그러나 지금도 이보다 더 나은 설명을 제시할 수는 없을 것 같다.

명백한 사실이 있다. 남자가 남성으로서, 남성 몸의 주인으로서 자신을 경험할 때 느끼는 크나큰 기쁨. 여자가 여성으로서, 여성 몸의 주인으로서 자신을 경험할 때 느끼는 크나큰 기쁨. 나와 다른 몸을 만나는 즐거움. 남자가 여자를, 여자가 남자를 만나는 이루 말할 수 없는 즐거움. 서로를 치열하게 사랑하고 따뜻하게 보듬는 과정에서, '다른' 이가 사실은 나 자신의 이면이었음을 발견하는 즐거움. 나 자신이 누구인지 인식하는 데 나의 성적 측면이 중요한 것만큼, 관계에서 상대라는 거울에 비친 내 모습을 객관적으로 보고 가시성을 느끼는 것도 중요하다. 그리고 온전한 가시성을 느끼고 나를 완전히 객관적으로 보려면, 내가 그저 한 인간일 뿐 아니라 한 남자 또는 여자임을 상대가 인지해주고 또 스스로 인지해야 한다. 사실 한 인간으로서, 그리고 한 남자 또는 여자로서 상대가 나를 받아들여주는 것 모두 필요하다.

남자는 그의 삶에 소중한 한 여자에게 자신의 강인함을 인정받고 싶으면서도, 한편으로는 자신의 섬세하고 연약한 부분, 때로 책임과 권위를 내려놓고 싶은 욕구 역시 이해받고 싶을 수 있다. 자기 안에 이처럼 여러 다른 면이 있다는 사실이 모순이 아니며 자연스러운 일이라는 것을 이해받고 싶을 수 있다. 마찬가지로 여자는 자신의 삶에 소중한 한 남자에게 자신의 섬세함과 직관을 인정받고 싶으면서도, 한편으로는 자신의 강인하고 능동적인 측면 역시 인정받고 싶을 수 있다. 자기 안에 여러 다른 면이 충돌하지 않고 조화를 이루고 있음을 이해받고 싶을 수 있다.

가시성과 자기 객관화의 경험이 최고의 경지에 이를 때는 이성과 관계를 맺을 때다. 누구나 남성적 측면과 여성적 측면을 동시에 지니고 있다. 그러나 보통 남자는 남성적 측면을 주로 내보이고 여성은 여성적 측면을 주로 내보인다. 이성과 관계를 맺음으로써 비로소 우리는 자신을 온전히 경험할 수 있다. 남성과 여성 사이의 거리 덕분에 나 자신을 더욱 선명하게 이해할 수 있다. 물론 동성과 맺는 관계에서 더 잘 이해할 수 있는 부분도 있다. 남자로 산다는 게 무엇인지 여자가 결코 이해할 수 없는 부분이 있고, 여자로 산다는 게 무엇인지 남자가 결코 이해할 수 없는 부분이 있다. 그러나 이성과 관계를 맺음으로써 우리는 자기 내면에 깃든 가능성을 더욱 폭넓게 탐구할 수 있다. 전보다 더 많은 건반으로 전보다 더 다양한 소리로 더 풍요로운 음악을 창조할 수 있다.

이성이면서도 정신과 가치관에 공감할 수 있는 부분이 매우 많고, 정신의 결이 지극히 닮았으며, 한편으로 서로의 모자란 점을 보완해줄 수 있는 사람이라면 상대를 한 인간이자 한 남성 또는 여성으로 동시에 인식할 수 있다. 상대가 나와 다른 성이라는 사실을 고려한 관점, 즉 이성이 아니면 불가능한 관점으로 여자와 남자가 서로를 바라볼 때야말로 서로의 존재를 가장 폭넓게 '아는 것'이 가능하다.

낭만적 사랑에서 상대를 성욕의 대상으로 본다는 것은, 여자로서의 측면 또는 남자로서의 측면을 포함하여 개인으로서 상대를 인식하고 그에게 매력을 느낀다는 뜻이다.(낭만적 사랑보다 덜 진지한 관계에서는 꼭 그렇지는 않다.) 낭만적 사랑의 표현에서 핵심적인 감정은 다음과 같이 표현할 수 있을 것이다. "나는 너를 인간으로 인식하고, 네가 다른 누군가가 아닌 너이기에 너를 사랑하고 욕망하며, 그럼으로써 나의 보편적 행복, 그중에서도 특히 성적 행복이 채워지리라 믿는다."

사랑하는 상대와의 관계에서 느끼는 영적·정서적·성적 고양감은 상대의 존재 안에 내가 가장 귀하게 여기는 많은 것들이 담겨 있음을, 상대의 존재가 나 자신의 행복을 이루는 데 반드시 필요함을 느낀 결과다. 여기서 '귀하다'는 말은 꼭 고상하고 우아하다거나 다른 것들과 비교해 지위가 높다는 뜻이 아니라, 개인의 필요와 욕망, 내가 삶에서 추구하고 경험하고자 하는 바에 비추어볼 때 가장 중요하다는 뜻이다. 우리가 느끼는 고양감의 핵심에는 사랑하는 상대의 존재가 우리의 성적 행복에 반드시 필요하다는 인식이 있다. 여기서 영적 필요와 육체적 필요가 하나로 녹아들고, 우리는 완전한 하나로서 자신을 체험한다.

지금까지 낭만적 사랑으로 채울 수 있는 기본 욕구들을 살펴보았다. 누군가가 곁에 있으면 좋겠다는 단순한 욕구가 있다. 누군가를 사랑하고 싶은 욕구가 있다. 사랑받고 가시성을 느끼고 싶은 욕구가 있다. 자신의 새로운 면을 발견하고 싶은 욕구가 있다. 성적 만족감을 얻고 싶은 욕구가 있다. 남자로서 또는 여자로서 자기 자신을 온전히 경험하고 싶은 욕구가 있다.

앞으로 이어질 내용에서 인간이 낭만적 사랑을 갈망하게 하는 또 다른 욕구들을 보게 될 것이다. 우리는 나만의 세계, 세상살이의 힘겨움에서 벗어나 쉴 수 있는 안식처가 필요하다. 낭만적 사랑이 지닌 특별한 힘을 통해 이러한 욕구를 채울 수 있다. 이땅에 살아 숨 쉬는 즐거움을 타인과 나누고 싶은 욕구, 타인의 즐거움에서 기쁨과 에너지를 얻고 싶은 욕구도 있다.

내가 이러한 감정들을 '기본 욕구'라 칭한 까닭은 이 욕구들을 채우지 못하면 죽기 때문이 아니라, 이 욕구들을 채움으로써 삶의 질이 크게 높아지고 인간으로서 효과적으로 활동하는 데 큰 도움을 받기 때문이다. 이 욕구들은 생존에 직결된 것들이다.

낭만적 사랑으로 충족할 수 있는 이러한 욕구들에 대해 평소 곰곰이 생각할 일은 거의 없다. 우리는 그저 욕구를 느낄 뿐이지 개념화하여 사고하지는 않는다. 개념화하여 사고함으로써 얻는 실용적 장점은 사랑의 본질을 더 잘 이해할 수 있을 뿐만 아니라 지금 맺는 관계를 판단할 기준이 생긴다는 것이다. 예를 들어 나를 사랑한다고 말하고 나도 사랑한다고 생각하는 사람과의 관계에서 가시성을 느끼지 못하는 상황을 생각해보자. 이제 가시성이 얼마나 중요한지 알게 되었으므로, 관계에 무언가 문제가 있음을 더욱 뚜렷이 인식할 수 있다. 4장에서 이 주제에 관해 더 자세히 이야기할 것이다.

낭만적 사랑의 뿌리를 이해하려면 우리가 다른 사람이 아닌 '그 사람'과 사랑에 빠지게 되는 요인을 이해해야 한다. 즉 '사랑에 빠질' 대상을 선택하는 과정이 어떻게 일어나는지를 이해해야 한다. 이제 이 주제로 시선을 돌려보도록 하자.

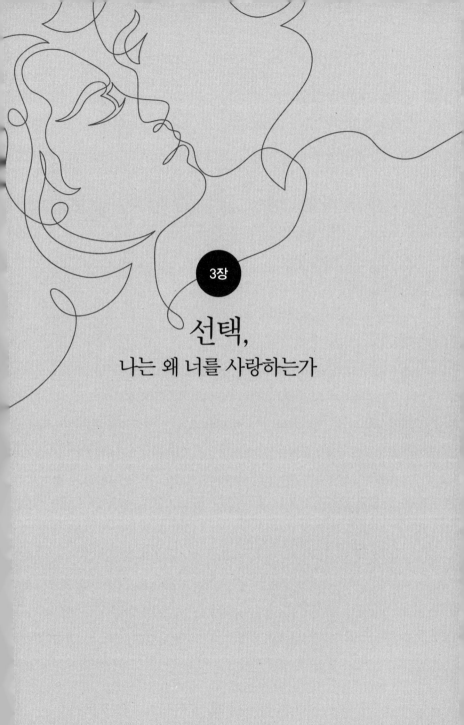

3장

선택,
나는 왜 너를 사랑하는가

첫눈에 사랑에 빠질 수 있을까

여자와 남자가 행복한 관계를 맺을 때, 사랑, 욕망, 기쁨의 경험은 단순히 한 방향으로 전해지는 게 아니라 계속해서 서로를 강화해주는 선순환의 궤적을 그린다. 한 사람을 사랑할 때 그는 내가 지금 느끼는 행복이자 앞으로 느낄 행복의 원천이다. 사랑하는 사람과의 관계에서 욕망이 생겨나고, 행동으로 이어지며, 이 행동이 다시 기쁨과 즐거움을 낳는다. 순환의 고리 속에서 기쁨은 욕망과 사랑을 강화한다. 이런 방식으로 사랑은 성장하고 강해진다.

누군가에게 반하고 매력을 느끼고 그와 가까워지고 싶은 감정은 '첫눈에' 생겨날 수 있다. 사랑은 그렇지 않다. 사랑하려면 상대를 알아야 하고 아는 데는 시간이 필요하다. 사람들은 때로 '첫눈에 사랑에 빠졌'고 말한다. 자신들의 첫 만남을 돌이켜본 연인들에게는 그렇게 느껴질 수 있겠지만, 사실은 처음 만난 순간 느낀 강렬한 감정을 나중에 뒤따른 경험이 뒷받침하면서 사랑이 발전했다고 보는 것이 타당하다. 그러나 장차 사랑하게 될 사람들이 관계를 막 시작한 단계에서, 또는 문자 그대로 첫 만남에서부터 갑작스러운 '인식의 충격'을 겪는 일은 드물지 않다. 묘하게 친근한 느낌, 잘 설명할 수는 없지만 어쩐지 아는 사람을 만난 것만 같은 느낌을 받는다. 물론 타인이 지닌 색다름에 느끼는 매력도 있지만, 동시에 그와 거의 정반대 감정도 함께 찾아온다. 미묘하면서도 강렬한 익숙함. 마치 내 안에 이미 존재하던 어떤 가능성이 실체가 되어 내 앞에 나타난 느낌. 인식의 충격과 함께 그들이 보는 사람은 '타인'이자 동시에 '타인'이 아니다.

처음에 찾아오는 이러한 끌림이 어떻게 불붙는지, 곧바로 만들어진 유대감의 바탕에는 무엇이 있는지 이해해야 한다. 앞에서 열정적 사랑의 바탕에는 정신 세계와 가치관이 많은 부분 일치한다는 사실이 깔려 있다고 했다. 이 설명은 매우 포괄적이고 추상적이다. 더 구체적으로는 이러한 공통점이 어떤 결과를 불러오는지, 이 공통점이 어떻게 드러나는지, 어떻게 처음 만난 순간부터 서로의 닮은 점을 인식할 수 있는지를 살펴보아야 한다. 이러한 의문에 답했을 때 다른 사람이 아닌 바로 '그 사람'과 사랑에 빠지게 되는 까닭도 함께 밝혀질 것이다.

'삶의 감각'이 닮아야 한다

낭만적 사랑과 낭만적 사랑의 상대를 선택하는 과정을 이해하는 데 꼭 필요한 개념이 바로 '삶의 감각'이다. 낭만적 사랑의 핵심은 상대와 삶의 감각을 깊이 나누는 것이다.

삶의 감각은 우리가 우리 존재를 바라보는 기본 관점과 우리 존재와 맺는 관계를 경험하는 정서적인 방식이다.

우리가 지닌 삶의 감각은 강하고 건강한 자존감, 살아 있음 그 자체를 가치 있게 느끼는 온전한 감각, 이 세상이 우리의 생각과 노력에 응답할 것이라는 확신을 반영한다. 반면 고통스러운 자기 의심, 내가 사는 이 세상은 이해할 수 없고 적대적인 곳이라고 느끼는 불안을 반영할 수도 있다. 삶의 감각은 또한 삶을 기쁨이라고 보는 관점을 반영할 수도 있고, 추악하고 무의미하다고 보는 관점을 반영할 수도 있다. 삶의 감각에 열의와 자신감이 드러날 수도 있고, 자기 의심과 쓰라린 분노가 드러날 수도 있다. 삶의 감각을 통해 엿볼 수 있는 것들은 이밖에도 많다. 조용하지만 아쉬운 열망, 고뇌에 찬 슬픈 저항, 불평 없이 가만히 물러나는 체념, 공격적으로 드러나는 무기력, 비뚤어진 고의적 자해. 또는 이 모든 태도가 다양한 정도와 비율로 섞여 나타날 수도 있다.

삶의 감각은 아주 어렸을 때부터 형성되기 시작한다. 세상과 자기 자신에 대해 개념적인 말로 생각할 능력을 갖추기 훨씬 전부터 삶의 감각은 이미 만들어지고 있다. 아이에서 어른으로 성장하면서 인간은 반드시 현실의 바탕에 놓인 근본적 사실, 즉 우리 존재와 삶의 실상에 직면하게 된다. 사실에 대응하는 방식은 사람마다 다르고, 얼마나 현실을 정확히 인식하고 합당하게 대응하는지도 사람마다 다르다. 사실에 대응하는 경험이 쌓여 각자 자기만의 삶의 감각을 구축한다. 물론 성인이 되어 세상을 관찰하고 무엇을 배우느냐에 따라 사실에 대응하는 태도는 어느 정도 바뀔 수 있다. 그러나 실제 정보를 대량으로 얻기 이전, 어린 시절 형성된 태도는 근본적 차원에서 끈질기게 살아남는다.

간단한 예를 하나 보자. 의식과 목적 지향적 인식은 우리 삶에 반드시 필요하다. 즉, 사람에게는 지식이 필요하고, 지식을 얻으려면 개념적으로 생각하는 노력이 필요하다. 이 점과 관련해 나이 어린 사람 내면에서 점차 형성되어 가는 입장은 그 사람이 결심을 표명한다고 결정되는 것은 아니다. 이는 한번 선택한다고 끝나는 문제가 아니다. 여러 번의 선택, 생각하고 인식의 지평을 넓히기를 요구하는 다양한 상황에 부딪쳐 대응하는 경험이 거듭 쌓여서 마침내 도달하는 종착지다. 지금 논의의 맥락에서는 어떤 요소들이 한 사람의 기본 태도가 형성되는 데 영향을 끼치는지에 관해 자세히 따지지는 않겠다. 핵심은 어찌 됐든 결국 기본 태도가 형성된다는 점이다.

우리는 자기 마음을 잘 훈련해 적극적으로 기쁨을 얻는 법을 배움으로써 긍정적으로 반응하는 법을 배울 수도 있다. 혹은 지적 노력은 필요악이라고 여기고 마지못해 꾸준히 밀고 나가는 법을 배울지도 모른다. 또 정신적 노력을 부당한 짐이자 부담으로 바라보고 가능한 한 피하려 하며 정신적 노력에 무기력한 분노와 두려움을 품을 수도 있다. 다양한 요인에 의해 이처럼 우리의 심리에서 시간의 흐름과 함께 천천히 형성되고 굳어지는 것이 바로 흐름이고 방침이며 습관이고, 자세이자 암묵적인 전제다. 이런 과정을 거쳐 삶의 감각이 만들어진다. 한 사람의 삶의 감각이 완성되기까지는 엄청나게 다양한 요소가 개입하지만, 여기서는 몇 가지 핵심만 언급하겠다.

우리는 모든 것을 다 알지도 못하며 언제나 옳을 수도 없다. 아주 어렸을 때부터 지식이란 직접적인 인식 과정을 거쳐서만 얻을 수 있을 뿐 아니라, 그 노력이 반드시 성공으로 이어진다는 보장이 없음을 깨닫는다. 우리는 자신의 생각과 판단에 기꺼이 책임지는 것을 배울 수도 있다. 내가 내린 결론과 그에 따른 행동의 결과를 수용할 준비를 갖추고, 이 방법 말고는 다른 합리적 대안이 없음을 받아들인다. 한편 우리는 두려움과 책임에서 벗어나고 싶은 바람으로만 삶에 반응하는 법을 배울지도 모른다. 혹시라도 실수를 저질렀을 때 생길 수 있는 '위험'을 최대한 줄이기 위해 의식과 생각과 행동의 범위를 좁히고, 다른 사람에게 책임을 떠넘기고, 사실상 다른 사람의 생각과 판단, 가치관과 결론에 얹혀 살아간다.

삶의 과제에 극단적으로 달리 대처한 두 사람이 만났을 때, 두

사람 사이에 존재하는 깊은 골은 낭만적 사랑에 거대한 장벽이
된다.

우리가 긴 시야로 삶을 바라보며 살아가야 한다는 것, 미래에
목표를 두고 그 목표를 이루기 위해 살아야 한다는 것, 그러려
면 때에 따라 눈앞의 쾌락을 미루고 닥쳐온 좌절을 견딜 수 있는
능력과 의지를 갖춰야 한다는 것은 분명한 사실이다. 가장 단순
한 방식으로 살더라도 자신의 행동의 결과를 전혀 생각하지 않
을 수는 없다. 우리는 내일이 오리라는 현실에서 벗어날 수 없
다. 우리는 내일이 오리라는 것과 행동에는 결과가 따른다는 것
을 받아들이고, 자기 연민에 빠지지 않고 추구하는 목표에 대한
의지를 잃지 않은 채 이러한 삶의 진실을 현실적으로 인식할 수
도 있다. 한편 세상이 모든 욕망을 즉각 채워주지 않는다는 데
분노하여 반항하고 결과적으로 현실을 짓밟으며 당장 쉽게 얻을
수 있는 것만 추구할 수도 있다.

우리는 살아가면서 정도는 다르지만 어느 정도 고통을 느끼고
또 목격하는 순간을 만날 수밖에 없다. 내 의지로 결정할 수 있
는 것이 있다면 그것은 고통에 어떤 지위를 줄 것인지, 즉 우리
의 삶을 보는 관점에서 고통에 어떤 가치를 부여할 것인지다. 우
리는 아무리 큰 고난과 역경이 닥치더라도 우리 존재의 가치에
대해 긍정적인 인식을 유지할 수도 있다. 행복과 성공이 정상적
이고 자연스러운 것이며 고통과 패배, 재앙, 실망은 비정상적이
고 우연히 발생한다고 생각한다.(마치 우리가 질병이 아니라 건강

이 자연스러운 상태라고 생각하는 것과 같다.) 한편 고통과 패배야 말로 존재의 핵심이며 행복과 성공은 일시적이고 비정상적이며 운이 좋아 경험하는 것이라고 생각할 수도 있다.

생명체가 자신의 생명을 유지하고 좋은 삶을 살기 위해 행동하는 것은 자연스러운 본능이다. 자기 자신의 삶과 행복에 어떤 가치를 부여할지 스스로 결정하고 그에 따라 의식을 형성하고 생각을 하고 노력을 기울이고 행동을 해낸다는 것은 인간만이 지닌 특별한 본능이다. 이 과정은 자동으로 이루어지지 않는다. 인간은 옳은 선택, 즉 우리의 삶을 나은 방향으로 이끌어 가는 선택을 하도록 생물학적으로 '설계'되어 있지 않다. 우리는 살아 있는 존재에 어울리게 삶을 긍정하는 자기 존중의 태도를 키워 간다. 나 자신에게 소중한 것들을 지켜내고야 말겠다는 확고한 의지, 나의 존재를 부정하고 희생시키려는 힘을 단호히 거부함으로써 우리의 가치를 지키고 행복을 추구한다. 한편 합리적인 이기심과 자기 가치에 필요한 노력, 책임감, 통합성, 용기를 두려워하여 정신이 충분히 갖춰지기도 전에 포기해버릴 수도 있다. 꿈을 내주고, 행복을 내주고, 소중한 것들을 내준다. 실재하는 어떤 이를 도우려고 내주는 게 아니라, 이름 없고 정체 모를 무기력과 공포에 내주고 만다.

삶의 감각은 사람의 근본 가치관 형성에 매우 중요한 역할을 한다. 모든 가치의 선택은 결국 가치 판단을 하는 존재와 그 존재가 살아가야 하는 세계를 바라보는 관점에 달려 있기 때문이다. 삶의 감각은 다른 모든 감정과 정서적 반응의 바탕에 깔려 있다. 여기가 바로 삶의 감각과 낭만적 사랑이 연결되는 지점이다. 영혼의 단짝은 곧 여러 중요한 측면에서 삶의 감각을 공유하는 사람이기 때문이다.

우리는 다른 인간과 마주쳤을 때 그의 내면에 존재하는 선율을 느낀다. 그가 자기 자신을 어떻게 경험하는지, 자신의 삶을 기쁜 마음으로 대하는지, 두려운 마음으로 대하는지, 방어적으로 대하는지 감지한다. 생동감과 무감각의 정도를 감지하는데, 생각이 언어의 형태로 정돈되기 전에 우리의 몸과 감정이 먼저 반응한다.

낭만적인 관계에서 각자가 상대의 삶의 감각에 긍정적으로 응답하는 것은 사랑을 경험하고 서로 가시성을 비추는 데 결정적이다.(처음 만난 순간에 이런 반응이 일어날 수도 있다.) 이런 호감은 종종 관계를 촉발하기도 한다. 낭만적 사랑을 할 때 우리는 무의식적으로 이렇게 느낀다. "나의 연인은 나와 같은 관점으로 삶을 바라본다. 그는 생존의 문제를 나와 같은 태도로 마주한다. 그는 살아 있다는 사실을 나와 같은 방식으로 경험한다."

내가 '자존감과 낭만적 사랑' 집중 과정을 진행할 때 참가자들과 종종 함께 해보는 활동이 있다. 이 활동의 목적은 참가자들로 하여금 직접 소통하고 의식해서 인식하지 않더라도 이미 타인에 대해 얼마나 잘 아는지를 깨닫게 하는 것이다. 활동은 이렇게 이루어진다. 방 안에 있는 모든 사람들이 낯선 사람을 바라보고 앉는다. 말없이 가만히 바라보며 그저 그 사람의 존재에 푹 젖어들고, 그 사람에 대한 인상이 만들어지길 기다리고, 내면의 검열 없이 그 사람은 어떤 사람이리라는 상상을 자유롭게 펼치도록 한다. 그 사람은 어렸을 때 어떤 아이였을지, 그 사람이 누군가의 연인이나 동반자일 때는 어떤 느낌일지, 어떤 갈등을 겪고 있고 무엇을 위해 분투하고 있는지, 그 사람은 자기 자신에 대해 어떻게 생각할지 등을 머릿속에 그려본다. 몇 분간의 정적 끝에 한 사람이 입을 열어 자기가 그 사람에게 받은 인상, 생각하고 상상한 내용을 이야기한다. 상대는 동의하는지 아닌지, 타당하게 들리는지 아닌지 드러내지 않은 채 조용히 듣기만 한다. 그 다음에는 역할을 바꿔 말하던 사람은 입을 다물고 가만히 듣던 사람이 입을 열어 상대에게 받은 인상, 생각하고 상상한 내용을 말한다. 그러고 나서 서로가 말한 내용 중 어떤 것을 옳다고 생각했고 어떤 것을 그르다고 생각했는지 의견을 나눈다. 이때쯤이면 거의 항상 끓어오르는 놀라움과 흥분이 방 안을 가득 채운다. 다들 서로가 정말 정확하다고 생각하며, 자신이 얼마나 섬세하게 상대를 느끼고 보고 이해할 수 있었는지를 깨닫고 기뻐하며 놀라워한다. 참여한 이들 중 대부분이 전에는 알지 못했던 능력이다.

삶의 감각을 서로에게 전하는 데는 여러 방법이 있지만, 가장 드물게 쓰이는 방법은 솔직하고 개념적인 표현으로 소통하는 게 아닐까 한다. 물론 관계가 깊어질수록 직접 인식할 수 있는 방식으로 얻는 지식이 많아지긴 한다. 서로 소중하게 여기는 것과 그렇지 않은 것을 알게 되면서 서로 얼마나 비슷하고 서로에게 얼마나 끌리는지를 깨닫는 것이다. 예를 들어 상대가 대화하는 방식, 웃는 방식, 서 있는 방식, 움직이는 방식, 감정을 드러내는 방식, 어떤 사건에 반응하는 방식 등을 관찰함으로써 상대에 대해 더 많이 알 수 있다. 서로 얼마나 비슷하고 서로에게 얼마나 끌리는지를 깨닫는 방식은 다양하다. 서로가 서로에게 어떻게 반응하는지, 어떤 말을 하고 어떤 말을 하지 않는지로 알 수도 있다. 때론 설명하지 않아도 둘 사이에 통하는 것들, 예상치 못한 순간 문득 서로를 이해하고 있다는 느낌을 받고 상대에 대한 친밀감을 확인하기도 한다. 거의 모든 사람이 이런 경험을 해봤을 것이다.

삶의 감각이 얼마나 비슷한지 가장 뚜렷하게 드러나는 부분은 많은 경우 예술적 취향이다. 예술은 다른 어떤 분야보다도 삶의 감각을 투명하게 보여준다. 한 사람의 삶의 감각은 그만의 예술적 취향을 결정하는 데 중요하게 영향을 끼친다.

두 사람이 직접 자기 생각을 주고받고 대화를 나누는 것이 중요하지 않다는 말은 아니다. 사실 대화는 매우 중요하다. 대화의 중요성을 부정하거나 간과해서는 안 된다. 그러나 어떤 주제에 대해 관념적, 지적으로 동의했다는 사실만으로는 삶의 감각이 진정으로 유사하다고 단정할 수 없다. 오히려 관념적, 지적 동의가 이루어졌기 때문에 사실 그렇게 비슷하지 않은데도 실제보다 그렇다고 착각할 위험도 있다. 철학적으로 동의하는 부분이 많은 사람이라면 사랑할 만한 사람이라고 잘못 판단하여 결혼하는 사례를 적지 않게 보았다. 표면적 공감대보다 서로의 삶의 감각의 차이가 더 크다는 사실을 미처 인식하지 못한 것이다.

상대와 삶의 감각이 아주 많이 비슷해야만 그에게서 폭넓고 깊이 있고 내밀한 가시성을 얻을 수 있다. 삶의 감각이 나와 동떨어진 사람이 나의 어떤 점을 칭찬하고 좋아할 수도 있다. 그러나 거기서 느끼는 즐거움은 극도로 제한적이다. 어쩌면 그 사람이 나를 좋아하는 이유 자체가 잘못되었다고 느낄 수도 있다.

예를 들어 이런 관계를 생각해볼 수 있다. 한 남자와 그를 사랑하는 여자가 있다. 남자는 자신감 넘치고 삶의 감각이 긍정적이며 어려운 과제에 꿋꿋하게 도전한다. 반대로 여자가 지닌 삶의 감각에는 세상에 반항하는 듯한 비장함이 잠겨 있다. 여자는 남자를 영웅으로 존경하지만 한편으로 슬픈 운명을 피할 수 없는 순교자로 여긴다. 이런 존경의 대상이 되었을 때 남자는 가시성을 얻지 못하며 그로 인한 기쁨도 느끼지 못한다. 여자의 눈에 비친 남자의 모습과 남자 자신이 지닌 긍정적인 삶의 감각이 충돌하기 때문이다.

낭만적 사랑을 최고의 상태로 경험할 때 우리는 내가 인정받고 싶어 하는 점을 인정받으며, 나 자신의 삶의 감각과 일치하는 방식, 일치하는 관점에 따라 인정받는다.(후자는 전자만큼 중요하다.) 낭만적 사랑의 열정이 피어나고 유지되는 데 반드시 필요한 토양이 바로 이 삶의 감각이 비슷하다는 사실이다. 사람은 자신의 의식과 비슷한 의식을 지닌 이에게 끌리기 마련이다.

여기서 끝이 아니다. 낭만적 사랑의 전체 상을 이해하려면 더 설명이 필요하다. 우리가 찾고자 하는 것이 자신을 거울로 비춘 듯 똑같은 상대는 아니다. 관계의 바탕은 서로가 본질적으로 닮았다는 사실이지만, 관계의 즐거움 중 큰 부분은 서로를 보완하는 차이에서 오기도 한다. 닮은 점과 다른 점, 두 가지가 어우러진 자리에서 비로소 낭만적 사랑이 태어난다.

다르기 때문에 사랑에 빠진다

본질적 유사성과 서로를 보완하는 차이의 원리를 가장 근본적인 수준에서 관찰하려면 여자와 남자가 서로에게 매력을 느끼는 결정적인 조건을 보아야 한다. 가장 관념적인 수준에서 보자면 본질적으로 닮은 점에서 느끼는 호감은 둘 다 인간이라는 사실에서 온다. 이 점이 충족되어야 사랑이 시작될 수 있다. 서로를 보완하는 차이는 한 명이 여자이며 다른 한 명이 남자라는 데서 온다. 서로를 만나 느끼는 짜릿한 즐거움은 여기에서 비롯되는 것이다.

더 구체적인 차원에서 내가 만난 상대가 나와 같은 생존 전략을 익혔으며, 세상을 살아가는 태도가 친근하게 느껴지고, 문제에 대처하고 적응하는 방식이 나 자신이 습득한 방식과 닮았을 때, 우리는 나의 외부에서 나를 발견하는 인식의 충격에 휩싸이고 깊은 유대감을 느낀다. 이런 친밀감이야말로 관계를 떠받치는 든든한 바탕이다. 이런 바탕이 없다면 여자와 남자의 성숙한 사랑이 뿌리내릴 수 없다. 그러나 어떤 인간도 완전히 똑같을 수는 없다. 어떤 인간도 똑같은 과정을 거쳐 성장하지 않는다. 어떤 인간도 똑같은 잠재력을 똑같이 실현하지 않는다. 노동자에 따라 특화된 업무 분야가 있는 것처럼 개인의 인격도 특화된 부분이 다르다.

예를 들어보자. 어떤 사람은 다른 사람보다 언어적 지적 능력을 더 많이 실현한다. 어떤 사람은 직관적 기능이 더 발달해 있다. 뚜렷하게 행동 지향적인 사람도 있고 심사숙고를 중시하는 사람도 있다. 예술적 성향이 강한 사람도 있고 세속적 성향이 강한 사람도 있다. 과거에 강한 애착을 보이는 사람이 있는가 하면 거의 현재에만 집중하는 사람도 있고 주로 미래만 생각하는 사람도 있다. 일에서 성취만 바라보는 사람도 있고 관계를 가꾸어 나가는 데 주력하는 사람도 있다. 존재의 육체적 측면을 사랑하는 사람도 있고, 지적 측면을 사랑하는 사람도 있고, 영적 측면을 사랑하는 사람도 있다. 우리는 이런 잠재력을 다른 수준으로 품고 있고, 다른 수준으로 실현한다. 이 모든 잠재력은 어느 정도 우리 안에 잠재해 있지만 각각의 잠재력이 정확히 어느 정도 섞여 있는지는 사람마다 다르다. 그리하여 마치 지문처럼 자기만의 개성을 지닌다.

우리가 사랑하게 될 가능성이 가장 높은 사람은 근본적으로 비슷하면서도 동시에 보완하는 차이가 있는 사람이다. 여자와 남자가 상대에게서 보완하는 차이를 경험할 때 그들은 관계에서 새로운 자극과 흥분을 느낀다. 바로 생동감, 팽창감, 성장감을 높여주는 역동적인 힘이다.

물론 모든 차이가 서로를 보완해주는 것은 아니다. 어떤 차이는 서로 부딪치게만 할 수도 있다. 일부 심리학자들이 주장하듯 사람은 반대 성향인 사람에게 끌린다고 결론짓는 것은 지나치게 단순한 생각이다. 반대 성향인 사람에게 끌리는 경향만큼 반대 성향인 사람을 적대하는 경향도 쉽게 찾아볼 수 있다. 인지 유형 (경험을 소화하고 생각하는 방식), 시간과 행동과 세계와 관계 맺는 방식이 너무 달라 서로 부딪치고 갈등을 겪고 화를 낼 수밖에 없는 여자와 남자도 있다.(특히 그들이 연인 관계라면 갈등은 더욱 클 것이다.)

낭만적 사랑에 고유한 친밀감을 얻으려면, 여자와 남자는 서로의 차이가 서로의 모자란 점을 채워주고, 아직 개발되지 않은 서로의 잠재력을 끌어내줘서 상대와의 만남이 의식을 넓혀주고 살아 있음을 폭넓게 실감하게 하는 모험이라고 느낄 수 있어야만 한다.

인지 과정을 주로 언어적 지식에 의존하는 사람과 주로 직관에 의존하는 사람의 차이는 크지만, 상대의 인지 유형을 이해하고 존중한다면 서로 좋은 자극을 주고 도움이 되는 관계를 가꿀 수 있다. 그러나 두 사람이 상대의 인지 방식을 못마땅하게 여긴다면 갈등과 불화를 겪을 수밖에 없다. 이와 마찬가지로 행동 지향적인 사는 사람과 정신 지향적인 사람의 경우, 두 사람의 차이가 서로의 부족한 점을 채워준다고 생각하는지, 서로 달라서 부딪친다고 생각하는지는 많은 부분 서로 이해하고 상대의 좋은 점을 볼 줄 아는 능력과 그렇게 하고자 하는 의지에 달려 있다. 그리고 그런 능력과 의지는 자기 안에 잠재된, 부차적인 부분을 받아들이고 존중할 줄 아는 능력과 그렇게 하고자 하는 의지에 달려 있다.

　마지막 문장을 조금 더 생각해보자. 보통 우리는 내 안에 존재하지만 외면하고 부정해 온 특성을 타인에게서 보았을 때 몹시 불편해한다. 내가 아는 어떤 여성은 자기 내면의 공격성을 부인해 왔는데, 연인이 그런 성향을 보일 때면 화를 낸다. 내가 아는 어떤 남성은 자기 내면의 예민함을 억눌러 왔고, 예민한 여성을 만나면 못 견딘다. 보통 부부가 싸우고 서로에 대해 불평하는 이유는 바로 자기 자신이 지니고 있지만 알고 싶지 않은 특성을 만날 때다. 예를 들자면 자기 안에서 일어나는 대부분의 감정을 인정할 수 있지만 무력감만은 질색하던 남자를 알고 지냈던 기억이 난다. 배우자가 무력감을 드러냈을 때 남자는 그녀에게 화를 냈다. 남자는 사실 아내가 때때로 찾아오는 무력감을 자연스레 받아들일 줄 안다는 것을 자신이 높이 평가하고 있으며, 아내가 두 사람을 위해 무력감을 견뎌 왔다는 사실을 모르고 있었다. 나와 함께 일했던 여성 중 매우 활동적이고 야심만만한 여성이 있었는데, 가끔 그녀는 남편의 수동성이 마음에 안 든다는 말을 하곤 했다. 그러나 사실 그녀는 남편의 그런 특성을 높이 평가하고 있었다. 남편을 통해 수동성을 간접적으로 경험하는 일은 자신에게 직접 허용할 수 없었던 경험을 하는 비밀스러운 즐거움이었다. 낭만적 사랑은 보통 이와 같은 갈등과 공존하는 감정이다. 수많은 여자와 남자가 두 사람의 차이 중 어떤 것은 서로의 부족함을 보완해준다고 느끼고 또 어떤 것은 부딪친다고 느끼면서 진정한 사랑에 빠진다.

여기서 중요한 점은 사랑하는 상대의 특성 중 답답하고 짜증스럽게 느껴지는 것들이 사실 내 안에도 존재한다는 사실을 인식하고 인정함으로써 갈등이 해결될 수 있다는 것이다. 내게도 그런 특성이 있음을 받아들이는 법을 배움으로써 다른 사람의 그런 특성 역시 더 편안하게 받아들일 수 있다.

자기 자신과 상대를 인정할 줄 아는 두 사람에게 서로를 보완하는 차이는 성장을 자극하고 자기 발견을 가능케 하는 강한 원동력이 된다. 서로는 상대에게 새로운 세계로 통하는 문과도 같다. 관계에 참여하는 사람의 자존감이 튼튼할수록 이런 관계가 성립할 가능성이 높아진다. 자존감이 강한 사람은 차이를 위협으로 느끼지 않기 때문이다.

내 안에 존재하지만 잘 드러나지 못했던 어떤 부분을 다른 사람에게서 볼 때가 있다. 그 사람도 내게서 비슷한 것을 보았을 때 사랑이 움튼다. 서로 만나고 관계 맺고 상호작용하면서 살아 있다는 느낌이 생생하게 차오르는 것이다. 사랑이라는 관계를 더 깊이 통찰할 수 있는 한 가지 방법은 나 자신에게 이렇게 묻는 것이다. 사랑하는 사람을 통해 나의 어떤 부분과 새롭게 접촉할 수 있을까? 이 관계에서 나는 나 자신을 어떻게 경험하나? 이 사람의 존재로 인해 내 안에서 어떤 부분이 가장 생생하게 살아 움직이는가? 이러한 질문에 대답하다 보면 왜 다른 사람이 아닌 바로 이 사람과 사랑에 빠졌는지 설명하는 가장 중요한 이유들을 이해할 수 있을 것이다.

다음 내용으로 나아가기 전에 한 가지 명확하게 짚고 넘어갈 점이 있다. 차이가 서로를 보완해주고 관계의 성공에 기여하려면 반드시 두 사람이 지닌 특성이 둘 다 바람직하고 유익한 것이어야 한다. 긍정적인 가치와 부정적인 가치는 서로 보완하지 않는다. 예를 들어 자존감이 높은 사람과 낮은 사람이, 또는 무척 지적인 사람과 지나치게 어리석은 사람이 뜨거운 사랑에 빠지는 경우는 보기 어렵다. 이런 종류의 차이는 본질적으로 서로 부딪치게 할 뿐 좋은 자극을 주지 못한다. 적대적이지 않고 서로 보완하려면 반드시 선택 가능한 영역에 속한 차이여야 한다. 선택 가능한 차이는 존재의 본질과는 관계가 없다. 이를테면 자존감, 자기 혐오, 정직함과 부정직의 차이는 선택적이지 않다. 이러한 차이는 동등하게 평가할 만한 성향이나 상태라고 볼 수 없다. 이러한 차이는 근본적인 것이며, 사람은 근본적인 부분에서 비슷한 사람과 사랑하고 싶어 한다. 인지 유형이나 성격의 경우, 여러 다른 성향을 가치 있게 평가할 수 있기 때문에 어느 정도는 차이를 반기고 즐길 수 있다.

정직하지 않은 사람이 다른 사람의 정직함에 매력을 느끼는 경우, 또는 자존감이 부족한 사람이 다른 사람의 자존감에 매력을 느끼는 경우도 있다. 자신에게 없는 것을 타인에게서 찾으려 하는 것이다. 그러나 그런 감정은 일방통행일 뿐 교류할 수 없다. 정직한 사람은 부정직한 사람에게 끌리지 않으며, 자존감이 높은 사람은 자존감이 낮은 사람에게 끌리지 않는다. 여기에는 함께 나누는 사랑의 토대는 존재하지 않는다.

함께 나누는 사랑의 토대가 성립할 바탕이 마련되어 있을 때, 여자와 남자가 서로 닮은 점과 서로를 보완하는 차이를 적절하게 지니고 있을 때, 그리고 둘 다 인생에서 사랑을 할 만한 특정한 때를 맞았을 때, 사랑은 두 사람이 서로 끌리는 수많은 이유를 분명히 깨닫기 전에 이미 자라나기 시작한다. 오랫동안 함께해 온 많은 여자와 남자가 서로를 사랑하는 이유를 끊임없이 새롭게 발견하는 경험을 한다. 사실 직관적으로 또는 무의식적으로 이미 한참 전에 깨달았지만, 분명히 표현할 말을 찾기까지 오랜 시간이 걸린 것이다. 모든 이들이 모든 이유를 정확히 말하는 것은 아니며 그럴 필요도 없다. 그러나 서로 사랑하는 이유를 알고 싶은 연인이 있다면 다음과 같은 질문이 유용할 것이다. 우리는 어떤 점이 닮았는가? 우리가 소중히 여기고 긍정적 자극을 받는 차이는 어떤 것이 있는가?

이때 상대의 특성을 그냥 나열해서는 결코 완전히 만족할 수 없을 것이라는 점을 짚고 넘어가야겠다. 어떤 특성이 특정한 인격 안에서 어떻게 작동하는지, 여러 특성이 각각 어느 정도로 존재하는지, 특성들 사이의 균형이 어떤지도 고려해야 하기 때문이다. 즉 '정도'와 '균형'이 중요하다. 예를 들어 나는 항상 사랑하는 여성에게 일정 정도 존재하는 '남성적'인 면을 좋아하곤 했다. 물론 남성적인 면이 자신의 여성성과 완전히 통합되어 자신의 구성 요소로 어느 정도 있는 여성과, '남성성'이 강한 나머지 저 사람이 여성이라는 사실을 계속 되새기지 않으면 잊어버릴 것 같은 여성은 전혀 다르다. 나는 늘 '남성성'이 전혀 없는 여성은 여성으로서 매력이 부족하다고 느껴 왔다. 그리고 많은 여성들이 내게 공감하며 '여성성'이 전혀 없는 남성도 마찬가지로 매력이 없다고 이야기했다. 하지만 여기서 가장 중요한 것은 역시 정도의 차이일 것이다.

이제까지 다른 사람이 아닌 바로 '이 사람'과 사랑에 빠지게 되는 이유를 질문하고, 성숙한 사랑이자 낭만적 사랑의 암묵적 전제에 관해 이야기했다. 그러나 본질적으로 비슷한 점과 서로 보완하는 차이의 원리는 미성숙한 사랑에도 적용할 수 있다. 미성숙한 사랑은 매우 보편적인 현상이다. 이제까지 탐구해 온 사랑의 원리가 미성숙한 사랑에 어떻게 적용되는지 살펴봄으로써, 이 원리를 더 깊이 들여다볼 뿐 아니라 미성숙한 사랑이 이 책의 주제인 낭만적 사랑과 어떻게 다른지도 이해할 수 있을 것이다.

사랑은 결핍을 채워주는 마법이 아니다

'성숙'과 '미성숙'은 한 개인의 생물학적·지적·심리적 발달의 성패를 성인의 발달 단계로 일컫는 개념이다. 성숙한 사랑에서 '보완하는 차이'란 서로 강화해주는 차이를 말한다. 미성숙한 사랑에서 '보완하는 차이'란 서로 약화하는 차이를 가리킨다. 여기서 약화하는 차이란 건강한 발달과 정신적 성장에 실패했음을 반영하는 욕구, 갈망, 그밖의 다양한 성격이다. 성장에 실패했다는 것은 근본적 차원에서 '분리'를 깨닫고 '개인'이 되는 데 실패했다는 것, 즉 성인으로서 자율성을 갖추는 데 실패했다는 뜻이다.

많은 사람들이 인생을 마주할 때 취하는 비슷한 태도가 있다. 있는 그대로 표현해보면 (실제로 드러나는 일은 거의 없지만) 다음과 같다. "다섯 살 때 중요한 욕구를 채우지 못했어. 욕구가 채워질 때까지 여섯 살이 되지 않을 거야!" 이런 사람들은 본질적으로 매우 수동적이지만 겉보기엔 능동적이고 진취적으로 보일 수 있다. 사실 그들은 간절하게 기다리고 있다. 누군가 자신을 구해주기를, 착한 아이라고 말해주기를, 인정해주고 칭찬해주기를. 따라서 그들은 자기 삶을 전부 바쳐 남의 마음에 들고 남의 보살핌을 받고자 애를 쓰거나, 욕구를 채우고 결핍을 메꾸기 위해 타인을 조종하고 통제하고 지배하고 압박한다. 다른 사람이 자신을 진심으로 사랑하고 소중히 여길 수 있다는 것을 믿지 않기 때문이다. 꾸미지 않고 조작하지 않은 있는 그대로의 자기 모습에 자신이 없는 것이다.

　무기력하고 의존적이든, 남을 뜻대로 조종하려 들고 과도하게 방어적이든, '책임감 있고' '어른답든', 이들의 마음 깊숙한 곳에는 텅 빈 느낌, 정체 모를 결핍감이 존재한다. 오직 타인만이 이 빈 틈을 채워줄 수 있을 것 같다고 느낀다. 그들은 자기 자신의 내면의 힘과 지지의 근원과 단절되어 있다. 그들은 자기 자신의 내부에서 솟아오르는 힘을 인식하지 못한다.

　성취감과 만족을 얻고자 남을 휘두르건, 남에게 고개 숙이건, 남을 지배하건, 남에게 통제당하건, 남을 거느리건, 남의 뒤를 따르건 그들 내면에는 똑같은 공허함이 있다. 자기 존재의 중심에 뚫린 구멍, 자율적인 자기가 발달하지 못한 빈자리가 허전하다고 울부짖는다. 그들은 인간은 본래 혼자라는 근본적인 사실을 한 번도 제대로 이해하고 받아들인 적이 없다. 나이에 따른 발달 수준에 맞는 개체화(individuation)를 한 번도 이뤄내지 못한 것이다.

　그들은 인정의 근원을 타인이 아니라 자기 자신에게서 찾는 태도를 익히지 못했다. 자기 책임의 단계로 발달하는 데 실패했다. 결국 혼자라는 불변의 사실을 편안하게 인정하는 데 실패했다. 그래서 그들은 타인과 관계를 맺고자 노력할 때 뒤틀린 모습을 보일 수밖에 없다. 그들은 의심, 적대감, 소외감을 품고 타인을 바라보거나 타인을 자기 자신에 대한 불신과 불안이 휘몰

아치는 바다에서 빠져 죽지 않도록 해주는 구명조끼로 이해한다. 이러한 경향은 미성숙한 사람이 타인을 대하는 태도에서 흔히 보인다. 자신의 욕구와 결핍을 채워주는 수단으로 취급할 뿐, 타인도 권리를 지닌 인간임을 보지 못하는 것이다. 마치 아기가 부모를 보는 태도와도 같다. 그래서 그들은 관계 맺는 대상에게 의존하거나 대상을 조종하려 든다. 이런 사람들이 맺는 관계는 자기 자신을 주저 없이 솔직하게 표현하지 않으며 상대를 이해하고 감사할 줄 아는 자율적인 두 존재의 만남이 아니라, 자기 자신의 부족함에서 오는 문제를 풀기 위해, 어린 시절 이루지 못한 과제를 멋지게 마무리하기 위해, 자기 인격의 구멍을 채우기 위해 사랑하기를 기대하고 자기를 책임지는 성숙한 인간으로 발전하는 대신 사랑을 그 대리물로 삼는 불완전한 두 존재의 만남이다.

이제 미성숙한 사람이 사랑을 할 때 드러나는 기본적 특징을 살펴보도록 하자. 미성숙한 사랑이 생겨나는 이유를 이해할 때 미성숙한 사랑이 금방 끝나는 이유도 이해할 수 있다.

미성숙한 여자가 사랑하는 남자를 바라볼 때, 그녀는 마음 깊이 이렇게 생각할 수 있다. "아버지는 내가 버림받았다고 느끼게 했어. 당신은 아버지 자리를 대신하고 아버지가 내게 주지 못한 것을 줄 거야. 당신을 위해 가정을 가꾸고 요리를 하고 당신의 아이를 낳을게. 착하고 예쁜 딸처럼 당신을 따를게." 또는 부모 한쪽이나 양쪽 모두에게 사랑받지 못한다고 느끼며 자란 미성숙한 여자가 있다. 그녀는 자신이 받은 상처와 자기 비하적 감정의 크기를 인식하지 못한 채 몸만 어른으로 성장한다. 그러나 이뤄야 할 과제를 마무리하지 못했다는 느낌, 인간으로서 불완전하다는 느낌은 의식의 표면 아래 남아 계속해서 그녀의 행동에 숨은 동기로 작용한다. 여자는 자신을 거부하는 부모의 중요한 특성을 닮은 남자와 '사랑에 빠진다'. 그 남자의 다른 장점은 상관이 없다. 어쩌면 그 남자는 냉정하고 감정이 메마르고 사랑을 표현할 능력이 없거나 의지가 없을 수도 있다. 마치 노름에서 계속 잃으면서도 노름판으로 자꾸만 돌아가는 노름꾼처럼, 여자는 부모와 닮은 남자에게 저도 모르게 사로잡힌다. 이번엔 지지 않을 것이다. 그를 따뜻한 사람으로 만들 것이다. 그를 따뜻한 남자로 만들 방법을 찾아내고야 말 것이다. 어렸을 적 그토록 원했지만 받지 못했던 모든 사랑을 받고야 말 것이다. 그러면서 그녀는 어린 시절을 보상받는 듯한 느낌에 빠진다. 어린 시절을 뒤로하고 승리를 쟁취할 것이다.

이 여성이 미처 깨닫지 못한 것은, 다른 요인 때문에 자신의 심리에 긍정적 변화가 일어나지 않는 한 그녀가 연출하는 연극 속에서 남자가 냉담하고 무정하고 거리를 둘 때만 쓸 만하고 도움이 된다는 사실이다. 만약 남자가 다정하게 변한다면 그는 더는 '어머니' 또는 '아버지'의 대역이 아니게 되며 여자가 그에게 맡긴 배역을 더는 수행하지 못하게 된다. 그래서 여자는 사랑을 애타게 갈구하면서도 동시에 자신이 그토록 원하는 것을 상대가 주지 못하게끔 그와 세심하게 조정하여 거리를 둔다. 만약 여자가 '노력'했는데도 남자가 결국 다정한 사람으로 바뀌고 만다면, 그녀는 아마도 혼란을 느끼고 관계에서 빠져나갈 것이다. 즉, 남자를 사랑하지 않게 될 것이다. "왜 그럴까요?" 여자는 심리 치료를 받으러 가서 흐느낀다. "왜 나는 늘 사랑하는 법을 모르는 남자를 사랑하게 될까요?"

한 남자가 있다. 그는 자기 신부를 보며 이렇게 생각한다. "이제 나도 결혼한 남자야. 다 큰 성인이야. 아버지처럼 나도 이제 가장으로서 책임을 지게 됐어. 열심히 일해서 당신을 지키고 돌봐줄 거야. 아버지가 어머니한테 해준 것처럼. 그렇게 하면 아버지가, 당신이, 모든 사람들이 내가 착한 아이라고 인정하게 될 거야." 어렸을 적 어머니가 가족을 뒤로하고 다른 남자와 함께 하고자 떠나는 것을 지켜본 남자가 있다. 어린 소년은 배신당하고 버림받았다고 느낀다. 떠난 사람은 어머니다. 아버지는 남아있다. (어린아이에게 자연스럽게 드러나는 자기 중심적 사고다.) 그는 "여자는 다 그래. 여자를 믿으면 안 돼."라고 (아마도 아버지의 생각과 부추김에 힘입어) 믿게 된다. 다시는 그런 고통에 취약해지지 않겠다고 다짐한다. 어떤 여자도 어머니가 준 것 같은 고통을 내게 다시 주지 못하게 할 것이다. 그러나 세월이 흘러 남자는 여자와 두 가지 종류의 관계밖에 맺을 줄 모르는 사람으로 성장한다. 첫 번째는 남자가 여자를 상대적으로 덜 사랑하는 관계다. 이 관계에서는 남자가 여자를 상처 입히고 배신한다. 두 번째는 남자를 진실하게 사랑해주지 않을 게 분명한 여자를 선택하는 관계다. 이 관계에서는 남자가 고통받는다. 남자는 결국 두 번째 종류의 관계를 맺는다. 남자는 어렸을 적 이루지 못한 과제를 마무리하려 하지만, 그가 선택한 여자는 어머니가 아니라 그저 어머니의 상징적 대체물에 불과하기에 과제를 결코 성공적으로 완수할 수 없다. 여자와의 관계에서 '실망'했을 때 남자는 당황하고 충격받았다고 주장한다. 남자의 인생에서 잊을 수 없는 '강렬한 연애 사건'은 바로 이 두 번째 종류의 사랑이다. 원래 그가 느꼈던 고통과 문제의 근원과 그가 오래전에 부정한 감정과 단절되어 있다. 그래서 이제 남자에게는 문제를 효과적으로 마주 보고 해결할 수 있는 힘이 없다. 그는 자신이 직면하지 못했던 문제에 갇혀 있다. 해결책을 찾지 못한 채 그의 마음 깊은 곳에서 연극은 계속된다. 다음에는 노름에서 이길 것이다. 이길 때까지 스스로 위안하기 위해, 한숨 돌리기 위해, 여흥 삼아, 일종의 복수로서 가능한 한 많은 여자들을 상처 입힐 것이다. 그는 질문을 던진다. "낭만적 사랑은 환상일 뿐일까? 왜 나의 사랑은 한 번도 잘되지 않는 걸까?"

'자존감과 낭만적 사랑' 집중 과정을 진행하면서 나는 이러한 심리 문제를 바로 보는 데 도움이 되는 활동을 고안했다. 참가자들에게 다음과 같은 지시를 준다. "공책의 깨끗한 면을 펼쳐 맨 윗줄에 '어머니'라고 쓰시오. 그 다음에 여섯 개에서 여덟 개의 문장을 써서 어머니를 묘사하시오. 그리고 나서 어머니가 사랑을 주고받는 능력에 대해 당신이 생각하는 바를 한 문장으로 쓰시오. 다음 장을 펼쳐 맨 윗줄에 '아버지'라고 쓰고 같은 식으로 묘사하시오. 다음 장을 펼쳐 '어머니나 아버지에 대해 실망한 것은'이라고 쓰고 그 뒤에 이어질 수 있는 여섯 개에서 여덟 개의 문장을 쓰시오. 다음 장을 펼쳐 첫 결혼 상대 또는 인생에서 가장 격정적이고 힘든 사랑을 했던 연인의 이름을 쓰시오. 앞에서 쓴 것과 마찬가지로, 이름 아래에 그 사람의 특징을 묘사하는 문장을 여섯 개에서 여덟 개 쓰고 그 사람의 사랑하는 능력과 사랑받는 능력에 대해 당신이 생각하는 바를 한 문장으로 쓰시오. 다음 장을 펼쳐 '(그 사람의 이름)에 대해 실망한 것은'이라고 쓰고 그 뒤에 이어질 수 있는 문장을 여섯 개에서 여덟 개 쓰시오." 언제나 괴로워하는 신음, 웃음소리, 진저리 치는 소리가 방 안을 채운다. "맙소사, 엄마랑 결혼했잖아?" 누군가 비명을 지른다. "난 아빠랑 결혼했어!" 다른 사람의 고함이 돌아온다. "나는 최소한 결혼 안 할 만큼은 제정신이었다고." 또 다른 사람이 소리친다. 많은 사람들에게 이 다섯 쪽은 엄청나게 충격적이지만 아주 새로운 충격은 아니다.

어떤 면에서 미성숙한 사랑의 특징은 상대를 현실적으로 바라보지 않는 것이라고 할 수 있다. 상대를 있는 그대로 보는 게 아니라 환상과 투사를 통해 보는 것이다. 그러나 더 깊은 차원, 평소 의식하지 못하는 차원에서는 미성숙한 사랑을 하는 사람도 자신이 어떤 사람을 선택했는지 알고 있다. 그들은 사실 눈먼 것이 아니라 지금 하고 있는 게임에 참가하기 위해 눈먼 척할 뿐이다. 연인이 자신의 인생 각본에 따라 행동할 때, 미성숙한 이들은 이렇게 눈먼 상태에서 놀라고, 상처받고, 분노하고, 충격받은 모습을 연기한다. 미성숙한 사람들이 관계를 맺을 때 자신의 문제와 삶의 방식에 꼭 들어맞는 문제를 지닌 상대, 꼭 들어맞는 삶의 방식으로 사는 상대를 항상 정확히 찾아내는 것을 보면 이러한 설명이 일리 있음을 확인할 수 있다.

예를 들어 고통을 겪으려는 무의식적 욕구를 지닌 여자가 있다고 해보자. 관계에서 늘 '두 번째'가 되려는 욕구, 어머니의 경쟁자가 되지 않을 것이라며 어머니를 안심시키고픈 욕구가 있는 사람이다. 이 여자는 유도탄을 조준하듯 정확한 솜씨로 유부남을 찾아, 아무리 그녀를 사랑한다고 말하더라도 한편으로 아내를 절대로 '떠나지 못하는' 남자를 찾아 사랑한다. 힘세고 책임감 있고 모든 상황을 통제하는 보호자 역할을 하려는 욕구를 지닌 남자가 있다고 해보자. 이 남자는 연약하고 힘없고 의존적이고 어린아이 같은 역할을 하려는 욕구를 지닌 여자를 찾아낼 것이다. '서로를 보완해주는' 그런 차이에서 때로 '사랑'이 움튼다.

어머니와 아이의 관계 속에 있을 때는 편안함을 느껴도 여자로 존재할 때는 불편하다고 느끼는 여성이 있다. 아버지와 아이의 관계 속에 있을 때는 편안함을 느껴도 남자로 존재할 때는 불편하다고 느끼는 남성이 있다. 수많은 사람들 속에서, 붐비는 방 안을 가로질러 그들은 서로를 기어코 찾아내고야 만다. 이제 그들은 보호자와 힘없는 사람으로 역할을 바꾸고, 밀고 당기고, 무언의 신호를 주고받으면서 서로에게 미성숙한 연극, 끝마치지 못한 과제의 연극을 올릴 무대를 제공한다. 둘 다 성인인 척하면서.

미성숙한 사람들이 맺는 관계에서는 항상 불안, 역할극을 하려는 성향, 비현실적 존재에 대한 헌신 같은 본질적으로 닮은 점을 발견할 수 있다. 한편으로 다르면서도 함께 있을 때 서로를 완성해주는 행동, 가면, 배역, 게임을 통해 영혼의 단짝을 만난 듯한 착각을 경험하는 '서로 보완하는' 차이도 언제나 관찰할 수 있다.

이러한 관계는 불안정하고 오래가기 어려우며 서로 금방 지쳐 나가떨어지거나 파탄을 맞을 확률이 높긴 하지만, 가끔은 흥분과 기쁨, 더 깊은 이해에 도달했다는 느낌, 살아 있다는 생동감, 마법에 빠진 듯한 기분을 경험하는 순간이 있다. 그래서 이러한 관계가 중독 같은 면을 지니기도 하는 것이다. 미성숙한 관계를 맺는 사람들의 자존감은 오로지 상대의 인정과 지지에 달려 있기에, 잠시라도 연인과 떨어지면 불안하고 공포를 느끼고 절망에 빠진다. 관계가 끝나면 남은 사람은 헤로인 중독자가 느끼는 온갖 종류의 금단 증상을 겪기도 한다.

성숙한 낭만적 사랑과 낭만적 사랑이라 스스로 착각하는 미성숙한 사랑의 차이는 4장에서 더 자세히 설명하겠다. 특히 자존감과 자율성과 관련지어 살펴볼 것이다. 하지만 일단 여기서는 성숙과 미성숙을 이야기할 때 늘 그 정도를 고려해야 한다는 점을 기억하도록 하자. 현실에서 원리를 추출해 이해하려 할 때는 어떤 개인이나 관계가 성숙하거나 미성숙하다고 정의하고 설명하는 것이 편리하다. 그러나 현실에서 성숙과 미성숙은 다른 두 상태가 아니라 연속체다. 여기서 이 점을 강조하는 이유는 미성숙한 사랑에 대한 묘사를 읽고 독자가 자신의 관계를 돌아보면서 어떤 측면에서는 성숙하고 어떤 측면에서는 미성숙한데 어느 쪽으로 분류해야 할지 몰라 혼란에 빠질 수 있기 때문이다. 실제로는 어떤 측면에서는 성숙하게 행동하면서도 다른 측면에서는 그러지 못할 수 있다. 따라서 어떤 측면에서는 성숙한 관계지만 다른 측면에서는 성숙하지 못하다고 할 수도 있다.

나아가 충분히 성장하고 성숙한 여자와 남자의 관계에서도 미성숙한 순간은 있을 수 있으며 각자가 다다른 평소의 기능 수준보다 한참 떨어지는 감정을 느끼고 반응을 드러낼 수도 있다는 것 역시 고려해야 한다. 그러나 성숙한 사람들은 그런 순간도 있는 그대로 받아들이기 마련이다. 미성숙한 순간을 겪는다고 해서 자신을 탓하고 경멸하지 않는다. 성숙한 사람이라고 해서 어린아이가 되고 싶고 남에게 한없이 기대고 싶고 책임감을 놔버리고 싶은 기분과 욕구를 느끼지 않는 것은 아니다. 오히려 상황이 허락한다면 그런 미성숙한 감정을 인정하고 받아들이고 품어준다. 거기에 평생 사로잡혀 집착하지 않을 뿐이다. 적절하고 안전한 때 그런 감정에 몸을 맡기고, 그에 따라 행동하는 것은 선택이지 강박이 아니다.

성숙한 사람은 때로 내면에서 일어나는 미성숙한 감정을 정상적인 것이자 나아가 즐거운 것으로 받아들일 줄 안다. 미성숙한 사람은 그런 감정을 부인하면서도 그런 감정에 영영 갇혀 산다.

생물학적 리듬이 다를 때

낭만적 사랑의 상대를 선택하는 과정에 관한 논의에서 아직 설명하지 않은 한 가지 변수가 있다. 여자와 남자가 서로를 사랑하게 될지 결정하는 데 중요한 역할을 하는데도 제대로 인식하고 이해하는 경우가 매우 드문 변수이기에 여기서 따로 살펴보도록 하겠다. 이 변수는 긍정적이든 부정적이든 어떤 관계가 형성되는 데 막대한 영향을 끼치지만, 자세히 들여다보지 않으면 그 정체를 파악하기 힘들다. 바로 개인마다 다른 생물학적 리듬과 타고난 에너지의 양이다.

생물학의 연구 성과에 의해 개개인이 고유한 생물학적 리듬을 지니고 있다는 사실이 밝혀진 바 있다. 이 리듬은 유전적으로 타고나는 것이며 생후 2, 3년 안에 약간 바뀔 수 있을 뿐 그 이후로는 거의 그대로 유지된다. 생물학적 리듬은 말하는 방식, 몸의 움직임, 감정적 반응에서 드러나며 보통 '기질'이라고 불리는 것의 일부다. 예를 들어 어떤 사람이 다른 사람보다 육체적, 정서적, 지적으로 타고난 에너지가 더 많다는 사실은 생물학적 리듬과 관련되어 있다. 어떤 사람은 다른 사람보다 더 빨리 움직이고 느끼고 생각하며 어떤 사람은 더 느리게 움직이고 느끼고 생각한다. 어떤 상황이 주어졌을 때 더 빨리 반응하는 사람이 있고, 더 느리게 반응하는 사람이 있다. 사람에 따라 시간과 맺는 관계가 다르다고도 설명할 수 있겠다.

이러한 차이가 낳는 부정적인 영향부터 살펴보자. 여자와 남자가 만나 서로 본질적으로 닮은 점이 많고 서로 보완하는 차이도 많다고 느끼며 막 사랑이 움트려 하는데, 그러면서도 계속되는 마찰을 경험할 때가 있다. 이유는 둘 다 모르지만 이상하게도 서로 자꾸 어긋나는 느낌이 든다. 짜증이 나지만 왜 그런지 자기 자신도 설명하기 어렵다. 이러한 경우 성공적으로 관계를 맺는 데 걸림돌이 바로 생물학적 리듬과 타고난 에너지 양에서 빚어지는 양립할 수 없는 차이일 수 있다.

천성적으로 빠른 사람은 늘 기다리느라 답답한 기분을 느낀다. 천성적으로 느린 사람은 늘 압박감을 느낀다. 이런 상황에서 보통 빠른 사람은 계속 빠른 상태를 유지하고 느린 사람은 계속 느린 상태를 유지함으로써 상대를 자신의 천성에 맞추려는 식으로 대응하곤 한다. 이들은 자신이 요구하는 바를 상대가 들어주기란 거의 불가능하다는 사실을 인식하지 못한다. 왜 이런 현상이 일어나는지 이해하지 못하기에, 갈등과 다툼의 원인을 설명하기 위해 이들은 잘못된 이유를 지어내기도 한다. 상대에게서 흠을 찾고, 관계가 망가졌을 때 상대에게서 찾아낸 문제 때문에 그렇게 된 것이라고 단정한다. 왜 서로 그렇게 맞지 않았는지, 더 핵심적인 이유는 결국 알지 못한 채 헤어진다.

물론 생물학적 리듬이 달라도 사랑에 빠지는 사람들도 있다. 관계에 다른 장점이 더 많을 경우, 그리고 두 사람이 사랑하는 데 필요한 기술과 지혜를 충분히 갖추고 있을 경우 어려움을 이겨낼 수도 있다. 그러나 (상당히) 많은 경우 생물학적 리듬의 차이는 사랑을 유지하는 데 넘기 힘든 장애물이다. 슬픈 일은 너무나 많은 연인들이 이 장애물을 이해하지 못한다는 것이다.

이제 생물학적 리듬의 차이가 낳는 긍정적인 영향을 살펴보자. 여자와 남자가 만나 서로 생물학적 리듬이 잘 맞는다고 느꼈을 때, 그들은 서로가 잘 어울린다는 느낌, 내게 딱 맞는 관계를 찾았다는 느낌을 받는다.(물론 이렇게 되려면 생물학적 리듬뿐 아니라 다른 부분에서도 본질적으로 비슷한 점이 많아야만 한다.) 이들은 아주 특별한 의미에서 상대를 '이해하는' 경험을 한다. 본질적으로 비슷한 점이 많을 뿐 아니라 생물학적 리듬과 타고난 에너지 측면에서도 비교적 잘 어울리는 여자와 남자를 보면, 두 사람 사이의 경이로운 울림을 느끼곤 한다. 마치 들리지 않는 음악에 맞춰 함께 움직이고 있는 것만 같다.

생물학적 리듬의 영역에서 사람들이 지닌 차이에 대해서는 아직까지 밝혀지지 않은 것이 많다. 왜 어떤 차이는 극복할 수 있고 어떤 차이는 넘어설 수 없는지를 설명하는 원리를 규정하기는 쉽지 않다. 지금 수준에서 우리가 아는 바는 대부분 나를 돌아보고 상대와 관계 맺으면서 직접 경험하고 느끼는 것일 뿐이다. 하지만 생물학적 리듬이 무엇인지 알고, 이것에 주목하고, 내가 맺는 관계를 생물학적 리듬에 따라 바라보았을 때 종종 새로운 깨달음을 얻을 수 있다. 생물학적 리듬을 통해 왜 우리가 다른 사람이 아닌 바로 그 사람에게 더 강하게 끌리는지를 설명하는 또 하나의 이유를 찾을 수 있다. 또는 가능성이 있었지만 이뤄지지 못한 사랑, 또는 시작됐지만 실패한 사랑을 돌이켜보며 서로 잘 어울린다고 생각한 부분이 그렇게 많았는데도 미묘하지만 피할 수 없이 거슬렸던 차이로 서로 감정적으로 잠식된다고 느꼈는지 해답을 얻을 수 있다.

낭만적 사랑이 우리를 위로한다

낭만적 사랑이 생겨나는 본질적으로 비슷한 점과 서로 보완하는 차이에서 우리는 두 사람만의 세계를 만들어낸다. 사랑이라는 이름으로 만들어지는 두 사람만의 우주다. 두 자아, 두 인격, 삶의 감각, 두 의식의 섬이 서로를 발견하고 서로에게 스며들며 관계가 이어지는 동안 함께할 하나의 공간을 만든다. 새로 만들어진 이 우주는 두 사람이 각자 혼자 머물던 이전의 우주와는 다르다. 둘이 섞여 비로소 생겨난 공간이다.

이 우주는 하루의 일과를 마친 뒤 사랑하는 이를 만나고자 돌아오는 바로 그곳이다. 무언의 이해, 애정 어린 눈빛만으로 전해지는 말, 설명 없이도 통하는 농담으로 구성된 이 우주는 곧 둘만이 공유하는 주관의 우주다. 한 번이라도 사랑해본 사람이라면 누구나 사랑하는 관계는 저마다 특별한 선율, 특별한 정서, 특별한 표현법, 특별한 세계를 지니고 있음을 안다.

이 우주가 같은 곳을 바라본다는 데 기반을 두고 있든(낭만적 사랑), 아니면 같은 곳을 보지 못한다는 데 기반을 두고 있든(미성숙한 사랑), 행복으로 쌓아 올린 우주이든 고통을 막는 방벽에 불과한 우주이든, 성숙하든 미성숙하든 사랑이 본래 그렇듯이, 이 우주는 우리에게 정서적 지지 체계이자 바깥 세계에서 벗어나 양식과 에너지를 얻는 원천이다. 때로 우리는 이 우주를 유일하게 확실한 것, 이 어지럽고 불확실한 세상에서 유일하게 신뢰할 수 있는 것으로서 경험한다.

낭만적 사랑이 채워주는 욕구가 바로 이것이다. 두 사람만의 우주에서 얻는 지지에 대한 욕구, 즉 바깥 세계에서 우리 존재가 겪는 고난을 버티도록 해주는 힘이다. 사랑이 성공적으로 맺어졌을 때 두 사람만의 우주는 항상 그들을 지탱해준다. 이 우주가 언제까지 제 역할을 하는지는 우주의 주인인 두 사람에게 달려 있다.

여자와 남자가 만나 사랑에 빠질 때 그들만의 특별한 우주가 만들어지기 시작한다. 관계가 발전하며 이 우주도 발전하며 또한 두 사람 각자도 발전한다. 사랑을 하고, 서로 헌신하고, 함께하기로 선택할 때 그들은 인간이 겪을 수 있는 모든 과제 중에서 가장 힘든 과제 앞에 서 있다. 바로 관계를 성공적으로 이어가는 것이다. 지금까지 사랑이란 무엇이고 사랑이 왜 생겨나는지를 살펴보았다. 이제 왜 사랑이 자라나고 때로 끝나는지를 살펴볼 때다. 낭만적 사랑을 할 때 맞닥뜨리는 도전에 관해 알아보도록 하자.

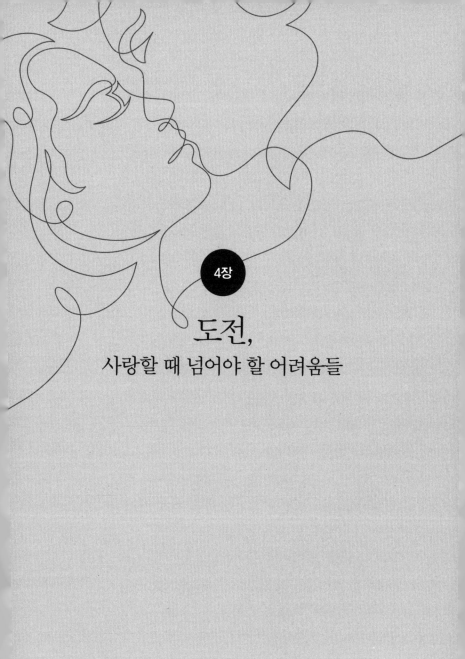

4장

도전,
사랑할 때 넘어야 할 어려움들

연인들은 시험대 위에 놓여 있다

낭만적 사랑의 관계를 실현하고 유지하기 위한 필요조건과 충분조건은 무엇일까? 이것을 밝히는 일은 위대한 교향곡의 필요조건과 충분조건을 규명하는 일만큼이나 어려워 보인다. 반드시 필요한 조건들을 찾아 나열할 수 있을지는 몰라도, 충분조건도 그만큼 쉽게 다 찾아낼 수 있다고 자신할 수 있을까? 게다가 낭만적 사랑에 확실히 필요해 보이는 조건들도 때때로 잘 들어맞지 않거나 다소 왜곡될 수 있다. 낭만적 사랑의 필요조건과 충분조건을 밝히는 과업은 엄청나게 어려워 보일 수 있다. 본래 이해할 수 없거나 신비로운 그 무엇 때문이 아니라, 복잡하고 다채로운 인간 심리 때문에 그렇다.

물론 사랑이란 본질적으로 이해할 수 없는 것이라고 철석같이 믿으며 사랑을 합리적으로 이해하려 해봤자 소용없다고 비웃는 사람도 많다. 그중에는 심지어 이해하려는 시도 자체가 사랑에 해롭다고 말하는 사람들도 있다. 이런 생각은 의식하며 사는 삶이 해롭다고 하는 것이나 마찬가지다.

진실은 정반대다. 의식하지 않는 것이야말로 해롭다. 모르는 것이야말로 해롭다. 알려 하지 않는 것이야말로 해롭다. 낭만적 사랑을 성공적으로 유지하는 데 필요한 요소 가운데 일부라도 더 깊이 이해하려고 노력해야 한다. 그러지 못한다면 우리는 이제까지 겪어 온 고통을 앞으로도 계속 반복할 수밖에 없다.

나는 인간이 살아가면서 고통을 겪는 것이 필연적이라거나 피할 수 없는 일이라고 믿지 않는다. 삶의 본질이 불행이라고 믿지도 않는다. 오히려 그런 믿음이야말로 인간이 겪는 불행의 주된 원인이라고 굳게 믿는다. 종교가 설파하는 바와 달리, 고통을 감내하는 것은 미덕이 아니다. 그 반대가 옳다. 진짜 문제는 사람들이 고통에 너무 관대하다는 것이다. 사람들은 자신에게 닥친 고통을 지나치게 빨리 납득하곤 한다. "행복하기만 한 사람이 어디 있겠어?"

고통을 순순히 받아들이는 것은 자기 존재에 대한 책임을 팽개치는 수동적 태도일 뿐이다. 이런 태도야말로 인간의 궁극적 악덕일 수 있다. 심리 상담실에서 만나는 사람들을 관찰해보면 고통 앞에서 아무런 행동도 취하지 않으면서 부루퉁해 있거나, 자기 연민에 빠져 있거나, 문제를 해결할 책임을 회피하려 하는 모습을 종종 보게 된다. 그들을 보며 답답해하지 않기란 굉장히 어렵다. 그들이 스스로 불행을 자초했다고 생각하지 않기란 정말 어렵다.

　스스로 자기 존재에 책임을 지려면 먼저 좌절과 패배가 인간의 자연스럽고 피할 수 없는 운명이라는 생각부터 버려야 한다. 이런 생각을 때로 더 높은 교양이나 지혜에서 비롯된 것인 양 주장하는 사람들도 있지만, 사실 그들은 산다는 것, 자의식을 지니고 인간으로 산다는 것에 필연적으로 따라오는 과제를 저버린 것일 뿐이다.

　낭만적 사랑이 자라나는 데도 스러지는 데도 이유는 있다. 우리는 이 주제에 관해 모든 것을 알지는 못하지만 그래도 꽤 많은 것을 알고 있다.

　이제 낭만적 사랑의 약속을 실현하려면 반드시 성공적으로 넘어서야 하는 주된 도전들을 살펴보자. 그 도전들을 살펴봄으로써 왜 어떤 사랑은 자라나고 어떤 사랑은 스러지는가 하는 문제를 다룰 것이다. 이 두 문제를 따로 다루는 것은 부자연스럽다. 동전의 양면과도 같은 문제들이기 때문이다.

자기 충족적 예언은 어떻게 작동하는가

　낭만적 사랑을 이루는 데 필요한 여러 요소 가운데 자존감만큼 중요한 것은 없다. 우리가 제대로 완수해야 하는 첫 번째 사랑은 바로 자신과의 사랑이다. 이 사랑을 이룬 뒤에야 비로소 타인을 사랑할 준비가 되었다고 할 수 있다.

"나를 먼저 사랑하지 않으면 누구도 사랑할 수 없다."라는 말은 이제 거의 클리셰가 되었다. 이 말은 분명 옳지만 실상의 일부만 보여줄 뿐이다. 내가 나를 사랑하지 않는다면 타인이 나를 사랑한다는 것을 온전히 믿기가 거의 불가능하다. 다른 사람이 주는 사랑을 있는 그대로 받아들이기가 거의 불가능하다. 연인이 아무리 사랑하는 마음을 표현하려 노력해도 나는 그 사람의 헌신적인 애정을 믿기 힘들다. 내가 느끼기에 나 자신은 사랑받을 만한 사람이 아니기 때문이다.

나는 이미 《자존감의 심리학》과 《자존감의 여섯 기둥》에서 자존감이 우리 삶에서 얼마나 중요하고 강력한 영향을 끼치는지를 다루었다. 지금 여기서는 자존감에 관해 몇 가지 핵심 사항만 짧게 짚고 넘어가겠다. 사랑에서 만족감을 느끼는 능력과 자존감의 관계를 이해하려면 먼저 알아야 할 내용이다.

심리적 현상으로서 자존감에는 서로 연결된 두 가지 측면이 있다. 자신의 능력에 대한 감각(효능감)과 자신의 가치에 대한 감각이다. 즉 자존감은 자신감과 자기 존중의 총합이다. 자존감은 자신이 살아가는 데 필요한 능력을 갖추고 있으며 살아갈 만한 가치가 있는 존재임을 확신하는 것, 더 정확하게는 그렇다는 것을 스스로 경험하는 것이다. 자존감이 높은 사람은 자신이 삶을 살 수 있고 살아도 되는 존재임을, 삶이 자신에게 요구하는 바를 해낼 힘과 살아가며 마주치는 장애물을 넘어설 힘이 있음을 스스로 느낄 수 있다.

어떤 사람이 살아가며 마주치는 장애물에 대처할 능력이 없다고 느낄 때, 또는 자신을 근본적으로 신뢰하지 못할 때, 그 사람은 자존감이 부족하다고 할 수 있다. 만약 어떤 사람이 기본적으로 자기 자신을 존중하지 않을 때, 스스로 무가치한 존재라고 생각할 때, 정당한 욕구와 소망을 주장하고 행사할 권리를 당당히 내세우지 못할 때 자존감이 부족하다고 할 수 있다. 자신의 능력에 대한 기본적 자신감과 자신의 가치에 대한 기본적 인정, 이 두 가지는 건강한 자존감에 필수 요소다.

자신이 살아가는 데 필요한 능력을 갖추고 있음을 스스로 경험하려면 자신의 정신이 제 기능을 잘 수행하고 있다는 자신감이 있어야 한다. 이것은 곧 자신의 관심사와 욕구의 영역 안에서 자기 스스로 현실을 이해하고 판단할 능력을 갖추고 있음을 믿는다는 뜻이다. 이것은 곧 자신의 지적 능력을 믿고 의지하는 것이다.

자신이 살아갈 만한 가치가 있는 존재임을 스스로 경험하려면 자신의 살 권리와 행복할 권리를 긍정할 수 있어야 하고, 자신의 욕구와 소망을 단호히 주장할 수 있어야 한다. 또 자신이 행복할 권리를 타고났음을 스스로 느껴야 한다.

자존감은 하나의 연속선상에 존재한다. 어떤 사람에게 자존감이 '있다'거나 '없다'고 말할 수는 없다. 자존감이 얼마나 높은지 낮은지를 보아야 한다. 자존감이 흔적조차 없는 사람을 상상하기란 어렵다. 마찬가지로 자존감이 더 성장할 여지가 없는 사람을 상상하기도 어렵다.

여기서 한 사람의 자존감 수준에 영향을 끼치는 모든 심리적 요소를 다 살펴보지는 않을 것이다. 사람은 저마다 다른 수준의 자존감을 경험하며 자존감이 우리의 삶에 깊은 영향을 끼친다는 분명한 사실을 아는 것으로 충분하다.

한 사람이 지닌 자존감의 성질과 수준은 삶의 거의 모든 부문에 실질적으로 영향을 끼친다. 사랑할 사람을 선택할 때도, 사랑하는 관계를 이어갈 때도 자존감이 영향을 끼친다. 앞서 자존감 수준이 엇비슷한 사람들끼리 호감을 느끼는 경향이 있다는 것을 살펴보았다. 누구나 자신과 자존감 수준이 비슷한 사람을 만났을 때 가장 편안하고 안정감을 느낀다. 자존감이 높은 사람은 자존감이 높은 사람에게, 자존감이 중간 정도인 사람은 자존감이 중간 정도인 사람에게, 자존감이 낮은 사람은 자존감이 낮은 사람에게 끌리게 마련이다. 여기서 '끌린다'는 것은 찰나의 성적 흥미가 아니라 '사랑'이라고 표현할 수 있는 종류의 관심을 느끼는 상태를 뜻한다.

거의 모든 관계가 겪는 비극을 이해하려면 먼저 자존감 결핍으로 인해 엄청나게 많은 사람들이 겪는 고통부터 이해해야 한다. 자존감이 부족할 때 사람은 내면 깊숙한 곳에서 자신이 부족한 존재라고 느낀다. 있는 그대로의 '나'는 사랑받을 자격이 없으며 다른 사람이 자신을 사랑하는 것은 부자연스럽고 비정상적인 일이라고 느낀다. 자존감이 부족한 사람이 자신의 이러한 태도를 반드시 의식하는 건 아니다. 의식의 표면에서 스스로에게 이렇게 말할 수도 있다. "물론 나는 사랑받기를 바라지. 난 충분히 사랑받을 만한 사람이야. 내가 사랑받지 못할 이유가 어딨어?" 하지만 내면 깊은 곳에서는 부정적인 감정이 도사리고 행복을 얻으려는 노력을 허사로 돌리고자 꿈틀거리고 있다.

문학 수업에서는 캐릭터가 행동을 결정한다고 가르친다. 같은 식으로 말하자면, 자기 개념이 운명을 결정한다. 더 정확하고 엄밀하게 표현하자면 자기 개념이 운명을 결정하는 경향이 매우 강하다고 말할 수 있다.

예를 들어 어떤 사람이 자신에 대한 믿음이 있고 자신의 이해력을 믿고 자기 정신의 능력을 믿는다고 해보자. 그러면 그 사람은 새로운 경험에 열린 태도를 보일 것이며, 낯선 것을 기꺼이 이해하려 할 것이고, 이해하기 위한 노력을 아낌없이 쏟을 것이다. 자기 의심이 만들어낸 장애물 앞에서 굳어버리거나 얼어붙지 않을 것이다. 그 결과 점점 더 유능해지고 그럼으로써 자기에 대한 믿음이 더욱 단단해질 것이다. 반대로 자신의 능력을 깊이 의심한다면, 자신의 인식 능력에 자신이 없다면, 자신의 판단을 믿지 못한다면 어떤 일이 벌어질까. 이렇게 자신에 대해 불안을 느끼는 사람은 좌절과 패배로 이어지는 행동을 하기 쉽다. 이 사람은 자신이 한 행동과 그에 따른 결과를 보면서 애초에 자신을 믿지 못했던 것이 결국 옳은 생각이었다고 정당화하게 될 것이다.

자기 충족적 예언이 현실에서 어떻게 작동하는지 한 가지 예를 들어 살펴보자. '낭만적 사랑의 심리학'이라는 주제로 대학생들에게 강연을 한 적이 있었다. 강연이 끝난 뒤 학생들이 다가와 질문을 했다. 그중 한 여학생이 강연이 좋았다고 먼저 칭찬을 한 뒤 흥분한 말투로 '남자들'이 내가 설명한 사랑의 기본 원리를 이해할 수 있으면 얼마나 좋겠냐고 이야기하기 시작했다. 학생의 이야기를 계속 들으면서 나는 내가 그 학생에게서 벗어나고 싶고 그 학생을 멀리 쫓아버리고 싶은 충동을 느낀다는 것을 알아차렸다. 동시에 나의 그런 반응에 호기심이 일었다. 그날 오후에 나는 기분이 아주 좋았고 세상 만물에 너그럽고 따뜻한 마음이었기 때문이다.

여학생은 남자들이 여자도 지적 사고를 한다는 것을 이해하지 못한다는 이야기를 계속했다. 나는 학생의 말을 가로막았다. "저기, 잠깐 한마디만 해도 될까요? 지금 나는 학생과 이야기를 그만하고 싶은 충동을 느낍니다. 학생을 안 보고 싶은 충동을 느끼고 있어요. 그리고 내가 왜 그런 감정을 느끼는지도 알 것 같아요. 혹시 학생이 관심이 있다면 그 이유를 말하고 싶은데요." 여학생은 놀라며 고개를 끄덕였다. 나는 말을 계속했다. "학생이 이야기를 꺼냈을 때 나는 세 가지 메시지를 받았습니다. 첫 번째는 학생이 나를 좋아하고, 내가 자신을 좋아하길 바라고, 자신에게 호의적인 태도를 보여주길 바란다는 거였어요. 두 번째는 그러면서도 한편으로는 이미 내가 학생을 좋아할 가능성이 없을 뿐 아니라 자신이 하려는 말에 관심조차 안 보일 거라고 믿고 있다는 거였어요. 세 번째는 또 한편으로 내가 자신을 거부한다는 생각에 내게 화가 나 있다는 거였어요. 난 아직 학생한테 한마디도 하지 않았는데 말이지요." 여학생은 생각에 잠기더니 깨달음이 담긴 씁쓸한 웃음을 지으며 내가 한 말에 동의했다. "지금 내가 스스로 이런 마음을 흔쾌히 설명하고 있는 상황이 학생 입장에선 운이 좋은 편일 거예요. 학생이 어떤 남학생한테 이야기하면서 같은 메시지를 보낸다고 생각해보세요. 그 남학생은 아마 학생 말을 무시하고 그냥 가버릴 확률이 높을 겁니다. 그의 뒷모습을 보면서 학생은 '역시 남자들이 지적인 여자를 무시하는 게 문제야.'라고 다시 자신에게 말하겠죠. 지금 자신이 겪는 괴로운 상황을 만드는 데 바로 자기 자신이 한몫하고 있다는 걸 보지 못하는 겁니다."

낭만적 사랑의 관계에서도 자기 개념이 운명을 결정한다. 어떻게 그런 일이 벌어지는지 자세히 살펴보자.

나는 사랑받을 자격이 없는 사람인가

어떤 사람이 자신을 심각하게 가치 없고, 사랑스럽지 않고, 그 누구도 자기 시간을 오래 투자할 대상으로 여기지 않을 존재라고 (어쩌면 무의식적으로) 느낀다고 상상해보자. 그러면서 동시에 사랑을 원하고, 사랑을 찾으려 애쓰고, 사랑하게 되기를 간절히 꿈꾼다고 상상해보자. 그 사람이 남자라고 가정하자. 어느 날 그 남자에게 정말 좋아하는 여자가 생겼다. 여자도 남자를 진심으로 사랑하는 것 같다. 두 사람은 함께 행복하고 즐거운 시간을 보내고, 서로 상대에게 활기를 불어넣어준다. 한동안 남자의 꿈이 이루어진 듯 보인다. 하지만 그의 내면 깊은 곳에서는 시한폭탄이 째깍째깍 작동하고 있다. 자신은 본래 사랑받을 자격이 없는 존재라는 믿음이 바로 그것이다.

이 시한폭탄이 관계를 망치도록 부추긴다. 관계를 망치는 방법은 수없이 많다. 끊임없이 자신을 안심시켜 달라고 요구할 수도 있다. 지나치게 질투하고 집착할 수도 있다. 상대가 자신을 얼마나 사랑하는지 시험하려고 잔인하게 굴 수도 있다. 스스로 자신을 비난하면서 상대가 그렇지 않다고 말해주길 기다릴 수도 있다. 상대에게 당신은 나에게 과분하다고 수없이 되풀이해 말할 수도 있다. 상대에게 세상에 믿을 여자는 아무도 없고 모든 여자는 다 변덕스럽다고 말할 수도 있다. 끊임없이 트집을 잡아 비난하며 자신이 버림받기 전에 먼저 상대를 버리려 할 수도 있다. 교묘한 술수로 상대를 조종해 죄책감을 느끼게 하여 자기에게 묶어놓으려 할 수도 있다. 입을 닫고 거리를 두고 딴청을 피우며 상대방이 넘을 수 없는 벽을 쌓을 수도 있다. 얼마 뒤 그가 사랑한 여자는 지친 나머지 더는 못 견디겠다고 선언할 것이다. 그러고는 남자를 떠난다. 남자는 비참하고 우울하다. 그는 부서지고 짓눌린 채 비탄에 빠진다. 그러나 사실 이것은 근사한 일이다. 자신이 옳다는 것이 증명되었다. 세상은 그가 생각한 대로

다. 어떤 노랫말처럼 "사람들은 사랑 노래를 쓰지만 나를 위한 노래는 없죠." 나야말로 진짜 현실을 꿰뚫어보고 있음을 안다는 것은 얼마나 기분 좋은 일인가!

남자가 아무리 애써도 여자를 떠나보내는 데 실패한다고 가정해보자. 어쩌면 여자는 남자의 가능성을 믿고 있을 수도 있다. 어쩌면 피학적 기질이 있어서 자신을 괴롭히는 남자와 관계를 맺어야만 하는 성향일 수도 있다. 어쨌든 여자는 남자를 붙든다. 끊임없이 남자를 안심시킨다. 남자가 어떻게 행동하든 점점 더 애정을 쏟는다. 이때 여자는 남자가 세상을 보는 근본적 관점을 전혀 이해하지 못하고 있다. 아무도 남자를 사랑할 수 없다는 것을 깨닫지 못하고 있다. 남자를 계속 사랑함으로써 여자는 남자에게 문제를 안겨준다. 그녀는 남자의 현실 인식과 어긋난다. 남자는 해결책이 필요하다. 문제에서 벗어나야 한다. 어떤 식으로든 남자는 출구를 찾는다. 여자에게 정나미가 떨어졌다고 생각하기로 할 수도 있다. 아니면 여자와 함께하는 게 따분하다고 생각하기로 할 수도 있다. 아니면 자신이 다른 사람을 사랑하게 되었다거나 사랑 자체에 관심이 없어졌다고 생각하기로 할 수도 있다. 어떤 선택을 하는지는 중요하지 않다. 결과는 똑같다. 그리하여 결국 남자는 다시 혼자가 된다. 그가 언제나 '알고 있던' 대로.

이제 남자는 다시 사랑을 발견하는 꿈을 꿀 수 있다. 이 연극의 전 과정을 다시 한번 반복할 상대가 되어줄 새로운 여자를 찾는 것이다.

물론 관계가 이렇게 꼭 확실한 끝을 맞아야 하는 것은 아니다. 실제로 이별할 필요가 없을 수도 있다. 남자와 그가 관계 맺는 상대가 둘 다 불행하다면 남자는 관계를 지속하려 할 수도 있다. 그 정도 타협은 가능하다. 버려지고 홀로 남는 것만큼이나 괜찮은 선택지다.

다른 예를 하나 더 들어보자. 다른 여자가 아닌 바로 나를 사랑해줄 남자가 있을 리 없다고 굳게 믿는 한 여자를 상상해보자. 이 여자의 자기 개념은 자신이 사랑받을 수 있다는 가능성을 용납하지 않는다. 동시에 한 인간으로서 사랑을 갈구한다. 그러다 마침내 사랑을 찾아냈을 때 이런 사람은 보통 어떻게 행동할까? 여자는 끊임없이 자신을 다른 여자들과 비교하면서 스스로 깎아내릴지 모른다. 자신의 불안감을 부인하고 외면하려고 자신이 다른 여자들보다 우월한 척 터무니없게 행동할 수도 있다. 남자가 어떻게 반응하는지 알아보려고 그 앞에서 계속해서 다른 매력적인 여자들을 언급할지도 모른다. 또는 막연한 의심을 품어 남자를 고통스럽게 만들 수도 있다. 심지어 남자에게 바람을 피우라고 부추길 수도 있다. 그를 위해 좋은 일일 수 있고 자신은 괜찮다면서 말이다. 어떻게 해서든지 그녀는 자신의 연인이 다른 여자와 엮이는 상황을 만들어내고야 만다.

물론 이 여자는 극심한 고통을 겪는다. 괴로움과 외로움 속에서 허우적거린다. 그러나 사실 그녀에게 지금 자신이 놓인 상황은 말로 다 표현할 수 없을 만큼 만족스럽다. 여자는 자신이 항상 언젠가 일어나리라고 '알고 있던' 바로 그 상황을 스스로 만들어낸 것이다.

이제 다른 측면에서 살펴보자. 인간은 누구나 자신의 삶을 스스로 통제하려는 욕구가 있다. 이것은 지극히 합리적인 욕구이다. 하지만 어떤 사람이 무의식적으로 자기 파괴적인 믿음에 휘둘린다면, 이 욕구가 비합리적인 결과를 낳을 수 있다. 삶을 통제한다는 것은 자신의 삶과 관련된 객관적 현실을 이해함으로써 자신이 하는 행동의 결과를 상당히 정확하게 예측할 수 있음을 뜻한다. (삶을) 통제한다는 것이 무슨 뜻인지 이해하지 못하여, 자기가 지닌 믿음을 현실에 비추어 바로잡기보다 자신의 믿음에 따라 현실을 조정하려 할 때 비극이 일어난다. 다른 가능성이 존재한다는 것을 의식하지 못한 채, 자신의 믿음에 맹목적으로 매달리고 자신의 행동이 어떤 결과로 이어질지 모르면서 현실에서 일어나는 사건들을 조종하려 들 때 비극이 일어난다. 행복해지기보다 자기 생각이 옳다는 것을 입증하려 할 때 비극이 일어난다. 현실이 자기 자신에게 말해 온 것과 다르다는 사실을 알아차리기보다 자신의 삶을 스스로 통제하고 있다는 환상을 유지하려 할 때 비극이 일어나는 것이다. 만일 자신도 모르게 부정적인 자기 개념을 지니고 있다면, 자신도 의식하지 못하는 자기 파괴적인 믿음을 지니고 있다면, 우리는 그러한 것들에 갇힌 죄수가 된다. 자기 파괴적인 믿음을 의식하게 될 때에야 비로소 우리는 자신의 행동을 바꿀 수 있다.

우리는 스스로 생각하는 자기의 모습에 맞게 행동한다. 그리고 그러한 행동은 기존에 지니고 있던 자기 개념을 계속해서 강화하는 결과를 낳는다.

긍정적인 자기 개념을 지닌 사람이라면 이 원리는 유리하게 작용할 것이다. 부정적인 자기 개념을 지녔다면 이 원리는 재앙을 초래한다. 거부당했다고 느낄 때, 과거의 관계를 돌아보면서 실망과 좌절과 패배만 되풀이됨을 확인할 때, 다음과 같은 질문을 던져보면 자신의 상황이 분명해질 것이다. 누군가 나를 사랑하는 것이 자연스러운 일, 정상적인 일처럼 느껴지는가? 아니면 결코 일어날 수 없는 기적처럼 느껴지는가? 일어나더라도 지속되지 않을 것 같은가?

낭만적 사랑에서 행복을 얻는 데 필요한 첫 번째 조건은 자신이 사랑받아 마땅한 사람이며, 사랑받을 자격이 충분한 사람이라고 인식하는 것이다. 마음을 열어 사랑을 받아들일 줄 아는 사람이야말로 사랑하는 사람과 맺는 관계에서 스스로 행복해지는 법을 아는 사람이다. 사랑을 받아들일 수 있으려면 먼저 자기 자신을 사랑해야 한다. 자신을 사랑하는 사람은 타인이 '나'를 사랑할 수 있다는 것을 이해할 수 있다. 다른 사람들이 자신을 사랑하게끔 허락할 수 있다. 그들의 사랑은 편안하고 품위 있다.

자존감을 확립하는 것이 낭만적 사랑에서 얼마나 중요한 일인지 앞으로 살펴볼 내용을 통해 더욱 분명하게 알 수 있을 것이다. 나 자신을 기꺼이 받아들이는 것, 있는 그대로의 내 모습을 근본적으로 좋아하는 것, 자신이 다른 사람들에게 소중하고 사랑받을 만한 존재라고 스스로 느끼는 것, 이것이야말로 낭만적 사랑을 가꾸어 나가는 데 필요한 첫 번째 조건이다.

왜 행복을 느끼면 불안이 따라올까

앞서 말했듯이 자존감이 높은 사람은 자신에게 자기의 관심사, 욕구, 소망을 주장할 권리가 있다고 느낀다. 즉 자신이 행복할 권리가 있는 존재라고 느끼는 것이다.

심리 상담가로서 다양한 상황과 장소에서 수많은 사람들을 만나면서 나는 자신의 행복에 대해 두려움과 의심을 품은 사람들이 너무 많다는 데 거듭 놀라곤 한다. 많은 사람들이 자신은 행복할 자격도, 소망을 이룰 권리도 없다고 생각한다. 이들은 설령 행복을 느끼더라도 곧 사라지거나 아니면 어떤 재앙이나 비극 같은 끔찍한 일이 일어나 지금 느끼는 행복감을 지워버릴 것이라고 느끼곤 한다. 그런 사람들에게 행복은 불안의 공급원이다. 그들은 의식의 어느 한 차원에서는 행복을 간절히 원할지 몰라도 다른 차원에서는 사실 행복을 몹시 두려워한다.

어떤 사람은 이렇게 주장할지 모른다. "물론 난 행복할 자격이 있지요."라고. 의식 수준에서는 행복을 열망하기 마련이다. 낭만적 사랑을 통해 더할 나위 없는 행복을 느끼고 싶다고 생각할 수도 있다. 그러나 실제로 행복이 찾아왔을 때, 사랑하는 사람과 관계가 순조롭게 흘러갈 때 종종 불안과 당혹감을 느낀다. '내 삶이 이렇게 흘러갈 리가 없어.'

많은 사람들, 특히 신앙심 깊은 부모 밑에서 자란 많은 사람들이 고통은 구원의 문을 여는 열쇠이며 반대로 쾌락은 길을 잘못 든 사람이 느끼는 것이라고 배웠다. 심리 치료 내담자 중에 어린 시절에 몸이 아플 때 부모에게서 이런 말을 들었다고 하는 사람들이 곧잘 있다. "지금 아프다고 속상해하지 말아라. 힘들 때마다 천국에 가는 데 필요한 점수가 쌓인단다." 이 말은 결국 무슨 뜻인가? 그러면 행복할 때는 어떤 점수가 쌓인다는 것일까?

어린 시절에 이런 메시지를 주입받는 사람들도 있다. "그렇게 신나서 흥분하지 마라. 행복은 언젠가 끝나니까. 어른이 되면 삶이 얼마나 우울한지 알게 될 거야."

이런 교육을 받고 자란 사람들에게 스스로 행복하다고 느끼는 것은 곧 현실에서 벗어난 것이며 위험에 빠진 셈이 된다. 언제 벼락이 떨어질지 모른다.

이제 둘 다 이런 성향을 지닌 여자와 남자가 만나 사랑에 빠졌다고 가정해보자. 처음에 두 사람은 서로에게 집중하고 둘의 관계에서 즐거움을 느끼며 다른 문제는 생각하지 않는다. 그저 행복할 따름이다. 하지만 두 사람의 내면에서는 시한폭탄이 작동하고 있다. 사실 처음 만난 순간부터 시한폭탄은 움직이기 시작했다. 저녁 식탁에 마주앉아 유쾌하고 만족스러운 시간을 보내다가도 갑자기 둘 중 한 명이 그 행복을 견디지 못한다. 별것 아닌 일로 다투거나 별다른 이유 없이 우울해진다. 그들은 행복이 그 자리에 머물도록 보아 넘기지 못한다. 행복을 그대로 두지 못한다. 그들은 자신들이 마침내 서로를 찾아냈다는 사실을 그저 순수하게 기뻐하지 못한다. 두 사람은 각자 자신이 어떤 사람인지 알고 자신에게 합당한 운명이 무엇인지 안다. 그래서 행복을 있는 그대로 받아들일 수 없다. 뭐든 문제를 일으켜 행복을 망치고 싶은 충동이 일어난다. 난데없는 충동처럼 보이지만 사실은 행복을 방지하는 프로그램이 설치된 정신의 깊숙한 곳에서 나온 것이다. 그들이 자기 자신을 보는 관점과 세상을 보는 관점에서 행복을 얻고자 하는 노력 자체는 용납될 수도 있다. '나중에 언젠가는', 어쩌면 내년에는, 아니면 그 다음 해에는 행복해지기를 갈망하는 것은 허용 범위 안에 드는 바람일 수 있다. 하지만 지금은 아니다. 당장은 아니다. 여기서는 아니다. 지금 이곳은 너무 갑작스러워서, 너무 가까워서 두렵다.

지금 여기서, 즐거움을 느끼는 바로 이 순간에 행복은 꿈이 아니라 현실이다. 이 현실을 그들은 견딜 수 없다. 먼저, 그들은 행복을 누릴 자격이 없다. 둘째, 행복은 언젠가 끝난다. 셋째, 설령 행복이 지속된다 하더라도 다른 끔찍한 일이 일어날 것이다. 자존감이 심각하게 부족한 사람들, 자신에게 행복해질 권리가 있다는 믿음이 현저하게 부족한 사람들에게서 아주 흔히 나타나는 태도다.

'자존감과 존재의 기술' 집중 과정이나 '자존감과 낭만적 사랑' 집중 과정에서 행복할 권리를 주제로 올릴 때마다 나는 늘 놀라곤 한다. 비슷한 문제를 겪고 있는 사람들 대다수가 내가 무슨 말을 하는지 즉시 이해하기 때문이다. 거의 설명이 필요 없을 정도다. 그들은 내가 묘사하는 현상에 매우 익숙하다. 방어적 태도를 보이거나 문제에 직면하기를 회피하려 애쓰는 사람도 있지만, 다수가 솔직하게, 때로는 슬퍼하며 반응을 보였다. 일단 이 문제가 거론되면, 그들은 얼마나 자주 스스로 자신의 행복을 가로막거나 파괴했는지, 공연한 문제를 만들어내 행복을 망가뜨리곤 했는지 쉽게 알아차렸다. 그때 그 순간 자신이 행복할 수 있다는 사실에서 도망치기 위해 그들은 어떤 일이든 마다하지 않았다. 그 순간을 있는 그대로 받아들였다면, 맞서 싸우고 저항하지 않았다면, 그냥 내가 이 순간에 존재함으로써 느끼는 행복, 서로의 존재에서 느끼는 행복, 낭만적 사랑이 가져다줄 수 있는 황홀한 기쁨의 가능성을 그냥 받아들였다면 행복할 수 있었을 것이다. 그러나 그들은 지금 느끼는 행복보다 나중의 행복을 위해 노력하는 편을 택했다. 워크숍에 참석하고, 부부 상담을 받고, 심리 치료를 시작하고, 성관계를 잘하는 비결을 공부하고, 심리학 책을 사 모으며 먼 훗날 언젠가 행복해지기 위한 준비를 했다. 사실 그 '언젠가'는 어떻게 해도 가 닿을 수 없는 수평선처럼 결코 찾아올 일 없는 미래였지만 말이다.

가끔 나는 모임에 참석한 사람들에게 이런 질문을 한다. "이런 경험을 한 사람이 얼마나 되는지 한번 알아봅시다. 어느 날 아침 일어났을 때 문득 내가 겪는 온갖 문제, 어려움, 걱정에도 불구하고 기분이 너무 좋고 행복하고 살아 있다는 데서 기쁨을 느낍니다. 하지만 얼마 지나지 않아 자신의 그런 상태를 참을 수 없게 됩니다. 어떻게 해서든 거기서 벗어나려 합니다. 다시 고통의 한복판으로 자신을 내던지는 데 성공하는 거지요. 아니면 이런 경험은 어떤가요? 깊이 사랑하는 사람과 함께 있으면서 너무 행복하고 만족스럽다고 느끼다가도, 불안하고 초조한 마음이 갑자기 일어나 문제와 갈등을 일으키고 싶은 충동에 휩싸입니다. 행복이 찾아오는 길을 자꾸만 막게 되고, 행복이 피어나도록 그냥 두지 못합니다. 자신의 삶에 극적인 상황을 던져 넣어야 할 것 같은 느낌이 듭니다." 그러면 참석자들 가운데 적어도 절반은 그런 경험을 한 적이 있다고 손을 든다.

행복감에 따라오는 불안(happiness-anxiety)은 아주 많은 사람들에게 현실적인 문제이며, 낭만적 사랑을 가로막는 거대한 장애물임이 분명하다. 행복감에 따라오는 불안은 유아기에 분리 개별화를 제대로 거치지 못했을 때 자주 나타나는 결과이기도 하다. 낮은 자존감과 분리 개별화 실패는 밀접한 관련이 있다. 분리 개별화를 성공적으로 마치지 못한 사람은 자기 내면에 존재하는 자원들을 제대로 보지 못한다. 자신의 힘을 발견하지 못하는 것이다. 이런 사람은 자신의 생존이 부모와 관계를 유지하는 데 달려 있으며, 자기 삶을 즐길 권리를 통째로 내던지더라도 그 관계를 지키기 위해 노력해야 한다는 믿음에 매달리기 쉽다. 이제 이런 믿음이 어떤 결과로 이어질 수 있는지 살펴보자.

어떤 여성이 부모의 불행한 결혼 생활을 지켜보며 자랐다고 가정해보자. 아이가 어머니나 아버지에게서 "네가 커서 결혼해봤자 네 결혼 생활은 내가 겪은 것보다 행복하지는 못할 거야."라는 뜻이 담긴 미묘한 메시지를 전달받아 내면화하는 경우는 드물지 않다. 자존감이 부족한 여자, '착한 아이'가 되고 싶은 여자, 어머니나 아버지의 사랑을 잃지 않는 것을 최우선으로 삼아야 한다고 무의식중에 느끼는 여자는 부모에게서 받은 메시지를 충실하게 따르곤 한다. 함께 행복하게 사는 것이 아예 불가능한 남자를 남편으로 택하거나, 행복하게 살 가능성이 있더라도 결혼 생활이 불행해지도록 문제를 자초한다. 많은 여성들이 이런 감정을 털어놓는다. "제가 남자와 맺은 관계에서 행복하다는 걸 엄마가 알면 안 될 것 같아요. 엄마는 배신당했다고 느낄지도 몰라요. 어쩌면 굴욕감을 느낄지도 모르고요. 저 때문에 엄마가 자신은 실패했고 부족한 사람이라고 느끼면서 힘들어하게 할 순 없어요." 하지만 이 말 뒤에는 분명히 다른 감정이 숨어 있다. "엄마가 나한테 화를 낼지도 몰라. 엄마가 나를 내칠지도 몰라. 엄마의 사랑을 잃을지도 몰라."(프라이데이Friday)

어머니, 아버지와 똑같이 불행해진다는 것은 곧 어머니, 아버지에게 '속한다'는 뜻이다. 행복해진다는 것은 곧 어머니 또는 아버지에게 맞서 그들로부터 독립한다는 것을 의미한다. 이것은 어쩌면 가족 모두와 맞선다는 뜻이기도 하다. 이런 전망은 생각만으로도 무서운 일일 수 있다. 문제는 어머니와 사이에 있을 수도 있고, 아버지와 사이에 있을 수도 있다. 이런 문제를 겪는 것은 여성만이 아니다. 남성도 어머니나 아버지로부터 '너는 앞으로 낭만적 사랑으로 행복해질 수 없을 것'이라는 의미의 메시지를 전달받을 수 있다. 많은 사람들에게 사랑하는 사람과 행복한 관계를 맺는다는 것은 '착한 아이'가 되기를 그만둔다는 것을 뜻한다. 연인 혹은 배우자와의 사랑을 통해 행복해지는 것은 자신의 원 가족에게서 분리되는 일이기도 하다. 원 가족에게서 분리되려면 일정 수준의 독립성을 갖추어야 한다. 많은 사람들이 그 수준에 이르지 못한다. 여기서 우리는 분리 개별화, 자존감 결핍, 행복감에 따르는 불안이라는 주제들이 어떻게 서로 긴밀하게 엮여 있는지 관찰할 수 있다.

늘 불행하고 실망스러운 관계만 맺는 것 같다면 자신에게 다음과 같은 질문을 던져보는 것이 도움이 될 수 있다. 나는 행복해져도 되는 사람인가? 나의 자기 개념은 내게 행복을 허락하는가? 세상을 보는 나의 관점은 내게 행복을 허락하는가? 나의 인생 각본은 내게 행복을 허락하는가? 만약 아니라는 대답이 떠오른다면 사랑하는 사람과 관계에서 겪는 문제를 대화의 기술이나 제대로 싸우는 법 등을 배워서 해결하려는 시도는 아무 쓸모가 없다. 커플 상담이 많은 경우에 실패하는 이유가 바로 여기에 있다. 상담에서 알려주는 것들은 모두 당사자들이 기꺼이 행복해지려 노력하고, 행복해지고 싶어 하고, 자신이 행복해질 자격이 있다고 여긴다는 전제를 깔고 있다. 하지만 만약 그렇지 않다면?

갓 싹튼 낭만적 사랑을 잘 자라게 하려면 행복은 인간의 타고난 권리라는 사실을 이해해야 한다. 행복한 상태가 자연스럽고 정상적으로 느껴진다면 그런 사람은 행복을 기꺼이 받아들이고 자신을 맡길 수 있을 것이다. 자신의 행복을 스스로 망치고 파괴하고 싶은 충동을 느끼지 않을 것이다. 행복을 받아들일 줄 알 때 낭만적 사랑이 자라난다. 행복을 두려워할 때 낭만적 사랑은 스러지기 쉽다.

어떤 사람들에게는 스스로 행복을 허용하는 단순한 결단이 지금까지 살면서 한 가장 영웅적인 행동일 수 있다. 이들에게 행복해진다는 것은 자기 행동에 스스로 책임을 지는 독립적인 사람이 된다는 뜻이다. 어디서부터 변화해야 할까? 혹시 행복이 불안을 촉발하면 어떻게 해야 할까? 불안을 줄이고 싶은 바람은 분명 정상적이다. 따라서 행복이 불안을 자극할 때 행복을 줄이거나 파괴하고 싶은 충동이 드는 것은 충분히 이해할 수 있는, 매우 인간적인 반응이라 할 수 있다.

행복감에 따라오는 불안을 해결할 다른 방법은 분명히 있다. 그러나 해결책을 원한다면 그것을 찾아내고 배우고 연습해야만 한다. 행복한 감정이 불안과 초조를 불러일으킬 때도 아무것도 하지 않는 법을 배워야 한다. 즉 나의 감정을 끌어안고 내 안으로 흘러 들어오도록 허락하고, 내 안에서 어떤 일이 일어나는지 지켜보고, 나 자신의 존재 속으로 깊이 들어가는 것이다. 그러면서 한편으로는 객관적으로 그 과정을 관찰하고 자기 파괴적인 행동을 부추기는 유혹에 빠지지 않도록 주의해야 한다. 천천히 시간을 들이다 보면 행복에 대한 면역을 키우고 차분히 즐거움을 받아들이는 능력을 기를 수 있을 것이다.

이런 과정을 거쳐 새로운 방식으로 존재하는 것이 가능함을 천천히 깨닫게 된다. 행복해지는 것이 생각보다 훨씬 덜 복잡한 일임을 깨닫게 된다. 기회가 주어진다면 기쁨을 누리는 것이 우리 인간의 자연스러운 상태임을 깨닫게 된다. 그런 뒤에야 비로소 낭만적 사랑이 자랄 토양이 마련된다.

연인은 나를 구원하는 존재가 아니다

성숙한 사람만이 낭만적 사랑을 할 수 있다. 아이는 낭만적 사랑을 할 수 없다. 사전적 의미의 아이뿐 아니라 심리적 의미의 아이도 그렇다. 나이가 몇 살이든 여전히 자신이 아이라고 느끼는 사람이 바로 그런 사람이다.

자율성의 뜻을 되짚어보자. 어떤 사람이 자기 지도(self-direction)와 자기 조절(self-regulation) 능력을 갖추었을 때 자율성이 있다고 말한다. 자율성과 자존감은 떼어놓을 수 없다. 둘 다 성공적으로 분리 개별화를 이룬 다음에야 얻을 수 있다. 자율적인 사람은 자신의 욕구를 충족시켜주려고 다른 사람이 존재하는 게 아님을 이해한다. 자율적인 사람은 아무리 사람들이 서로 아끼고 사랑한다 해도 궁극적으로는 각자 개별적 존재로서 스스로 책임져야 한다는 사실을 납득한다.

자율적인 사람은 자신이 착한 아이라는 것을 사람들에게 입증해야 할 필요를 느끼지 않는다. 또 배우자나 연인이 자신의 어머니나 아버지가 되어주길 바라지도 않는다. 사실 자율적인 사람들도 사랑하는 상대가 때로 어머니나 아버지 역할을 해주었으면 하는 감정(이런 감정 자체는 정상적이다)을 느끼는 순간이 있을 수 있다. 하지만 그런 역할이 둘의 관계에서 핵심이 되지는 않는다. 성숙한 사람이기에, 자기 자신을 누군가 찾아와 구원해주고 지켜주기를 기다리는 가엾은 존재로 생각하지 않기에, 자율적인 사람은 낭만적 사랑을 할 준비가 되어 있다. 자율적인 사람은 있는 그대로의 자신으로 존재하기 위해 다른 누구의 허락도 필요하지 않으며, 그의 자아(ego)는 대체로 안정되어 있다. 이 마지막 특징은 매우 중요하므로 좀 더 자세히 설명할 필요가 있다. 자율적이지 않은 사람의 자존감은 끊임없이 위태롭다. 자율적인 사람은 자신이 가치 있는 존재인지 끊임없이 의심하지 않는다. 그는 자신의 가치를 인정할 근거를 자기 안에서 찾는다. 다른 사람과 마주할 때마다 상대방에게 휘둘리지 않는다.

아주 좋은 관계라도 가끔은 갈등이 일어나고, 어쩔 수 없이 상처를 주고받고, 상대의 반응을 제대로 '읽지' 못하는 경우가 있을 수 있다. 자율적이지 못하고 미성숙한 사람은 그런 상황이 생겼을 때 자기 존재 자체를 거부당했다고 해석하거나 상대방이 나를 진심으로 사랑하지 않는 증거라고 해석하곤 한다. 그래서 사소한 갈등이나 의사소통 실패가 쉽게 큰 다툼으로 번지는 것이다.

자율적인 사람은 힘든 상황이 닥쳤을 때 훨씬 유능하게 대처한다. 일상에서 일어날 수 있는 평범한 갈등을 현실적인 시각에서 보고, 사소한 일에 마음을 다치지 않고, 설령 때때로 속상한 순간이 있더라도 그 순간에 최악의 상황을 상상하지 않는다.

또 자율적인 사람은 사랑하는 상대에게도 그 사람만의 삶이 있다는 것을 존중한다. 상대가 혼자 있고 싶어 하거나 자신이 아닌 다른 무언가에 더 신경쓸 때도 있다는 것, 자신과의 관계가 아니라 다른 중요한 문제에 골몰하기도 하며 때로는 자신과는 직접적으로 전혀 상관없는 문제, 예를 들어 직업, 개인적 변화, 깨달음, 성장을 두고 고민할 수도 있다는 것을 이해한다. 자율적인 사람은 항상 자신이 무대 중심에 있어야 한다거나 최우선으로 주목받아야 한다고 생각하지 않는다. 사랑하는 사람이 다른 데 정신이 팔려 있다고 해도 당황하거나 겁먹지 않는다. 자율적인 사람은 사랑하는 상대에게도, 자기 자신에게도 이런 자유를 허용한다.

자율적인 여자와 남자가 사랑을 잘 가꾸어 나갈 수 있는 이유가 바로 여기에 있다. 자율적이지 못한 여자와 남자가 많은 경우에 사랑을 가꾸는 데 실패하는 이유도 바로 여기에 있다. 겁을 먹고 상대에게 매달릴 때 사랑은 질식해 죽고 만다.

자율적인 사람은 아무리 서로 열정적으로 사랑한다 해도 각자 독립적인 공간과 자유가 필요하다는 것, 때로 홀로 있을 수 있어야 한다는 것을 안다. 아무리 절실하게 사랑하는 연인들이라 해도 '오로지' 누군가의 연인이기만 한 사람은 없다. 더 넓은 의미에서 우리 모두는 각자 서서히 발전하는 독자적인 인간이다. 자율적인 사람은 인간이 궁극적으로 혼자라는 사실을 완전히 이해하고 받아들인다. 그 사실을 부인하거나 그 운명에 맞서지 않고, 끔찍한 고통이나 비극이라고 생각하지도 않는다. 따라서 자율적인 사람은 타인과 맺은 관계를 통해 인간은 혼자가 아니라는 환상을 얻으려고 끊임없이 헤매지 않는다. 자율적인 사람은 인간은 본래 홀로인 존재이기에 사랑이 특별하다는 것을 이해한다. 혼자라는 사실을 편안하게 받아들일 수 있기에 자율적인 사람이 낭만적 사랑을 이루는 데 특히 유능하다.

스스로 자신을 책임질 줄 아는 사람들끼리 만나 사랑하게 되었을 때, 그들은 보통 이상으로 상대의 진가를 알아보고, 존중하고, 상대를 있는 그대로의 모습으로 이해할 수 있다. 왜냐하면 자율적인 사람들은 인간은 각자 자기 자신을 책임져야 한다는 사실을 회피하기 위한 수단으로 상대를 바라보지 않기 때문이다.

물론 그들도 서로의 품에 자신을 맡길 수 있고 때로 부모나

아이 역할을 맡을 수 있지만 한순간의 휴식이거나 그저 놀이일 뿐이라면 아무 문제가 되지 않는다. 두 사람은 인간은 본래 혼자라는 궁극적 진실을 알고 있으며 그것을 두려워하지 않고 편안하게 받아들인다. 또 그것이 인간성의 핵심임을 잘 이해하고 있다.

인간이 궁극적으로 혼자라는 사실을 받아들일 만큼 성숙하지 못했을 때, 혼자라는 사실을 두려워하고 부정하려 들 때, 우리는 관계에 지나치게 무거운 짐을 지워 사랑을 질식시킨다. 그런 관계는 상대를 끌어안는 것이 아니라 상대에게 매달리는 것이다. 충분한 공간과 공기가 없다면 사랑은 숨 쉴 수 없다.

여기에 역설이 있다. 혼자라는 사실에 맞서 싸우기를 멈추는 순간에야 사랑할 준비가 된다는 것이다.

환상 속 사랑과 현실의 사랑은 어떻게 다른가

사랑하는 사람과 성공적인 관계를 맺는 데 꼭 필요한 여러 조건 가운데 하나는 아마도 사랑이 현실에 단단히 뿌리내리고 있어야 한다는 것일지 모른다. 이 말은 곧 환상을 품은 채 사랑을 지속하려 하지 않는 것, 상대의 장점뿐 아니라 단점까지도 있는 그대로 보고자 하는 의지, 그럴 수 있는 능력을 갖추고 있음을 뜻한다.

현실적 사랑에 실패하는 경우부터 살펴보자. 만약 내가 상대방을 현실 세계를 살아가는 실제 인간으로 인식하고 사랑하지 않는다면, 상대방을 나의 상상과 소망을 실현하기 위한 발판으로 쓰려고 그 사람에 대한 환상을 정교하게 만들어낸다면 얼마 지나지 않아 나는 상대방이 나의 환상에 들어맞지 않는다는 사실 때문에 그 사람을 미워하게 되고 만다. 만약 어떤 사람이 자신이 사랑하는 사람은 단점이 없는 체하기로 한다면, 단점까지 포함해 상대의 전체 모습을 이해하기를 거부한다면, 결국 상처 입고 원망하고 배신감을 느낄 뿐 아니라 자기 자신을 갈피를 잡지 못하는 피해자 역할로 밀어 넣게 된다. "당신이 어떻게 나한테 이럴 수 있어?"

물론 앞서 이미 살펴보았듯이, 우리는 마음 깊숙한 곳에서는 자신이 선택한 사람의 진짜 모습을 알고 있다. 하지만 자신이 아는 사실을 부정하거나 모르는 척하는 편이 더 바람직해 보일 때 우리는 쉽게 그 길을 택한다. 인생 각본에 자신이 배신당한 피해자 역할로 설정되어 있다면 그러한 자기 기만이 더 바람직해 보일 수도 있다.

왜 많은 사람들이 현실의 실제 존재가 아니라 자신이 만들어낸 환상과 사랑에 빠지는가? 그 이유 중 하나는 그들에겐 자신도 미처 의식하지 못하는 문제들, 즉 스스로 부인한 욕구, 소망, 상처, 욕망이 있기 때문이다. 아마도 무의식적으로 그들은 그러한 욕구와 욕망을 충족하고 꿈을 이루고 상처를 치유하길 바랄 것이다. 자기 내면 깊숙한 곳에 있는 욕구를 알지 못하는 사람은 다른 사람을 만날 때 겉으로 드러난 그의 특성만 보고 매력을 느낄 수 있다. 상대가 지닌 어떤 특성이 그 상대와 관계를 맺으면 자신의 숨은 욕구가 충족될 것이라는 희망 혹은 믿음을 불러일으키기 때문이다.

예를 들어 감성적이고 지적이며 사춘기에 여자들에게 인기가 없었던(너무 진지해서 그랬을 수도 있고 수줍음이 많아서 그랬을 수도 있다) 남자가 20대가 되어 아름다운 여자를 만났다고 가정해보자. 남자는 10대 시절에는 상상도 할 수 없었던 타입의 여자와 가까워질 수도 있다는 생각에 들뜨고 신이 난다. 무의식중에 남자는 만약 그 여자를 차지한다면 자신이 사춘기 시절에 겪은 모든 상처와 외로움이 치유될 것만 같은 희망과 기대감에 젖는다. 과거에 타인에게 거부당했던 기억이 모두 사라질 것만 같고, 고통스럽고 외로웠던 시절에는 이룰 수 없었던 꿈들이 금세 현실이 될 것만 같다. 물론 이런 것들은 말로 표현되지 않는다. 머릿속에서 뚜렷하게 개념화하여 의식되지도 않는다. 그러나 남자의 내면에서 그런 생각이 작동하기 시작한다. 상대방과 자신은 가치관도 관심사도 다르고, 삶에 대한 감각도 다르고, 중요한 문제들을 보는 관점도 완전히 다르다는 것을 남자는 쉽게 무시한다. 그에게는 자기 자신을 속일 동기가 있기에 이런 문제를 간과하기가 더 쉽다. 설령 남자가 여자와 연인이 되는 데 성공하더라도 남자는 여자에게 금방 질릴 것이다. 여자가 남자의 구애에 응답하고 관계가 시작될 무렵에는 흥분과 즐거움으로 마음이 들끓겠지만, 그런 '사랑'이 곧 스러지리라는 것은 불 보듯 뻔하다.

사랑할 상대를 현실적으로 선택하고 자기 자신을 속이지 않았을 때 비로소 사랑을 가꾸어 나가는 것이 가능하다. 내가 선택한 사람의 진짜 모습을 이해해야 그 사람이 자기답게 행동했을 때 놀라지 않을 수 있다. 남편과 아주 행복하게 살고 있는 한 여성이 내게 이런 이야기를 들려준 적이 있다. "제가 결혼한 남자를 처음 만났을 때, 한 시간쯤 지나자 저는 벌써 그 남자와 같이 살면 어떤 어려움이 있을지 강연을 할 만큼 잘 알 수 있었어요. 이제까지 만나본 남자 중에 제일 흥미로운 사람이긴 했지만, 한편으로 그 사람만큼 자기 도취적인 사람도 없다는 사실도 분명히 알았어요. 그 사람은 한 가지 생각에 골몰하느라 얼빠진 것처럼 보일 때가 자주 있어요. 남들 앞에서 자신을 꾸밀 줄을 모르죠. 저는 사람들이 자기 배우자가 생각했던 것과 다르다고 놀라고 상처받는 게 이해가 안 돼요. 주의 깊게 살펴보면 사람들의 본모습을 알 수 있어요. 제 인생에서 남편과 함께하는 결혼 생활만큼 행복한 일은 없지만, 그게 제가 내 남편은 '완벽'하고 단점이라곤 하나도 없는 사람이라고 굳게 믿어서 그런 건 아니에요." 그러고는 이렇게 덧붙였다. "저는 바로 그렇기 때문에 제가 남편의 매력과 장점을 좋아하고 소중히 여길 수 있다고 생각해요. 남편의 모든 면을 다 보려고 하니까요."

이것이야말로 동화 속 사랑이 아닌 현실의 사랑이다. 열정과 또렷한 시야를 함께 지닐 때 사랑이 자라나고 꽃필 수 있다.

사랑은 감추는 것일까, 드러내는 것일까

두 사람의 사랑이 잘 자라서 꽃을 피우려면 상대에게 자신의 맨 얼굴을 어느 정도 드러내야 한다. 기꺼이 상대를 나의 사적인 세계로 초대해 안으로 들이고, 상대방의 세계를 진심으로 알고 싶어 하는 마음이 그것이다. 사랑하는 사람들은 다른 누구에게보다 서로에게 자신의 많은 부분을 보여주곤 한다. 이것은 두 사람이 서로를 신뢰하고 상대를 받아들일 수 있는 관계가 되었다는 뜻이지만 그 이상의 의미도 담고 있다. 이런 관계를 맺는 사람들은 자기 자신을 마주하고 아는 것을 두려워하지 않는다. 이것이야말로 상대에게 자신을 드러내는 데 반드시 필요한 전제 조건이다.

여기서 우리는 낭만적 사랑을 유지하는 데 가장 방해가 되는 문제에 부딪치게 된다. 많은 사람들이 겪고 있는 자기 소외가 바로 그것이다. 자기 소외 때문에 자신을 드러내기가 (불가능하지는 않더라도) 극도로 어려워진다.

이 문제가 어제오늘 갑자기 생긴 것은 아니지만, 지금처럼 많은 사람들이 자신이 비현실적 존재처럼 느껴져서 고통받는 시대는 없었다. 사람들은 자기 자신과 소통하지 못하고, 자신이 느끼는 감정이 무엇인지 알지 못한 채 멍하게 아무 생각 없이 행동한다. 낭만적 사랑에서 이 문제는 끔찍한 결과를 낳을 수 있다.

자기 소외 또는 의식 없음(이 표현이 더 정확할 수도 있겠다)의 근원에는 몇 가지 요인이 있다. 가장 단순하고 명백한 요인부터 살펴보자. 많은 부모들이 자녀에게 감정을 억누르라고 가르친다. 그들은 무감각한 편이 좋다고, 사랑받으려면, 인정받으려면, 어른으로 대접받으려면 무감각해져야 한다고 가르친다. 남자아이가 넘어져 다쳤을 때 무뚝뚝하게 "남자는 울면 안 돼."라고 말하는 아버지들이 있다. 여자아이가 남동생에게 화를 터뜨렸을 때, 또는 손위 형제를 싫어하는 감정을 드러냈을 때 "그런 생각하면 못써. 정말 그렇게 생각하는 건 아니지?"라고 말하는 어머니들이 있다. 아이가 신이 나서 집으로 뛰어 들어올 때 짜증스럽게 "넌 대체 왜 그러니? 무슨 일이 났다고 이렇게 시끄러워?"라고 말하는 부모들이 있다.

어린아이는 다른 사람의 행동을 보면서 감정을 억누르는 법을 배우기도 한다. 자신의 감정을 잘 이해하고 조절하지 못하는 부모는 자신과 같은 아이를 길러내기 마련이다. 직접 말로 하는 훈육도 아이의 성장에 영향을 끼치지만, 부모의 행동도 아이에게 '올바르고' '적절하고' '사회적으로 받아들여질 수 있는' 행동의 표본이 된다.

특정한 종교의 가르침을 받아들인 부모는 아이들에게 본래 사악한 생각이나 사악한 감정이 있다는 식의 형편없는 관념을 심어줄 가능성이 매우 높다. 이런 부모 손에 자란 아이들은 자신의 내면을 들여다보는 것에 공포를 느끼게 된다.

그리하여 어떤 아이들은 자신이 느끼는 감정이 위험할 가능성이 있다고 결론 내린다. 그런 아이들은 때로 감정을 부인하는 것이 바람직한 일이며, 감정은 무조건 통제할 수 있어야 한다는 결론에 이르곤 한다. 여기서 통제는 실질적으로 아이가 자기 내면에서 일어나는 감정을 외면하고 그 감정을 느끼기를 멈추는 방식으로 이루어진다. 물론 아이가 의식적으로 상황을 분석하고 판단하며 이런 과정을 겪는 것은 아니다. 많은 부분 무의식에서 이루어지는 과정으로 여기는 것이 더 옳을 것이다. 이때부터 아이는 자기 자신으로부터 소외되기 시작한다. 자기 안에서 일어나는 감정을 부정하고, 자신의 평가와 판단을 무시하고, 자신이 한 경험을 부인하면서 아이는 자기 자신의 일부를 버리는 법을 배우게 된다.

아이의 삶은 자기 자신과 소통할 줄 아는 자연 상태에서 시작된다. 성장하면서 아이는 어떤 감정과 기분은 바람직하지 않다고 배운다. 하지만 그런 감정과 기분도 여전히 느껴진다. 이 갈등을 해결하기 위해 아이는 의식하지 않기(unconsciousness)를 선택한다.

아이는 같은 전략을 써서 고통, 공포, 분노 같은 감당하기 힘들고 압도적인 감정에 맞선다. 부정적인 감정만 차단하는 것은 아니다. 기쁨, 흥분, 성적인 느낌도 마찬가지로 감정적 억압의 대상이 될 수 있다. 아이가 자신의 평정심, 안전하다는 느낌, 자존감을 유지하는 데 위협이 된다고 느끼는 감정이라면 무엇이든 마찬가지다.

이런 대응 방식은 어린 시절 형성되어 성격으로 굳어지고 그 사람의 존재 방식이자 삶을 대하는 기본 태도로 자리 잡는다. 아이가 어른이 되면 이제 자신으로부터 소외된 상태가 '정상'인 듯 느껴진다. 그러나 외면하고 억눌렀다고 해서 감정이 사라지지는 않는다. 그런 감정들은 의식의 다른 차원에서 여전히 작동한다. 다만 자신의 전체로서 통합되지 못했을 뿐이다. 따라서 사람은 자기 자신을 외면하는 한, 만성적으로 자신과 조화를 이루지 못하는 상태에 놓인다고 할 수 있다.

그런데 낭만적 사랑의 관계에서 우리는 바로 자기(self)를 상대에게 보여주고 싶어 하고 공유하고 싶어 한다. 내가 진행하는 '자존감과 존재의 기술' 집중 과정에서 다루는 중요한 과제 하나는 외면해 온 자기 자신의 다양한 부분을 다시금 그러모아 인식함으로써 자존감을 높이고 사랑할 능력을 키우는 것이다. 가라앉아 있던 자신의 어떤 부분이 수면 위로 떠올라 모습을 드러낼 때, 어떤 사람들은 (사실 많은 사람들이) 저항하고 괴로워하고 당황하고 불안해한다. "사람들이 어떤 반응을 보일까요? 저한테 이런 분노가 있다는 걸 알아도 사람들이 저를 사랑할까요? 제가 사실 그렇게 연약한 사람이 아니라는 걸 알아도 사람들이 저한테 마음을 써줄까요? 제가 지적인 능력을 맘껏 발휘하고 내보이면 사람들이 다 저를 버리고 떠나 홀로 남지 않을까요? 제가 정말 저 자신이 누구인지, 제가 진정으로 느끼는 감정이 어떤 것인지, 제가 실제로 어떤 능력을 갖추고 있는지 인정하고 나면 그때도 제 직업과 배우자를 참아낼 수 있을까요?"

자신이 느끼는 모든 감정을 꼭 다 표현하거나 행동으로 보여야 하는 것은 아니다. 가장 친밀한 관계에서도 그렇다. 우리는 항상 어떤 행동을 할지 말지 여부를 두고 상황을 판단하고 식별해야 한다. 감정을 전달하는 것이 바람직한 경우도 있고 그렇지 않은 경우도 있다. 자신의 생각과 통찰을 공유하는 것이 바람직한 경우도 있고 그렇지 않은 경우도 있다. 이 문제는 소통에 관해 살펴볼 때 더 자세히 이야기할 것이다. 여기서는 나와 다른 사람의 관계보다도 나와 나 자신의 관계에 일단 초점을 맞추기로 한다.

자신이 느끼는 감정을 잘 알고 그 감정을 경험하는 데 거리낌이 없다면(그냥 말로만 안다고 말하는 것이 아니라), 자신의 내면을 어떤 사람과 어떤 맥락에서 공유하는 것이 적절할지 판단할 수 있다. 그러나 자신이 어떤 사람인지 모른다면, 알 길이 가로막혀 있다면, 알기가 두렵다면, 진정한 자신을 마주해본 적이 단 한 번도 없다면, 즉 자기 자신에게서 소외되어 있다면 그 사람은 낭만적 사랑을 할 능력이 부족한 상태다.

사랑하는 관계에서 상대에게 진정한 자기를 보여주고 공유하는 것은 사랑을 키우는 요소이자 우리가 사랑할 때 느끼는 기쁨에서 매우 큰 부분을 차지한다. 나를 드러냄으로써 가시성을 더욱 선명하게 경험할 수 있으며, 상대에게서 정서적 지원과 인정, 성장을 촉진하는 자극을 받을 수 있다. 두 사람이 서로 자신을 드러낼 때 비로소 우리가 낭만적 사랑을 통해 얻고자 하는 중요한 가치 중 많은 것을 누릴 수 있게 된다.

물론 연인에게 나의 모든 감정, 생각, 환상, 욕망을 칭찬해 달라고 요구할 수는 없다. 존중하고 인정해주는 분위기에서 도덕적 비난이나 공격을 당할까 두려워하지 않고 나 자신을 표현할 수 있다면 그것만으로 충분하다. 그리고 나도 상대방에게 같은 분위기를 만들어주어야 할 의무가 있다. 그러나 자기 자신에게 베풀 줄 모르는 무언가를 남에게 베푸는 것은 몹시 어려운 일이다. 자신이 느끼는 '부적절한' 감정에 대해 훈계하고 나무라는 것이 몸에 밴 사람은 다른 사람에게도 같은 식으로 행동할 가능성이 아주 높다. 그런 사람은 연인이나 배우자를 훈계하고 질책할 것이며, 자신의 아이도 그렇게 대할 것이다. 그런 사람은 사랑하는 이에게 내가 하는 것처럼 너도 자기 자신을 외면하고 자기 자신에게서 소외되라고 부추길 것이다. 그리하여 사랑이 스러지고 관계는 차가워진다.

자기 자신에게 물어보자. 나는 사랑하는 사람이 내 앞에서 편안하게 자기 감정, 생각, 꿈을 드러낼 수 있는 분위기를 만들었는가? 내가 그를 깎아내리거나 공격하거나, 설교를 늘어놓거나, 무시할까 봐 두려운 느낌을 주지는 않았는가? 그리고 내가 사랑하는 사람은 내가 편안하게 자신을 드러낼 수 있는 분위기를 만들어주었는가?

이 질문들에 자신 있게 긍정적인 대답을 내놓지 못한다면 자신이 맺는 관계가 실패하는 이유를 바로 알 수 있을 것이다. 긍정적으로 답할 수 있다면 자신이 성공적인 관계를 유지하는 이유 중 많은 부분을 이해할 수 있을 것이다. 두 사람이 편안하게 서로 꿈꾸는 바를 공유하고 소망을 표현하고 감정을 이해하고 생각을 교류할 때, 그리고 이 과정에 상대가 관심 있게 참여한다는 확신이 든다면 두 사람은 낭만적 사랑을 이루는 데 꼭 필요한 요소에서 전문가라 할 수 있다.

나쁜 감정을 어떻게 전달할까

낭만적 사랑의 성패를 좌우하는 또 다른 중요한 요소는 원활한 소통이다. 서로 자기 자신을 드러낼 때 소통은 필수 불가결하다. 특히 감정을 잘 소통하는 것이야말로 낭만적 사랑에서 가장 중요하다.

고통

살다 보면 누구나 상처받고 고통스러울 때가 있다. 그럴 때면 이런 상태를 사랑하는 사람에게 털어놓고 싶은 마음이 든다. 나의 상처와 고통을 말하고 싶고, 나의 내면에서 무슨 일이 벌어지고 있는지 털어놓고 싶은 욕구를 느낀다. 사랑하는 사람이 내 이야기에 기꺼이 관심을 갖고 귀를 기울여주길 바란다. 내 감정을 진지하게 받아들이고 존중해주길 바란다. "굳이 그렇게 속상해할 필요 있나?" "바보처럼 그렇게 생각하지 마." 같은 말은 듣고 싶지 않다. 훈계는 듣고 싶지 않다. 고통을 드러내는 것만으로도 많은 경우 치유가 이루어지고 해결책을 찾을 수 있다. 더는 아무 것도 필요하지 않다. 우리는 사랑하는 상대가 내 마음을 이해해 주길 바란다. 상대도 우리에게 같은 것을 바란다. 서로 고통을 털어놓고픈 마음을 이해해줄 때 사랑의 유대는 더욱 강해진다.

그러나 스스로 자신의 고통을 경험하고 받아들이도록 허용하지 못하는 사람이라면, 사랑하는 사람의 괴로움을 이해하기는 지극히 어려운 일이다. 자신에게 줄 수 없는 것을 어떻게 다른 사람에게 줄 수 있단 말인가?

고통에 대해 이야기할 때, 고통을 표현하려 할 때, 우리는 사랑하는 상대가 외면하고 부정해 온 고통을 자극할 수 있다. 많은 경우에 자극받은 고통의 감정은 먼저 불안감으로 떠오른다. 불안한 느낌에서 벗어나고 싶은 나머지 그는 상대의 하소연에 귀를 막을 수 있다. 못되게 굴고 싶어서 그러는 것이 아니라 저도 모르게 그런 행동을 하는 것이다. 그러나 어쨌든 소통은 실패하고 이야기하려던 사람은 무시당한 느낌을 받는다.

때로 사랑하는 사람에게 우리가 줄 수 있는 가장 큰 선물은 그저 귀 기울여 들어주고 곁에 있어주고 품을 내어주는 것이다. 현명한 조언을 해주거나 해결책을 찾아주거나 기운을 차리게 해줄 의무는 없다. 그런데 사랑하는 사람에게 그런 선물을 줄 수 있으려면 먼저 자기 자신에게 줄 수 있어야 한다. 내가 나 자신에게 지나치게 엄격한 도덕적 잣대를 들이대 다그친다면 사랑하는 사람을 이보다 잘 대할 수는 없을 것이다. 자신을 있는 그대로 받아들이는 것(자기 수용·self-acceptance)은 다른 사람을 받아들이는 데 토대가 된다. 자신의 감정을 있는 그대로 받아들이는 것은 다른 사람의 감정을 받아들이는 데 토대가 된다.

수용은 마음만 먹으면 이제까지 이 책에서 살펴본 원칙들을 참고해 얼마든지 배우고 연습할 수 있는 기술이다. 만약 사랑하는 상대를 상처 입힌 사람이 다름 아닌 나 자신이라면 어떻게 해야 할까? 그렇다고 해도 달라질 것은 없다. 원칙은 같다. 이때 해야 할 행동은 상대의 말에 귀를 기울이고, 상대로 하여금 이해받는다는 느낌이 들도록 해주고, 내가 상대를 진심으로 신경쓰고 있다는 것을 보여주는 것이다. 내가 잘못한 것이 있다면 솔직하게 인정하고, 잘못을 바로잡는 데 필요한 조치를 취하는 것이다. 가장 먼저 해야 할 일은 일단 듣고 수용하는 것이다. 꼭 동의하지 않더라도 일단 상대방의 감정을 있는 그대로 이해하는 것, 그리고 어떤 상황에서도 야단치는 부모처럼 행동하지 않는 것이 가장 중요하다.

두려움

살다 보면 누구나 두려움을 느낄 때가 있다. 나도 그렇고 나의 연인이나 배우자도 마찬가지다. 그렇기 때문에 우리는 두려움을 겉으로 드러내거나 그것에 관해 말할 수 있다. 하지만 그러기 어려운 경우도 많다. 많은 사람들이 두려움은 남모르게 숨겨야 할 감정이라고 배우며 자란다. 두려움을 느끼는 것은 부끄럽고 '체면'을 잃는 일이라고 생각한다. 지금 자신이 느끼는 감정을 느끼지 않는 척하는 것, 그렇게 거짓말하는 사람을 '강인한' 사람이라고 생각한다.

자신의 두려움을 솔직하면서도 차분하게 털어놓는다면, 사랑하는 상대가 두려움을 표현할 때 존중하고 받아들이는 태도로 들어준다면 멋진 일이 일어날 수 있다. 두 사람은 더욱 가까워질 것이다. 두려움을 인정하고 표현함으로써, 겉으로 드러냄으로써 두려움 자체가 사라질 수도 있다. 설령 두려운 감정이 사라지지 않더라도 용기를 내 두려움에 맞설 수 있다. 예를 들어 의학적으로 꼭 필요한 수술에 동의할 때, 직장에서 어려운 과업을 수행할 때, 받아들이기 힘든 진실에 정직하게 직면해야 할 때 사랑하는 사람에게 두려움을 털어놓는 것만으로도 큰 힘을 얻을 수 있다. 그러나 이번에도 '자기 수용'이라는 문제부터 살펴야 한다. 나 자신의 두려움에 잘 대처하지 못한다면 사랑하는 사람의 두려움에 얼마나 잘 대처할 수 있겠는가? 나 자신에게 허용하지 못하는 감정을 사랑하는 상대가 느끼도록 허용하는 것이 어떻게 가능하겠는가?

서로 소통하는 문제에서, 사랑에서, 관계에서 성공하려면 내가 느끼는 감정을 속이는 것이 용감하고 강인한 행동이라는 터무니없는 생각부터 버려야 한다. 없는 감정을 있는 척하거나 있는 감정을 없는 척하는 것, 실제로 내가 느끼고 경험하는 바와 나의 내면에 존재하는 진실을 거짓으로 포장하는 행위를 미화하지 않아야 한다. 용감하고 강인한 행동은 다름 아닌 현실을 직시하는 것, 진실을 대면하는 것, 사실을 인정하고 있는 그대로 수용하는 것임을 배워야 한다.

심리 치료를 받으러 온 한 여성이 옆에 앉은 남편을 두고 내게 이렇게 말한 적이 있다. "이 사람은 상처나 두려움에 관해 이야기하는 건 나약한 사람이나 하는 일이라고 생각해요. 오히려 강인한 사람이야말로 상처나 두려움을 드러낼 수 있다는 걸 이 사람이 이해하면 얼마나 좋을까요?"

분노

살다 보면 종종 연인이나 배우자에게 화가 나거나 상대가 나에게 화를 내기도 한다. 아주 정상적인 일이다. 분노는 삶의 일부다. 화를 낸다고 해서 사랑하지 않는 것은 아니다.

분노를 솔직하게 표현하는 것, 감정을 솔직하게 드러내는 것, 즉 내가 본 것, 알아차린 것, 또는 내가 일어났다고 생각하는 일을 이야기하고 바로 그런 것을 내가 어떻게 느끼는지 설명하는 것이야말로 생산적인 소통을 가능하게 해준다.

분노를 표현하는 것은 상대의 인격을 공격하거나 상대의 의도를 넘겨짚는 것과 전혀 다르다. "너는 늘 책임감이 없어!" "그냥 내 기분을 상하게 하려고 그런 거잖아!" "내가 예전에 사귄(혹은

'결혼했던') 사람이랑 똑같아!"

이런 말은 소통이 아니라 상대에게 상처를 주려는 목적에서 나오는 것이고, 그 목적은 대체로 이루어진다. 이런 말을 함으로써 상처를 주고 반격을 유발하는 데는 성공할 수 있지만, 생산적인 소통을 하거나 갈등을 해결할 수는 없다.

분노를 표현하는 것도 기술이다. 사랑을 하려면 반드시 익혀야 하는 기술이다. 이 기술은 분노를 부정하고 외면하는 법으로 구성되어 있지 않다. 속에선 화가 치솟지만 겉으로는 웃음 짓는 법으로 구성되지도 않는다. 이 기술은 솔직해지는 법으로 구성되어 있다. 무엇에 솔직해야 할까? 나 자신의 감정에 솔직해야 한다.(기너트Ginott)

사랑하는 사람과 관계를 유지하고 싶다면 그에게 분노를 표현할 자유를 주어야 한다. 상대방의 말을 들어야 한다. 말을 끊거나 반격하지 않고 그냥 들어야 한다. 상대가 이야기를 끝냈을 때, 그가 할 말을 충분히 다 했다는 생각이 들 때, 그때서야 반응하는 것이 옳은 태도다. 만약 상대가 어떤 사실을 잘못 해석했다고 생각한다면 이때 그 부분을 지적하면 된다. 내가 잘못한 점이 분명히 있다면 내 잘못을 인정하는 것이 해결책이다.

분노를 솔직하게 표현한다고 해서 관계가 망가지지는 않는다. 표현하지 않은 분노야말로 관계를 매일 조금씩 더 깊이 병들게 하는 주범이다. 분노를 억눌렀을 때 사랑이 스러진다. 서로를 향한 마음이 스러진다.

사람들은 자신의 분노를 억누르기 위해 주로 분노를 유발하는 사람을 향해 나 있는 '문을 닫는' 방법을 택한다. 사람들은 자기 자신을 마비시킴으로써 문제를 '해결'한다. 관계는 그런 '해결책' 아래 짓눌린다.

사랑하는 사람이 내게 화가 났을 때 화가 났다고 말하리라 믿을 수 있는 것이 나 자신에게 좋은 일이다. 상대가 자신을 속상하게 하거나 화나게 하는 일을 두고 침묵한다면 그것은 나 자신에게 해로운 일이다. 나의 상처, 나의 두려움, 나의 분노를 기꺼이 털어놓고자 하는 태도가 낭만적 사랑을 성장시킨다. 나의 감정을 숨기려 하는 태도는 낭만적 사랑의 성장을 방해한다.

이제 스스로 물어보자. 상대가 고통, 두려움, 분노에 관해 편안하게 이야기할 수 있는 분위기를 얼마나 만들어주고 있는가? 나는 상대에게 고통, 두려움, 분노에 관해 얼마나 편안하게 이야기할 수 있는가?

사랑, 기쁨, 즐거움

소통은 관계를 지탱해주는 생명줄이다. 물론 여기에는 조금 전에 살펴본 것 같은 부정적 감정의 소통만이 아니라 사랑, 기쁨, 즐거움 같은 감정의 소통도 포함된다. 나아가 감정의 소통만이 아니라 인식, 생각, 환상의 소통도 중요하다. 즉 달리 말해 소통이 관계에 필수라고 할 때 우리의 정신 세계와 감정의 모든 영역에 걸쳐 소통이 이루어져야 한다는 뜻이다.

삶을 공유한다는 것은 그저 같은 집에서 살거나 '생활'을 함께하는 것을 훨씬 뛰어넘는 일이다. 삶을 공유한다는 것은 곧 나의 내면에서 일어나는 일, 내적으로 경험하는 것, 자기(self)와 관련된 모든 측면을 공유한다는 뜻이다. 굳이 말할 필요 없을 만큼 당연한 이야기로 들리지만, 많은 사람들을 만나다 보면 인간 존재에 관한 여러 사실들 가운데 이것만큼 제대로 이해되지 못하는 사실도 없는 듯하다.

사랑, 고마움, 욕망 같은 감정을 표현하는 것은 열정적인 관계를 유지하는 데 꼭 필요한 일이다. 그러나 많은 사람들이 그런 감정을 말로 드러내거나 표현하기를 주저한다. 자신이 상대를 얼마나 아끼고 소중히 여기는지 드러내길 꺼린다. 이런 사람들은 소통 부족을 변명하고자 누가 봐도 명백히 터무니없는 합리화를 동원한다. "우리 결혼했잖아? 이거면 됐지, 뭐가 더 필요해? 이게 바로 내가 당신을 사랑한다는 증거잖아."

어쩌면 이보다 더 이상한 일은 사랑과 고마움과 욕망의 대상이 되는 데 두려움을 느끼는 사람이 있다는 것이다. 이들은 많은 경우에 사랑받는 느낌을 불편해한다. 자기가 그런 대상이 될 만한 사람이 아니라고 생각해서일 수도 있다. 사랑받는 대가로 뭔가 멋진 반응, 그럴듯한 말이나 행동을 보여줘야 할 것 같아서 그럴 수도 있다. 사실 그냥 듣고, 받아들이고, 곁에 있어주기만 하면 되는데 말이다.

친밀한 관계에서 이런 두려움을 느낀다면 어떻게 해야 할까?

언제나 그렇듯, 해결책은 자신의 감정을 받아들이고, 두려움을 느낀다는 것을 직시하고 인정하며 자기 자신에게 그런 감정을 충분히 경험하고 겉으로 표현하도록 허용하는 것이다. 그럴 때에야 비로소 두려움에 영원히 갇혀 지내는 신세에서 벗어나 앞으로 나아갈 수 있다.

이제 스스로 물어보자. 나는 사랑하는 사람이 나에 대한 사랑을 표현하는 것을 받아들일 수 있는가? 기쁨의 표현, 즐거움의 표현을 받아들일 수 있는가? 사랑하는 상대가 그런 감정을 느끼고, 경험하고, 내게 전달하도록 허용할 수 있는가? 설령 내가 그런 감정을 늘 전부 공유하지는 못하더라도, 상대가 원한다면 그렇게 하도록 허용할 수 있는가? 아니면 다른 사람이 언젠가 내 감정에 눈감았듯이, 아니면 내가 나 자신의 감정에 눈감는 법을 배웠듯이 상대의 감정에 눈감고 그를 무시하는가?

(긍정적 감정이건 부정적 감정이건) 감정을 다룰 줄 모르는 사람들이 결국 상대에 대한 '열정이 식었다'고 호소하는 것은 그리 놀랍지 않다. 오히려 놀라운 점은 그들의 열정이 식은 것이 아니라 애초에 그런 열정이 한순간이라도 존재했다는 사실이다. 인간의 감정이 무엇을 할 수 있고 무엇을 하는지는 곧 인간이 지닌 생명력의 지표다. 자신을 억압하고 소외시키는 데서 한순간이라도 벗어나는 환희를 느끼게 해줄 가능성을 품은 힘이다. 우리는 그 가능성을 죽이지 않는 법을 배워야만 한다.

나 자신 또는 타인이 느끼는 신나고 즐거운 기분을 두려워하는 태도에 대해서는 나중에 더 자세히 이야기할 기회가 있을 것이다. 여기서는 일단 자신의 소망을 소통하는 문제부터 살펴보도록 하자.

소망

나 자신이 무엇을 바라는지 알고 분명하게 표현하는 것이 두려울 때, 많은 사람들이 그 두려움을 인정하는 대신 연인이나 배우자를 탓한다. 자신이 바라는 것에 관해 상대와 소통하기는커녕 스스로 자신의 소망을 알고자 하는 기본적인 책무조차 다하지 않으면서, 왜 내가 원하는 것을 제공해주지 못하느냐며 상대에게 화를 내고 공연히 스스로 상처받는 것이다.

자신이 무엇을 원하는지 알기 두려워하고, 자신이 무엇을 원하는지 상대에게 표현하는 것은 더욱 두려워하는 사람들이 적지 않다. 상대가 귀담아듣지 않을까 봐, 응답해주지 않을까 봐 두려운 것이다. 내 감정과 욕망을 날것으로 내보이면 상대에게 너무 많은 권력을 넘겨주고 결국 상대의 손에 놀아나게 될까 봐 두려울 수도 있다. 자기주장이나 자기표현에 대한 두려움, 사랑 앞에 순순히 무릎 꿇는 것에 대한 두려움도 있다. 두려움에 사로잡힌 이들은 소통하는 대신 침묵하고, 상처를 주고받고, 원망하고, 스스로 빚어낸 외로움에 시달린다.

왜 그런 일이 벌어지는지, 왜 그런 일이 그토록 흔한지는 이해하기 어렵지 않다. 아이가 원하는 것을 듣고 진지하게 반응하는 어른이 얼마나 되는지 생각해보자. 자신의 소망이 중요하다는 것을 배우며 자라는 아이는 매우 드물다. 설령 사랑받고 자랐다 해도 어린 시절부터 한 인간으로 대우받고 자신의 감정을 누군가가 심각하게 받아주는 경험을 한 사람은 매우 드물다.

낭만적 사랑을 성공적으로 이끌고 싶다면, 다음과 같은 질문을 자신에게 던질 수 있어야 한다. 나는 내가 원하는 것이 무엇인지 아는가? 나는 내가 원하는 것을 기꺼이 표현하고자 하는가? 다른 사람이 내가 원하는 것을 언제나 줄 수는 없다는 사실, 또는 줄 수 있는데 주지 않을 수도 있다는 사실을 받아들일 수 있는가? 다른 사람의 그런 행동을 용납할 수 있는가?

때로 사람들은 사랑하는 사람에게 자신이 원하는 바를 솔직하게 요구하지 않는 것을 이렇게 정당화한다. "말했는데 아무 일도 안 일어나면 어떡하죠? 상대방이 내 부탁에 응답하지 않으면 어떡하죠?" 그러면 다시 요청하면 된다. 그래도 아무 응답이 없다면? 응답을 못 받아서 느끼는 감정에 대해 소통하라. 상대에게 내 부탁을 듣고 어떤 감정을 느끼는지 들려 달라고 청하라. 상대가 거절한다면, 내 말을 이해하려는 노력조차 하지 않는다면 어떻게 해야 할까? 그렇다면 안타까운 사실을 인정할 수밖에 없다. 내가 사랑하는 사람은 나의 욕망에 관심이 없고, 나아가 욕망에 대해 이야기하는 데도 관심이 없는 것처럼 보인다. 만약 이것이 사실이라면 직시해야 할 문제다. 이 문제를 해결할 수 있을지 고민해보고, 해결할 수 없을 것 같다면 이 문제를 감수하고 관계를 유지하고 싶은지 생각해야 한다. 어떤 상황에서든 진실을 보기를 주저하는 것은 좋을 게 하나도 없다.

상대를 조종하려는 사람들

자신이 바라는 바를 직접적으로 표현하는 데 어려움을 느끼는 사람들은 간접적으로 자신의 바람을 충족하고자 상대를 조종하려 들기도 한다. 그러면 단기적으로는 자신이 원하는 바를 얻을 수 있을지 모르지만, 성패 여부를 떠나 그처럼 솔직하지 못한 태도는 상대를 소외시키고 적대감을 불러일으켜 결국 관계를 멀어지게 만든다.

이번에는 소통을 근본적으로 가로막는 장벽인 '조종'에 관해 알아보자. 생각, 감정, 욕망을 솔직하게 드러내는 대신 상대방을 내 뜻대로 움직여보려는 시도가 바로 조종이다. 자신감이 너무 부족한 나머지 마음을 솔직하게 표현해서는 결코 원하는 것을 얻을 수 없을 것 같다면, 상대방을 조종하는 것 말고 원하는 것을 이룰 길이 없다고 여겨진다면 사랑은 망가질 수밖에 없다. 결국 모든 중요한 관계가 망가질 수밖에 없다.

누구도 내가 원하는 것을 항상 줄 수는 없다는 사실을 다시금 강조할 필요가 있다. 어느 누구도 항상 내가 원하는 방식 그대로, 내가 원하는 바로 그 순간에 내게 응답해주지는 못한다. 어느 누구도 나의 욕망을 충족시켜주기 위해 존재하지 않는다. 사랑하는 사람에게 연민이나 죄책감을 불러일으켜 그가 내 욕망을 채워주는 역할을 맡도록 조종했을 때, 단기적으로 상대가 내 책략에 걸려들든 아니든 결국에는 그의 분노만 남을 뿐이다.

정직하게 소통하려면 나 자신의 실체를 인정하고, 드러내고, 나의 생각, 감정, 욕망을 내 것으로 기꺼이 받아들이겠다는 의지와 용기가 필요하다. 자기 은폐라는 생존 전략을 과감하게 포기할 수 있어야 한다. 하지만 내가 어떤 잘못을 저지르고 있는지 인식하려 들지 않는 한, 잘못을 고칠 방법은 없다. 따라서 정직해지는 것이 먼저다. 성숙하지 못한 아이에게 낭만적 사랑을 할 자격이 없는 것처럼, 거짓말쟁이나 겁쟁이도 낭만적 사랑을 할 자격이 없다.

정직함과 용기는 낭만적 사랑을 성장시킨다. 비겁함과 거짓말은 낭만적 사랑을 무너뜨린다.

지금까지 한 이야기들이 내가 느끼는 모든 감정, 나의 욕구, 충동, 욕망, 환상, 생각 들을 가리지 말고 전부 토해내야 한다는 뜻은 아니다. 그런 방침은 가능하지도 않고 바람직하지도 않다. 여기서 나는 낭만적 사랑에 도움이 되는 소통 방식과 낭만적 사랑을 무너뜨리는 행동들을 아주 일반적인 차원에서 정의하는 데 관심이 있다. 지금까지 이야기한 원칙들을 현실에 적용할 때는 항상 개별 맥락과 상황을 고려하며 섬세하고 신중하게 접근해야 한다. 앞서 이야기한 원칙들은 기계적으로 적용할 수 있는 것이 아니다.

예를 들어 사랑하는 사람이 자기만의 무거운 문제 때문에 힘들어하는 상황을 생각해보자. 그런 시기에는 나의 생각과 감정 중 어떤 부분은 공유하지 않기로 판단하는 것이 현명한 일일 수 있다. 나중에 표현하기로 마음먹고 기다릴 수도 있고, 그냥 혼자 안고 가기로 선택할 수도 있다. 나아가 서로 상대에 대한 관용과 존중 없이는 효과적으로 소통하기가 어렵다는 사실을 기억하자. 나의 욕망을 깔끔하게, 직접적으로, 그러면서도 부드럽게 전달하는 것과 내가 원하는 것을 내놓으라고 날카롭게 다그치는 것은 분명 다르다. 때로 상대가 나의 소망 중 몇몇을 들어줄 상황이 확실히 아닐 때도 있다. 그렇다고 해서 상대를 나무라고 죄책감을 느끼게 하는 것은 아무 도움이 안 된다. 그렇더라도 근원적인 진실은 있다. 왜 어떤 연인들의 사랑은 자라나고 어떤 연인들의 사랑은 스러지는지 이해하고 싶다면, 여자와 남자가 서로 어떻게 대화하고 관계를 맺는지, 즉 어떻게 소통하는지를 관찰함으로써 유용한 시사점을 얻을 수 있다. 소통 방식이야말로 지속되는 관계에 관해 많은 것을 알려준다.

낭만적 사랑은 끝없는 호기심이다

낭만적 사랑에는 보고자 하는 욕망과 다른 이들에게 보이고 싶은 욕망, 이해하고자 하는 욕망과 이해받고자 하는 욕망, 알고자 하는 욕망과 누가 나를 알아주었으면 하는 욕망, 탐구하고 싶은 욕망과 누가 나를 탐구의 대상으로 삼아주었으면 하는 욕망, 누군가에게 가시성을 제공해주고 또 가시성을 얻고 싶은 욕망이 따른다. 2장에서 이야기했듯 이러한 특징은 그저 낭만적 사랑의 우연한 특징 중 하나가 아니라 낭만적 사랑의 핵심이고 본질이다.

한동안 행복하게 사랑해 온 사람들은 종종 이런 말을 하곤 한다. "그 사람하고 함께 있으면 인정받는 기분이 들어요." "지금까지 살면서 그 사람만큼 저를 잘 이해해주는 사람은 없었어요." "그 사람과 같이 있으면 제가 여성(남성)으로서 매력이 있다고 느껴져요." "그 사람은 제 진정한 모습을 봐줘요."

서로 사랑하는 두 사람을 지켜보면, 특히 그들의 눈을 주의 깊게 보면, '본다'는 것이 열정적인 사랑에 얼마나 중요한지 알 수 있다. 상대를 보는 능력, 그리고 자신이 본 것을 소통하는 능력, 즉 상대에게 가시성을 느끼게 해주는 능력은 낭만적 사랑을 지속하는 데 반드시 필요하다.

한때 사랑했지만 이제는 서로 지겨워하는 사람들을 지켜보면, 그들이 서로 제대로 바라보지 않는다는 사실, 설령 본다고 하더라도 적극적으로 상대를 보려는 태도가 아님을 알 수 있다. 그들의 눈은 멍하고 텅 비어 있다. 마치 눈 안쪽에서 어떤 문이 닫힌 것처럼 어둡다.

사랑하기를 두려워하지 않는 사람들, 거부당할지 모른다는 공포에 사로잡히지 않은 사람들은 사랑을 할 때 상대로 하여금 그 자신의 가시성을 더 많이 느끼도록 해주고, 상대가 자기 자신을 더 잘 알도록 해주는 데서 커다란 즐거움을 느낀다. 또 상대가 자기 내면으로 더 깊이 내려가 자신을 이해할 수 있도록 이끌면서 큰 즐거움을 느낀다. 상대에게 진정으로 매혹되었기에, 그 사람을 보고 알고 이해하고 싶기에, 그 과정이 끝없는 탐험이라는 것을 알기에 그런 태도를 지닐 수 있다. 사랑은 '눈이 머는 것'이라고 흔히 말하지만, 사실 사랑하는 사람은 다른 누구보다도 상대를 가장 또렷하고 깊게 보는 힘을 얻는다. 그 사람이 내 눈길을 끌기 때문이며 그 사람을 더 알고 싶기 때문이다. 사랑하지 않는 사람은 그렇게 유심히 볼 일도, 오랫동안 볼 일도 없다.

가끔 이렇게 말하는 사람들이 있다. "저는 제 배우자를 속속들이 잘 알아요. 그 사람한테서 이제까지 본 적 없거나 새롭게 느껴지는 부분은 하나도 없어요. 십 년을 같이 살았는데 어떻게 모르는 부분이 있을 수 있겠어요?" 이런 식으로 말하는 사람은 의도치 않게 한 가지 사실을 드러내는 것인데, 배우자가 아닌 말하는 사람 자신에 관한 것이다. 이 사람은 정신적으로 수동적인 사람이며, 배우자와 맺는 관계뿐만 아니라 삶의 다른 측면에서도 많은 경우에 수동적인 태도로 살아간다. 더는 새롭게 알 것이 없다는 말은 전혀 사실이 아니다. 상대에 대해 탐구하기를 멈추지 않는다면 새로 알 것은 얼마든지 있다. 여기에다 사랑하는 사람을 제대로 보고자 하는 능동적인 욕망과 새로운 시선으로 상대를 볼 수 있는 능력을 지녔다면, 상대가 자신을 확장하고 성장해 나가는 과정을 도울 수 있다.

오랫동안 사랑을 유지하는 데 성공한 커플들이 서로 이렇게 묻는 것을 종종 보았다. "어떻게 생각해요? 당신이 보기엔 어떤 것 같아요?" 그들은 상대에게 진심으로 관심을 갖고 흥미를 느끼며 서로를 바라본다. 호기심에 차 반짝이는 눈동자로 두근거리며 서로 다가간다. 서로 상대에게서 발견한 것을 두고 대화 나누는 것을 즐긴다.

그들이 즐겁고 신나는 관계를 맺을 수 있는 것은 관계에 참여하는 두 사람이 각자 내면에서 즐겁고 신나는 기분을 느끼기 때문이다. 이 즐겁고 신나는 감정은 낭만적 사랑, 특히 사랑하는 관계에서 가시성을 유지하는 것과 밀접한 관련이 있다.

많은 사람들이 무의식적으로 산다. 과거에 생각했던 것, 인식했던 것, 배웠던 것에 기대어 산다. 그래서 이들의 삶은 금세 새로움을 잃는다. 열정은 빨리 식고 의욕은 얼마 지나지 않아 사그라진다. 이들은 거의 기계나 마찬가지다. 이 기계들은 열정이란 본래 오래가지 못하고, 사랑은 본래 영원할 수 없으며, 의욕은 점점 줄어드는 게 보통이라고 확신을 품고 단언한다. 그들은 자신이 현실에 대해 말한다고 생각하지만 그것은 착각이다. 사실 그들은 자기 자신에 대해 말하고 있다.

창의적인 사람은 어린아이 같은 특성을 보이는 경우가 많다. 어린아이는 삶을 늘 새롭게 대하고 마음에서 우러나는 대로 행동한다. 창의성의 핵심은 삶을 늘 새로운 느낌으로 바라보는 능력을 잃지 않는 것, 그래서 예기치 못한 것을 받아들이고, 낯선 상황에 뛰어들고, 이제껏 보지 못한 것에 마음을 열 줄 아는 것이다. 이런 태도를 지녀야만 열정을 유지할 수 있고 사랑하는 사람과 가시성에 관해 계속 소통할 수 있다.

많은 사람들이 대개 서른 살이 넘으면 낭만적 사랑뿐 아니라 다른 모든 것에 대한 열정과 의욕을 잃곤 한다. 그런데 왜 꼭 낭만적 사랑만 짚어서 말하는가? 낭만적 사랑의 불만 꺼지고 다른 불은 타오를 리 없다. 그의 내면에는 모든 불이 꺼져 있을 게 분명하다.

그러므로 "낭만적 사랑은 반드시 사그라지게 마련인가?"라고 물어선 안 된다. "모든 즐거움과 열정은 결국 사그라지는가?"라고 물어야 한다.

이 질문에 어떻게 대답하든 그 답은 자기 자신에 관한 것이다. 기계가 된 사람들은 살다 보면 누구나 결국 기계가 되는 게 당연하다고 주장할 것이다. 그러나 자동인형처럼 살지 않는 사람들, 세상을 늘 새롭게 바라보고, 자신의 의식 자체와 그 의식의 활동에서 기쁨을 느끼는 사람들은 그런 절망적인 선언에 의심을 품을 수밖에 없다. 그들이 경험하는 삶은 전혀 다르기 때문이다. 물론 이런 사람들은 소수다. 그러나 분명히 존재한다. 그리고 그들의 존재는 그 자체로 낭만적 사랑에 관한 온갖 말도 안 되는 주장을 반박하는 살아 있는 근거가 된다. 낭만적 사랑을 경험할 수 있는 능력을 오래전에 잃었거나 그런 능력을 지닌 적이 아예 없었던 자칭 전문가들이 낭만적 사랑을 두고 터무니없는 소리를 하곤 한다.

낭만적 사랑은 여러 단계를 거친다는 것, 10년 된 관계와 1년 된 관계는 확실히 어떤 측면에서 다를 수밖에 없다는 사실을 부정하지는 않겠다. 하지만 여기서 이 말은 꼭 하고 넘어가야겠다. 이 장을 마무리할 무렵 한 부부가 상담을 받으러 찾아왔다. 상담실에서 자신들이 겪은 갈등을 묘사하면서도 그들은 계속 서로 손을 잡고 있었다. 아내는 예순둘, 남편은 예순다섯 살이었다.

즐거움은 자기 안에서 넘쳐흐르는 에너지를 느끼는 것이고, 우리는 그 에너지를 행동으로 드러내게 된다. 감정을 억압하는 것, 자기와 단절되는 것, 자기 소외는 결국 즐거움을 앗아간다. 사랑하는 사람을 늘 새롭게 느끼고 감탄하는 마음을 표현할 수 없게 되는 것이다. 사람들은 상처받기를 피하거나 인정받고 지위를 얻기 위해 자기 자신에게 등을 돌리고 눈을 감는 법을 익힌다. 그러고 나서 삶의 공허함과 무가치함을 토로하고 열정이 사라졌다고 불평한다.

이런 사람들은 때로 낭만적 사랑이 '너무 편협하고 이기적이며' 개인이 즐거움과 열정을 느끼는 것은 '사회적으로 중요하지 않'거나 심지어 '반사회적'이라고 생각한다. 그들은 살아 있다는 실감과 삶에 대한 애착을 다시 느끼려고 어떤 '대의명분', 이념, 주의(主義), 운동, '자기 자신보다 더 큰' 무엇, 자아와 개인의 정체성을 대체할 가치를 선사해줄 어떤 것을 찾으려 한다. 한 사람

을 사랑할 줄도 모르면서 '인류'를 사랑한다.(호퍼Hoffer)

우리는 감정, 정서, 생각, 갈망, 환상, 판단 즉 자신의 내적 경험 세계에 관련된 모든 것들과 계속해서 접촉할 때 심리적으로 살아 있을 수 있다. 관계를 계속 살아 있게 하는 것은 자신의 내면 세계를 드러내고 표현하고 서로 공유함으로써, 즉 자신의 내면 세계를 자기 존재가 살아가는 현실의 일부로 만듦으로써 가능하다. 그러려면 예민해져야 한다. 사랑하는 사람에게서 내가 무엇을 보는지, 상대가 내게 어떤 영향을 주는지, 상대의 감정과 생각이 내게 어떤 변화를 일으키는지, 심리적 가시성과 연관된 이 모든 것들에 예민해져야만 한다.

침묵은 관계를 굶어죽게 만들 수 있다. 두 사람 사이에 에너지가 활발히 흐르지 않으면, 서로 가시성의 경험을 교환하지 않으면 관계는 굶어죽는다. 그래서 상처를 입었거나 화가 났을 때 감정을 표현하는 것이 그토록 중요한 것이다. 그러지 못했을 때는 상처와 분노만 묻고 넘어가는 것이 아니다. 상대를 사랑하고 소중하게 여기는 마음도 함께 저 밑으로 가라앉는다. 입을 닫고 상대에게서 뒤로 물러서고 거리를 두게 된다. 부정적인 감정을 억누르며 무관심이라는 이름의 벽을 쌓는다면 긍정적인 감정 또한 인정하지 못하게 된다. 사랑하던 사람이 이제 즐거움이 아니라 고통의 원천이 되고, 그 고통에 맞서려면 스스로 자신을 마비시켜 둔감해지는 수밖에 없다. 이런 상황에 놓인 사람은 마음의 문을 걸어 잠그고, 상대에게 가시성을 느끼고 이해받는 즐거움을 주려 하지 않는다. 이제 이 관계는 어디로 향할까? 앞에는 막다른 길밖에 없다.

사랑하는 사람이 나로 인해 행복해하는 것을 느낄 때만큼 사랑받는다는 느낌을 강하게 경험할 때는 없다. 누군가 나의 '미덕'을 무덤덤하게 분석하거나 별 의미나 감정이 담기지 않은 막연하고 알맹이 없는 칭찬을 한다고 해서 내 기분이 그다지 썩 좋아지지는 않는다. 그러나 내가 사랑하는 사람이 내 모습을 보고 행복한 웃음을 지을 때, 내가 한 어떤 일의 가치를 이해하고 존경이 담긴 눈빛을 보낼 때, 내 생각과 감정에 관심을 보일 때, 내가 설명하지 않아도 내 생각과 감정을 알아줄 때, 나와 교류하거나 그저 나를 보는 것만으로도 기쁨을 느끼고 내게 그 기쁨이 전해질 때, 가시성의 경험, 사랑받는 경험이 현실로 찾아온다. 상대방에게 같은 태도를 보이고 같은 행동을 함으로써 나도 상대에게 같은 경험을 선사할 수 있다.

즐거움이 두려울 때

사랑하는 사람 덕분에 내가 느끼는 즐거움을 상대에게 보여주는 것만큼 감동적인 일이 또 있을까? 안타깝게도 많은 사람들이 그런 감정을 숨기고 가라앉히고 지워버려야 어른이라고 배우며 자란다. 이런 사람들은 사랑하는 사람이 자신에게 얼마나 소중한지, 그 사람에게 느끼는 애정이 얼마나 깊은지, 그 사람 덕분에 자신이 얼마나 기쁘고 행복한지를 자신이 사랑하는 바로 그 사람이 알까 봐 두려워한다.

반대의 경우도 있을 수 있다. 나는 즐거움을 표현하고 싶고 상대와 즐거움을 나누고 싶은데 상대는 뒤로 물러서고 나로 하여금 흥미를 잃게 만들면서 그런 메시지는 전하지 않는 게 낫다는 신호를 보내올 수도 있다. 신나고 즐거운 감정을 느낄 때 불안해지기 때문이다. 설령 자기 스스로 유발한 것이라 해도 마찬가지다. 그러나 즐거움을 두려워하면 결국 낭만적 사랑을 죽이게 된다.

내가 집중 과정 연수 모임을 이끌 때 종종 학생들과 함께 해보는 간단한 활동이 있다. 학생들은 눈을 감고 자기가 혼자 노는 아이라고 상상해본다. 행복하고 즐겁고 기운찬 아이다. 그런 다음에는 어머니와 아버지가 나타난다고 상상한다. 그리고 자신이 신체적으로 어떤 반응을 보이는지, 어떤 느낌이 오는지 스스로 관찰한다. 호흡에 변화가 있는지, 마음에 어떤 감정이 이는지 느껴본다.

다수가 신경이 날카로워지고 몸이 뻣뻣해지고 즐거운 기분이 사라졌다고 답했다. 어머니와 아버지의 존재가 신나고 즐거운 기분을 빼앗아 가려는 적처럼 느껴졌다고 말했다. 즐거움은 억누르고 가라앉혀야 마땅하다는 생각, 드러내 표현하면 안 되는 부끄러운 비밀처럼 취급해야 한다는 생각이 자신의 머릿속에 얼마나 뿌리 깊게 박혀 있는지 많은 학생들이 깨달았다.

종종 나는 "여러분이 느끼는 즐거움에 우호적이지 않은 사람하고는 결혼하지 마세요."라고 학생들에게 이야기하곤 한다. 내가 사랑하는 사람이 그런 감정을 편안하게 느끼지 못하는 사람이라면, 그 사람은 결국 사랑도 편안하게 느끼지 못할 것이다. 내가 그 사람에게 느끼는 사랑조차 불편하게 느낄 것이다. 그리고 사랑하는 사람이 내가 느끼는 즐거움에 우호적이지 않다면, 그 사람이 아무리 나를 사랑한다고 말하더라도 나는 온전히 가시성을 느낄 수 없을 것이다. 온전히 사랑받는다고 느낄 수 없을 것이며, 온전히 받아들여졌다고 느낄 수 없을 것이다. 내가 그 사람에게 느끼는 사랑조차 완전히 받아들여졌다고 느끼지 못할 것이다. 앞에서 거듭 강조했듯이, 내가 사랑하는 사람이 나를 대하는 방식에는 그 사람이 자기 자신을 대하는 방식이 반영되어 있다. 마찬가지로 내가 사랑하는 사람을 대하는 방식에는 내가 나 자신을 대하는 방식이 반영되어 있다. 나 자신이 느끼는 즐거움을 내가 받아들이지 못한다면, 그 감정을 편안하게 드러내지 못한다면, 다른 사람이 느끼는 즐거움에 내가 더 낫게 반응하기를 바랄 수 있겠는가?

퍼트리샤와 함께한 시간 중 특히 행복했던 기억은 공항에서 나를 마중나온 그녀의 얼굴을 보았을 때였다. 설렘과 기대에 차 반짝이던 퍼트리샤의 눈은 뭔가 멋진 일이 막 일어나려는 것을 지켜보는 사람의 눈 같았다. 말로는 설명하기 힘든 특별한 모습이었다. 그 모습을 보며 나는 가시성을 느끼지 않을 수 없었다. 사랑받고 있음을 느낄 수밖에 없었다. 퍼트리샤는 즐거움을 느끼고 드러내는 데 주저함이 없었다. 그것은 퍼트리샤가 지닌 가장 훌륭한 재능이었다. 그녀의 그런 에너지를 만나 나의 에너지도 끓어올랐다는 것을 이 책을 쓰면서 새삼 느낀다.

친밀감을 알아보는 확실한 방법

지금까지 상대에게 자신을 드러내는 법과 소통의 기술에 대해 이야기했다. 둘 다 낭만적 사랑에 필요한 친밀함을 구축하는 데 필수적이다. 사랑하는 사람들끼리 느끼는 친밀함은 자기 자신의 가장 비밀스럽고 깊은 부분까지 드러내는 데서 온다. 다른 사람의 말을 빌리자면, "연약한 속살을 서로 보여주는 것"이다.(마스터Master, 존슨Johnson) 여기서는 이제까지 해온 논의를 잠깐 멈추고 내가 '친밀감 실험'이라고 이름 붙인 실험 이야기를 하려고 한다. 내게 상담하러 찾아온 연인이나 부부에게 종종 권하는 실험이다.

서로 사이가 멀어졌거나 둘의 관계가 활기를 잃고 기계적으로 변해버린 커플을 상담할 때, 내가 종종 내는 숙제가 있다. 둘이서만 하루 종일 시간을 보내라는 것이다. 책, 텔레비전, 전화는 금지다. 자녀가 있다면 다른 사람에게 봐 달라고 부탁한다. 두 사람의 주의를 흩트릴 수 있는 것은 무엇이든 금지다. 단둘이 한 방에서 열두 시간을 보내야 한다. 상대방이 무슨 말을 하든 대화를 거부하거나 방을 나갈 수 없다. 물론 어떤 상황에서든 물리적

폭력은 절대로 안 된다. 몇 시간을 완전히 침묵한 채 보내도 되지만, 어쨌든 둘이 같이 있어야만 한다.

일반적으로 처음 한두 시간은 어색하게 흘러간다. 서로 상대의 존재를 지나치게 의식하는 것이다. 농담도 하고 짜증스러운 기색을 보이기도 한다. 그러나 일정 정도 시간이 지나면 거의 항상 소통이 시작된다. 상대가 자신을 화나게 했던 일을 이야기할 수도 있다. 말다툼으로 이어질 수도 있다. 그러나 한두 시간이 더 지나고 나면 상황은 자연스레 나아진다. 두 사람은 서로를 점점 더 가깝게 느낀다. 새롭게 친밀감을 느끼기도 한다. 육체적 사랑을 나누는 경우도 많다. 그러고 나면 보통 두 사람은 기분이 좋아진다. 둘 중 한 명이 너무 서두른 나머지 이를테면 아직 오후 세 시인데도 실험이 '잘 끝났다'고 하는 경우도 많다. 그러니까 영화를 보거나 드라이브를 하거나 친구를 만나는 등 나가서 뭔가 다른 일을 하자고 제안하기도 한다. 그러나 처음 약속한대로 실험을 마저 마치기로 한다면(물론 그러는 것이 바람직하다), 두 사람은 곧 몇 시간 전보다 훨씬 깊은 차원에서 교류하고 친밀감을 느끼게 된다. 소통의 폭이 넓어진다. 많은 사람들이 이전에는 한 번도 이야기한 적이 없었던 감정을 서로 털어놓는다. 자신이 꿈꾸고 갈망하는 것들에 관해 처음으로 이야기한다. 자기 자신에게서, 자신이 사랑하는 사람에게서 이전에는 보지 못했던 새로운 면을 발견한다. 열두 시간 동안 두 사람은 서로에 대한 이야기라면 무엇이든 자유롭게 나눌 수 있다. 다른 이야기, 이를테면 사업이나 아이의 학교 숙제, 집안 문제 등은 금지다. 대화 주제는 자기 자신이나 상대방이나 두 사람의 관계로 한정된다. 다른 모든 자극이 배제된 상황에서 이제 두 사람이 집중할 대상은 오로지 자기 자신과 상대방밖에 없다. 이때 사람들은 친밀함이 무엇인지 배우기 시작한다. 거의 모든 사람들이 자신의 감정을 더 깊이 느끼고, 서로에 대한 애정이 더 깊어지고, 살아 있다는 느낌에 더 푹 빠져드는 경험을 한다.

대부분의 경우 하루 동안의 실험은 행복한 결말을 맞이한다. 하지만 가끔은 실험이 끝났을 때 두 사람의 관계가 더는 서로에게 보탬이 되지 않는다는 것, 이제 둘 다 각자의 길을 가기를 원한다는 것을 깨닫기도 한다. 이렇게 끝이 난다고 해서 실험이 실패한 것은 아니다. 오히려 성공한 것이다. 왜냐하면 무의미한 결혼 생활 또는 연인 관계를 버티며 두 사람의 인생을 낭비하는 것은 비극이기 때문이다.

이 실험을 처음으로 권할 때 보통 두 가지 반응이 나타난다. 설레고 들뜨거나 아니면 불안해한다. 어떤 반응이든 상담에 도움이 된다. '나의 연인/배우자와 단둘이' 열두 시간을 보낸다는 생각을 했을 때 걱정이 밀려든다면, 그 사실만으로도 많은 것을 알 수 있다. 서로 사랑하지만 관계를 잘 유지하는 법 또는 효과적으로 소통하는 법을 잘 모르는 사람들의 경우, 열두 시간 걸리는 이 실험을 최소한 한 달에 한 번씩 계속 반복하면 둘의 관계에 질적으로 엄청난 변화가 일어난다. 한 가지 변화는 자신도 미처 몰랐던 소통의 기술을 발견하는 것이다. 이전에는 자신이 그런 기술을 지니고 있는 줄은 꿈에도 몰랐던 사람들이 그 기술을 발휘하는 자신을 발견하게 된다.

늘 바쁘고 정신없는 사람, 늘 무언가를 열심히 하는 사람은 자기 자신을 탐구하고 발견할 여유가 없다. 사람은 누구나 자신의 내면으로 들어가기 위해, 자신이 어떤 사람인지 알기 위해, 자신에게 새로운 활력을 불어넣기 위해 홀로 가만히 있는 시간이 필요하다. 두 사람이 맺는 관계도 마찬가지다. 관계에도 시간이 필요하다. 여유가 필요하다.

둘이서 함께 테니스를 치거나 게임을 하고 주말이면 클럽에서 춤을 추는 커플이 있다. 두 사람은 이런 활동을 함께하므로 자신들은 진정으로 삶을 공유한다고 주장할지 모른다. 그러나 두 사람은 서로를 대면하는 데 조금도 시간을 쓰고 있지 않다. 그들은 같이 있지만 사실은 한 번도 만난 적이 없다.

창의력을 발휘하려면 한가한 시간이 필요하다. 서두르지 말아야 한다. 마음과 상상력이 이리저리 흘러 다니고 둥둥 떠다니고 배회할 시간이 필요하다. 자신의 정신 깊숙이 서서히 빠져들어갈 시간이 필요하다. 또 이제껏 눈치채지 못했던 희미한 신호를 듣고자 귀를 열 수 있어야 한다. 이것은 많은 사람들이 알고 있는 사실이다. 오랫동안 아무 일도 일어나지 않는 것처럼 느껴질 수도 있다. 하지만 그런 빈 공간이 있어야 마음이 익숙한 궤도에서 벗어나, 이미 아는 것, 으레 하던 것, 몸에 밴 것, 정해진 것에서 벗어나 새로움을 향해 자신을 내던질 수 있다.

　이와 비슷한 일이 일어나는 경우가 바로 커플이 오직 둘만을 위한 공간과 시간을 마련하는 경우다. 어떤 일상사에도 주의를 빼앗기지 않고 서로에게 집중하는 것이다. 함께 앉아서 때로는 아무 말도 하지 않고 때로는 생각을 소리 내어 말할 수도 있다. 이때 흘러가는 대로 생각하고 상상하도록 자신에게 허용한다. 그리하여 천천히 점점 더 깊이 자기 안으로 내려가고, 자신의 감정을 더 잘 느끼고, 서로가 서로에게 어떤 의미인지 더 깊이 알게 된다. 때로 완전히 집중하지 못할 때면 지루함을 느낄 가능성도 있다. 어쩌면 오늘은 아무 일도 일어나지 않을지 모른다. 그냥 멍하니 앉아 끝없이 심심한 시간을 견디는 날도 있을지 모른다. 이런 위험을 무릅쓰는 것은 꼭 필요한 일이다. 창의적인 일을 하는 사람도 이런 위험을 감수해야 한다. 지루하거나 할 일이 없는 것이 두려워 매일 매순간을 계획하는 사람이 있을지 모른다. 이런 사람은 정신의 표면에서만 맴돌며 피상적인 삶을 사는 것이다. 이런 사람은 자신이 이미 아는 것, 익숙한 것에 기대어 기계적으로 살아갈 뿐이다. 왜냐하면 새로운 것은 저 깊은 곳에 있기 때문이다. 깊은 곳으로 내려가려면 아무것도 하지 않는 시간이 필요하다.

　물론 여기에는 또 다른 위험도 있다. 서로에 대해, 나의 감정에 대해 알고 싶지 않았던 진실을 발견할 가능성이다. 어떤 것에 대해 말하지 않기로, 절대로 상의하지 않기로 동의했기에 겨우 유지될 수 있는 관계가 있다. 그런 관계를 맺은 이들에게 친밀감을 형성하고 둘만의 시간을 보내는 것은 관계를 망칠 수도 있는 일이다. 함께 있어서 불행한데도 함께 살기를 선택한 모든 관계에는 무언가를 상의하지 말자는 동의, 언급하지 말자는 동의, 인식하고 직면하지 말자는 전략적 동의가 깔려 있다. 예를 들어 각자 자신들의 성생활에 대해 어떻게 느끼는지, 한 사람이 집을 비웠을 때 다른 한 사람이 무엇을 하는지, 한 사람이 다른 사람의 특정한 습관을 어떻게 생각하는지 같은 문제에 입을 다물 수 있다. 그런 관계는 정서적으로 죽은 관계라고 할 수 있다. 그런 관계를 맺은 사람들이 내가 제안한 친밀감 실험에 동의할 때, 그들은 종종 상당한 두려움을 느낀다. 이야기하지 않기로 한 것을 이제 이야기해야만 하기에, 더는 피할 수 없기에, 그동안 외면해 온 모든 것이 감당할 수 없는 속도로 쏟아져 들어올까 봐 겁이 나는 것이다. 그리고 열두 시간을 함께 보내며 많은 사람들이 금기시되던 영역에 발을 들인 뒤 놀라운 결과를 맞는다. 두려워했던 것과 달리, 그들의 관계는 망가지지 않는다. 관계는 새로운 활기를 얻는다. 그리고 많은 경우에 각자의 행동에 꼭 필요한 변화가 일어난다. 친밀감 실험을 해보지 않았거나 실험을 거부한 사람들의 경우, 실험자들의 경험담을 듣고 이렇게 반응하기도 한다. "그 사람들은 하기 쉬웠겠죠. 서로 매력을 느꼈을 테니까요." 그러나 사실 서로 매력을 느끼려면 같이 시간을 보내야 한다. 친밀감 실험의 방식대로 함께 시간을 보내는 동안에는 기계적으로 사는 것이 불가능하기 때문이다.

물론 꼭 열두 시간을 같이 보낼 필요는 없다. 더 오래 있을 수도 있고 더 짧게 끝낼 수도 있다. 하지만 다음과 같은 방식은 의미가 없다. 남편이 직장에서 퇴근해 서둘러 집에 온다. 아내와 거실에서 마주앉아 입을 뗀다. "자, 저녁 모임에 갈 준비를 할 때까지 30분 남았어. 빨리 얘기하자고. 무슨 말이 하고 싶어?"

여기서 다루는 주제 중 몇 가지에 관해 강연을 했을 때의 일이다. 강연이 끝난 뒤 한 부부가 다가왔다. 그들은 강연 내용을 열렬히 칭찬하면서 자신들이 얼마나 서로 사랑하고 행복한지 이야기했다. 그들은 정말 행복해 보였다. 그러고 나서 남편이 이렇게 말했다. "그런데 이해가 잘 안 되는 게 하나 있어요. 선생님은 그런 친밀감을 느낄 시간을 어떻게 내죠?" 직업을 묻자 변호사라는 대답이 돌아왔다. 나는 이렇게 말했다. "이해가 잘 안 되는 게 하나 있네요. 부인을 그렇게나 사랑한다고 하셨죠. 제가 보기에도 분명히 그런 것 같습니다. 그런데 일할 시간을 어떻게 내죠?" 남자는 영문을 몰라 어리둥절한 표정이었다. 질문이 무슨 뜻인지 갈피조차 못 잡는 듯했다. 다시 내가 말했다. "무슨 말인지 잘 이해가 안 가시죠? 일은 반드시 해야 한다고 하셨잖아요? 일은 중요하니까요." 서서히 남자의 얼굴에 빛이 비치기 시작했다. 나는 말을 이었다. "일이 중요한 만큼 사랑도 중요하다고 생각한다면, 이 여성분과 맺은 관계를 성공적으로 이끌어 나가는 것이 직업적 성공을 거두는 것만큼 중요하다고 생각한다면, 시간을 어떻게 내느냐고 물을 필요가 없을 겁니다. 이미 답을 아니까요."

내가 이 원칙을 항상 잘 이해하고 적용해 왔다고 말할 수 있으면 좋겠지만 나도 그러지 못한 때가 있었다. 젊은 시절에 우리는 종종 삶에 서툴고 사랑에도 서툴다. 나와 내가 사랑하는 사람이 영원히 살 것처럼 생각한다. 때로 사랑을 방치하게 될 때, 일을 하느라, 또는 다른 데 신경쓰느라 사랑하는 사람에게 충분히 관심을 기울이지 못할 때 우리는 자신에게 이렇게 말하곤 한다. "나중에 하면 되지. 나중에 더 잘하면 되잖아." 퍼트리샤와 나는 대부분의 사람들보다 더 많은 시간을 함께 보낸 편이긴 하지만 여전히 아쉬움이 많다. 내가 다른 일을 하느라 함께 있으면서도 함께 있지 못했던 시간들이 떠오른다. 그 일이 뭐가 그렇게 중요해서 꼭 그때 했어야 했을까? 기억하려 해도 잘 기억이 나지 않는다. 더 행복할 수 있었지만 그러지 못했던 시간들이다.

내가 관찰한 바에 따르면 함께하는 시간을 위협하는 제일 큰 요인은 업무가 아니라 사회적 관계다. 사회적 의무라고도 부르는 종류의 관계들은 사랑을 유지하는 데 필요한 것들과 종종 반대편에 서 있다. 친구나 직장 동료와 함께 보내는 시간도 즐거울 수 있지만 사랑하는 사람과 둘이서만 있는 시간을 대신할 수는 없다. 어떤 것도 둘이서만 같이 있는 시간을 대신할 수 없다. 나에게 사실 별로 중요하지 않은 사람들, 또는 내가 사랑하는 사람만큼 중요하지 않은 사람들과 보낸 저녁 시간을 다음 기회에 되

찾을 수는 없다. 그 시간을 돌이켜 다시 살 수는 없다. 지금 이 순간은 한 번뿐이다.

서로 진심으로 사랑하면서도 관계를 맺는 데 서툴고 시간을 제대로 쓸 줄 모르는 사람들을 만나 상담할 때, 나는 종종 큰 소리로 말하고 싶어진다. "사람은 언젠가 죽어요! 시간이 넘쳐난다고 생각하지 말아요! 다음 주에도 우리가 여기에 있을지 아무도 모른단 말입니다! 지금 여길 보라고요! 지금 사랑을 하라고요!"

'내면의 어린아이' 안아주기

낭만적 사랑을 이루는 데 필요한 모든 자질과 태도에는 성숙함이 요구된다. 성숙함의 중요성은 아무리 말해도 지나치지 않다. 나 자신의 욕구만 생각할 줄 알고 상대방의 욕구는 보지 못한다면, 이것은 부모 자식의 관계이지 동등한 사람들 간의 관계가 아니다. 낭만적 사랑을 하는, 독립적이며 동등한 두 사람은 서로를 소모하는 게 아니라 보살펴준다.

여기서 다른 사람을 보살핀다는 것은 그 사람을 아무 조건 없이 받아들인다는 뜻이다. 그 사람의 주권을 존중하는 것이며, 그 사람의 성장과 자기 실현을 지원하는 것이다. 가장 친밀한 차원에서 가장 깊이 그 사람이 생각하고 느끼고 원하는 것에 귀를 기울이는 것이다. 한 사람이 자신의 삶을 살고 스스로 꽃필 수 있는 분위기와 환경을 만들어주는 것이다.

다른 사람을 보살핀다는 것은 그 사람을 있는 그대로 받아들이면서도 그 사람의 내면에 있는 아직 실현되지 않은 가능성들을 믿는 것이다. 나 자신이 필요로 하고 원하는 것을 그 사람에게 솔직하게 보여주면서도, 그 사람이 나의 욕구와 소망을 채워주려고 존재하는 것이 아님을 항상 마음에 새기는 것이다. 그 사람이 지닌 힘과 내적 자원에 대한 믿음을 표현하면서도 도움을 청하는 목소리가 들리면 손을 내미는 것이다.(그리고 때로 도움을 청하는 목소리가 들리지 않아도 손을 내밀어야 할 때가 있음을 아는 것이다.) 그 사람이 자기 자신의 가치를 느낄 수 있는 분위기, 자신의 생각과 느낌을 자유롭게 표현할 수 있는 분위기를 만들고, 그러면서도 그 사람이 혼자 조용히 있고 싶어 하는 순간도 있을 수 있음을 이해하는 것이다.

보살핀다는 것은 아무 요구 없이 그저 어루만지고 쓰다듬는 것이다. 끌어안고 지켜주는 것이다. 눈물을 닦아주고 토닥여주는 것이다. 부탁하지 않아도 차 한 잔을 내오는 것이다.

미성숙함과는 별개로, 우리는 누구나 각자 자기 안에 어린아이를 품고 있다. 때로 그 아이가 보살핌을 필요로 하는 순간이 있다. 내 안의 어린아이, 그리고 사랑하는 사람 안에 있는 어린아이의 존재를 인식해야 한다. 그 아이와 좋은 관계를 가꾸어 나가야 한다. 사랑하는 사람을 보살핀다는 것은 어른인 그 사람의 내면에 있는 어린아이를 보살피는 것이자 그 아이가 그 사람의 일부임을 인정하는 것이다. 어떤 사람을 보살핀다는 것은 그 사람의 힘뿐 아니라 그 사람의 취약함도 사랑한다는 것이고, 그 사람 내면에 있는 강한 측면뿐 아니라 여린 측면도 사랑한다는 것이다.

서로 사랑하고 제대로 사랑하는 법을 아는 두 사람을 보면 이처럼 서로를 보살피고 챙기는 모습을 관찰할 수 있다. 그들은 각자 자신의 존재가 충만하기에 서로를 잘 보살필 수 있다. 각자 자신의 욕구에 민감하기에 상대의 욕구에도 민감하게 반응할 수 있다. 각자 자기 안의 어린아이를 받아들일 수 있기에 상대방 내면의 어린아이도 받아들일 수 있다. 이런 사람들이 사랑을 잘 가꾸어 나가는 이유는 정말 쉽게 이해할 수 있다. 또 그러한 상호이해와 보살핌이 없을 때 사랑이 쉽게 시들고 말라죽기 마련인 이유도 이해하기 어렵지 않다.

보살핌을 받는다는 것은 누군가 나에게 마음을 써주는 경험을 하는 것이다. 보살핌을 받지 못한다는 것은 누군가 나에게 마음을 써주는 경험을 해보지 못하는 것이다.

내가 아는 어떤 커플은 서로 깊이 사랑하면서도 둘 다 매우 미성숙하다. 특히 여자 쪽이 더 그렇다. 그들의 관계는 늘 긴박하고 험악하다. 소리를 지르고 눈물 흘리고 이별하고 재결합하기를 끊임없이 반복한다. 그들이 갈등을 겪는 데는 여러 이유가 있지만, 한 가지 분명한 이유는 여자에게 타인을 보살피는 능력이 없다는 것이다. 여자가 무관심하고 냉정한 것도 아니고, 노력하지 않는 것도 아니다. 여자는 신경을 쓰고 노력도 한다. 여자는 자신이 '해야 할 일을 다 하고 있다'고 생각하기 때문에 남자가 왜 만족하지 못하고 실망하는 기색인지 이해하지 못한다. 여자는 보살피는 '흉내'를 내면서 최대한 공을 들여 다음과 같은 메시지를 전한다. "내가 얼마나 좋은 사람인지 봤죠? 이제 당신이 날 보살펴줄 차례예요." 여자의 보살핌은 진짜 보살핌이 아니다. 마음 깊은 곳에서 우러난 보살핌이 아니다. 남자는 그것을 느낀다. 말로 표현하지는 못하더라도 느낌은 있다. 그것은 사랑으로 충만한 사람, 자기를 실현한 사람에게서 자연스럽게 나오는 보살핌이 아니다. 여자의 보살핌에는 상대를 자기 뜻대로 조종하려는 의도가 숨어 있다. 그런 의도를 여자가 (일반적인 의미에서) 자각하고 있을 가능성은 낮지만 말이다.

서로 진심을 다해 사랑하면서도 서로 보살피지 못하는 경우도 있다. 앞서 말한 내용에 더해 다음 설명이 이런 문제를 이해하는 데 도움이 될 것이다. 어느 정도 단단한 자존감을 지닌 사람이 아니라면 자신이 하는 행동이 다른 사람에게 어떤 식으로든 중요할 수 있다는 것 자체를 실감하지 못한다. 자신에게 그런 힘이 있다고 생각하지 못하는 것이다. 다른 사람에게 그런 영향을 끼칠 능력이 있다는 것을 깨닫지 못하는 것이다. 따라서 그런 사람은 자신에게 사랑하는 사람을 보살필 능력이 있다는 것도 알지 못한다. 설령 알더라도 제대로 능력을 발휘하지 못한다. 과거에 입은 상처와 풀지 못한 화를 쌓아 둔 탓에, 보살핌에 필요한 감정과 에너지를 사랑하는 사람 쪽으로 흘려보낼 정서적 통로가 막혀버렸을 수 있다. 아니면 오랜 세월 보살핌과 관련해 좌절만 맛본 탓에, 보살핌을 받고 싶은 자신의 욕구와 욕망을 외면하고 억압하게 된 나머지 상대의 욕구도 보지 못하게 된 것일 수도 있다. 내가 관찰하고 경험한 바에 따르면, 사랑하는 사람이 보살핌과 다독임을 필요로 하는 순간들을 알아차리지 못하는 사람은 보살핌을 바라는 자기 자신의 욕구도 자각하지 못하는 경우가 많다. 이유가 무엇이든 간에 서로 보살펴지 못하는 사람들에게 고통스럽지 않은 사랑은 불가능하다.

앞서 예로 든 이야기 속의 '좋은 여자'는 이기적이어서 문제인 게 아니다. 이기적인 것과는 거리가 멀다. 문제는 여자의 자기(self)가 너무 덜 자랐고 너무 미성숙하다는 것이다. 어린아이를 보살피는 데도 한계가 있다. 만약 여자가 더 이타적으로 행동하려고 노력한다면 문제는 더 심각해질 뿐이다. 아무리 해도 여자의 연인이 느끼는 불만은 사라지지 않을 것이다. 우리는 사랑하는 사람이 자기를 희생해서 나를 보살펴주기를 바라지 않는다. 내가 사랑하는 사람이 그 사람 자신을 위하는 이기적인 동기에서 나를 보살펴주기를 바란다. 여자의 문제는 이기심이 아니라, 그녀의 이기심에 연인이 포함되어 있지 않다는 것이다. 성숙한 사랑을 하는 사람이라면 상대방을 위하는 마음도 항상 그 사람 자신의 이기심에 속한다. 이기심은 성숙한 사랑을 이해하는데 핵심적인 개념이므로 더 자세히 살펴볼 가치가 있다.

사랑은 나를 희생하지 않는다

사랑에 대해 사람들이 늘어놓는 온갖 헛소리 중에서도 가장 터무니없는 것이 바로 '이타적인' 사랑이 이상적이라는 말이다. 사람은 자신이 중요하게 여기는 가치를 다른 사람에게서 발견할 때 그를 사랑하게 된다(그러니까 나는 사람의 형태로 구현된 나의 가치관을 사랑하는 것이다). 그렇다면 사랑은 오히려 심오한 의미에서 '자기 주장'의 행동이라고 이해해야 마땅할 것이다.

'이기적'으로 사랑한다는 것은 사랑하는 사람의 욕구나 관심사에 무관심하다는 뜻이 아니다. 다시 한번 말하자면, 사랑을 할 때는 상대의 안녕과 행복이 나 자신의 이익에 포함된다. 내가 아닌 다른 사람에게 당신의 행복이 내게 이기적인 차원에서 중요하다고 선언하는 것이야말로 사랑하는 사람에게 보낼 수 있는 최고의 찬사일 것이다.

사랑하는 사람에게 당신의 행복은 나의 개인적 이익과 아무 관련이 없다고 말하는 것은 찬사와는 거리가 멀다. 사랑한다는 것은 상대방에게서 나 자신을 보는 것이며, 그 사람과 함께 나 자신을 축하할 수 있기를 바라는 것이다. 이것은 이타적인 것과 거리가 멀다. 그리고 이것이야말로 사랑의 본질이다.

내가 당신을 받아들이고 존중한다면 그것은 이타적인 것이 아니다. 내가 당신의 진실성을 존경한다면 그것은 이타적인 것이 아니다. 내가 당신의 생각과 감정을 배려한다고 해서, 당신을 품에 안는다고 해서, 당신을 쓰다듬고 보살핀다고 해서, 내가 나의 삶을 사랑하듯 당신을 사랑한다고 해서 이타적인 것은 아니다.

　서로 사랑하는 두 사람이 단둘이 시간을 보낼 줄 아는 지혜를 지니고 있다면, '아무 일도 하지 않는다'란 말의 일반적인 정의에 따라 아무 일도 하지 않고…… 그저 함께 있으면서 자신의 존재와 생각과 감정과 환상과 갈망을 공유한다면, 자기를 찾아가는 여정을 함께하며 서로를 통해 각자 자기 안으로 점점 더 깊이 들어간다면, 서로를 길잡이 삼아, 나침반 삼아, 거울 삼아, 촉매 삼아, 공명판 삼아 자기를 탐구해 나간다면, 사랑이 자기 발견의 통로라면, 사랑이 개인적 성장의 매개체라면, 사랑이 개인적 발전의 출입구라면……. 이기심을 이처럼 고귀하고 훌륭하게 표현하는 행동이 또 있을까?

　'이타적' 사랑이라는 말은 모순된 표현이다.

　이 문제를 더 잘 이해하려면 스스로 이런 질문을 던져보자. 사랑하는 사람이 나를 자신의 만족과는 상관없이 이타적인 마음으로 보듬어주길 바라는가? 아니면 그 행위 자체가 그 사람에게 기쁨과 즐거움을 주기 때문에 나를 보듬어주길 바라는가? 내가 사랑하는 사람이 나와 둘이서만 시간을 보내면서 그렇게 보내는 시간은 자기를 희생하는 시간이라고 생각하길 바라는가? 아니면 그런 시간을 행복하다고 느끼길 바라는가? 만약 사랑하는 사람이 행복하다고 느끼길 바란다면, 내가 있어 상대방이 즐겁길 바란다면, 나의 존재가 상대방에게 설렘과 기쁨과 흥분과 열정을 선사하길 바란다면, 이제 '이타적 사랑'을 숭고한 이상으로 칭송하기를 그만두자.

아무리 친밀하고 서로 깊이 사랑하는 관계에서도 나 자신이 무엇을 원하고 필요로 하는지 알고 스스로 존중해야 한다. 사랑하는 관계에서는 타협과 절충이 발붙일 곳이 없다는 말이 아니다. 확실히 그럴 때도 있다. 그러나 상대방의 기쁨과 만족을 위해 나 자신이 원하고 필요로 하는 것을 무시하고 희생하는 일이 너무 잦다면, 나뿐 아니라 상대방에게도 죄를 짓는 것이다. 나에 대해 짓는 죄는 무엇일까? 나 자신이 소중하게 여기는 가치를 배신하는 것이다. 상대방에 대해 짓는 죄는 무엇일까? 상대방이 내가 희생한 결과를 누리도록 함으로써 결국 그 사람을 내가 미워할 대상으로 만드는 것이다. 그런 관계를 사랑이라 하기는 어렵다.

사랑을 고백하면서도 상대방을 보살피는 기술을 모르는 사람은 '이기적인' 것이 아니라 미성숙한 것이다. 낭만적 사랑에 필요한 것은 자기 희생이 아니라 이기심을 이해하는 성숙한 사람이다.

사랑은 하지만 성은 수치스럽다?

때로 낭만적 사랑에 닥쳐오는 도전들을 생각할 때, 낭만적 사랑이 맞닥뜨리고 넘어야 하는 모든 장애물들을 생각할 때면 슬픔이 밀려오곤 한다. 한때 사랑했던 이들이 사랑이 그들의 손을 빠져나가 사라지는 것을 어쩔 줄 모르고 바라보기만 하고, 달아나는 사랑을 잡을 방법도, 왜 어떤 과정을 거쳐 사랑을 잃었는지도 모르는 채 망연자실한 모습을 보며 느끼는 슬픔이다.

책임감이 부족하거나, 일부러 고집을 부려 의식하지 않거나, 유치하게 심술을 부리는 사람들이 사랑에 실패하는 것은 이해하기 어렵지 않다. 우리는 그런 사람들이 사랑을 잃는 것에는 그다지 연민을 느끼지 않는다. 그러나 사랑이 무너지는 이유가 훨씬 미묘하고 알아차리기 힘들 때, 사랑을 잃은 사람들이 진심으로 충격에 빠져 당황할 때, 우리는 그렇게 어둠 속에서 스스로 삶의 길을 찾으려고 분투하는 이들의 고통에 공감하지 않을 수 없다.

여기서는 자신의 성적 측면에서 소외된 채 성장한 사람들, 자신의 성적 반응, 성적 환상, 성적 행동을 인간의 자연스러운 자기표현으로 보지 못하고 불안할 정도로 이질적으로 느끼는 사람들에 관해 생각해보려 한다. 이들에게 사랑은 너무 어려운 일일 수있다. 왜냐하면 그들에게 욕망이란 자신이 존경하는 대상이나 자신이 공언한 가치들이 알려주는 길을 따르는 게 아니라, 그와는 다른 원천 즉 전혀 성숙하지 못한 자기(self)의 지시를 따르는 것이기 때문이다.

물론 우리는 성과 사랑은 서로 관련 있지만 분명히 다른 것임을 잘 안다. 성욕이 꼭 사랑을 의미하지는 않는다는 것, 만족스러운 성적 경험이 깊은 사랑 없이 가능하다는 것도 안다. 중요한

건 그게 아니다. 또한 우리는 가장 강렬하고 짜릿한 성적 경험은 사랑하는 사람끼리 나누는 경험, 사랑의 표현으로써 성행위라는 사실 역시 잘 알고 있다. 그렇다면 사랑한다고 해서 꼭 불타는 욕망을 느낄 필요는 없다고 주장하는 사람들이나 사랑 같은 '번거로운' 감정 없이 하는 성행위가 제일 좋다고 주장하는 사람들은 왜 그러는 것일까? 이들은 성적인 측면에서 자기 자신에게서 소외된 사람들이다. 이들은 애정 생활이 불만족스러울 수밖에 없다. 이들은 때로 '해결책'이랍시고 나는 사랑에 별로 관심이 없다고, 사랑은 인생에서 '귀찮기만 한' 일이라고 선언하기도 한다.

성적인 자기 소외는 다른 모든 형태의 자기 소외와 마찬가지로 일종의 심리 상태임을 기억해 두어야 한다. 내가 말하고 싶은 것은 성적 반응은 언제나 자기(self)의 표현이라는 사실이다. 하지만 모든 사람들이 언제나 자신의 성적 반응을 그렇게 받아들이는 것은 아니다.

보통 부모와 종교적 색채가 강한 교사에게서 성행위, 성충동에 반대하는 태도를 학습한 아이들이 성적으로 자기에게서 소외되는 경향이 있다. 이런 아이들은 자라서 성을 자기의 어두운 측면, 가장 부정적인 측면이라고 생각하게 된다. 하지만 물론 이밖에도 성적 자기 소외를 초래하는 원인은 다양하다.

건강한 자존감을 지닌 사람, 나 자신에게 사랑을 느끼고 나 자신을 있는 그대로 편안하게 받아들이는 사람에게 성은 연인, 자기 자신, 삶에 대해 느끼는 자발적이고 자연스러운 감정을 표현하는 것이다. 그러나 자기 자신의 가치를 믿지 못하는 사람, 만성적으로 두려움과 좌절감에 사로잡혀 사는 사람에게 성은 내가 (엄마 아빠가 말한 것처럼) '나쁜 아이'라는 것을 보여주는 증거가 될 수 있다. 또는 나는 '나쁜 아이'가 아니라는 것을 증명하는 수단이나 다른 사람을 조종함으로써 나의 '안전'을 확인하는 수단, 엄마와 아빠에 대해 품고 있는 무의식적 환상을 새삼 자극하는 통로가 될 수 있다. 침대는 추상적 의미에서 인간이 자기 존재의 드라마를 펼치는 연극 무대와도 같다. 예를 들어 힘에 유달리 집착하는 사람들, 특히 정치적 힘에 집착하는 사람들은 사도마조히즘적 성행위에서 가장 큰 쾌락을 느낀다는 사실이 알려져 있다(야누스Janus, 베스Bess, 샐투스Saltus 참조). 고통, 그리고 고통을 가하거나 견디는 능력에는 감정적으로 매우 큰 대가가 따른다. 그런 사람들이 자신의 배우자와 나누는 성관계에서 최고의 쾌락을 느끼는 경우는 거의 없다. 부부 관계에서는 고통, 수치, 경멸에서 환희를 느끼는 자신의 성향을 자유롭게 드러내고 탐험하길 주저하기 때문이다. 많은 경우에 성매매가 더 편안한 선택지다.

침대는 친밀한 관계를 맺는 데서 느끼는 두려움이 그대로 드러나는 장소일 수 있다. 이때 성행위는 결코 자위행위 수준 이상으로 발전하지 못한다. 침대는 두 어린아이가 어른 세계의 정체 모를 공포에 맞서 손을 맞잡는 장소가 될 수도 있다. 침대는 여자와 남자가 어렸을 적 자신을 거부하는 부모에게 승인과 애정을 얻으려 애쓰던 기억을 끊임없이 재생하는 장소가 될 수도 있다.

침대는 즐거움과 환희가 쏟아지는 가운데 삶에 대한 애정이 폭발하고 넘쳐흐르는 장소가 될 수 있다. 침대는 두 연인이 서로를 숭배하면서 육체와 영혼의 경계를 뛰어넘고 자신들의 존재 가치를 가장 깊은 차원에서 주장하는 장소가 될 수도 있다.

낭만적 사랑을 잘 해내려면 자신의 성과 조화롭게 하나가 되어 살아갈 수 있어야 한다. 성적 측면이 자신의 다른 중요한 측면과 부딪치고 갈등하는 사람은 낭만적 사랑을 할 준비가 되어 있지 않은 것이다.

내가 나 자신 안에서 분열을 겪지 않을 때, 끊임없이 나 자신의 가치를 '증명'하고자 또는 무엇이든 '증명'하고자 발버둥치지 않을 때 비로소 자신의 존재를 자유롭게 만끽할 수 있다. 그래야만 비로소 내가 살아 있음에 대해, 내가 사랑하는 사람에 대해 기뻐하고 감사할 수 있다. 우리는 몸과 마음, 영혼과 육체, 사랑하는 상대에 대한 존경과 열정이 따로 분리되어 있다고 느끼지 않는다. 이럴 때야말로 내가 사랑하는 사람이 아름답고 소중하다고 진정으로 생각하고 느낄 수 있다. 나의 성욕이 가리키는 방향을 자랑스럽게 느낄 수 있다.

자기 안에서 일어나는 특정한 성적 반응을 스스로 불쾌하게 느낄 때 문제가 생긴다. 그 반응에 따라 행동하면서도 한편으로는 그 반응을 외면하고 싶은 것이다. 자신이 실제로 지금 느끼는 것과 자신이 실제로 하는 행동을 부인하거나 회피하려 함으로써, 자신의 성적 심리를 완전히 밀폐하고, 자신의 다른 의식적 경험으로부터 격리하고, 자신이 지닌 지식과 지성으로부터 격리하려 한다. 그러고 나면 결국 무력하게 쓸데없이 제자리에 머물게 된다. 자신이 놓인 상황의 현실을 인정하지 않고 받아들이지 않는다면, 온전히 자신의 것으로 경험하지 않는다면 그 상황을 극복하기란 불가능하다. 그런 사람은 결국 자신의 미성숙함에 갇힌 죄수로 남게 된다. 마무리하지 못한 어린 시절의 과업에 갇혀 어른이 누릴 수 있는 행복과 즐거움을 영영 모르는 채 살게 되는 것이다.

이런 상태에 갇힌 사람에게 낭만적 사랑은 저 멀리 손에 잡히지 않는 이상을 향한 고통스러운 갈망일 뿐이다. 어쩌면 다른 사람들은 얻을 수 있을지 모르지만 자신에게는 결코 허용되지 않을 신기루다.

이제 성(性)과 내 안에서 일어나는 성욕과 성적 반응, 나의 몸과 이성의 몸을 죄책감 없이 즐겁게 받아들이는 자세가 얼마나 중요하고 소중한 것인지 이해할 수 있을 것이다.

성을 수치심이나 죄책감의 원천이 아니라 자기와 상대방을 찬미하는 수단으로 경험할 때, 자신의 살아 있음을 표현하는 수단이자 존재함에서 느끼는 기쁨을 표현하는 수단으로 경험할 때, 낭만적 사랑의 성공을 향해 말끔히 닦인 큰 길이 열리게 된다.

서로 사랑하는 관계에서 성적 쾌락을 주고받는 경험을 하면서 두 사람은 자신이 상대에게 즐거움의 원천이라는 사실을 계속해서 확인한다. 사랑은 즐거움을 먹고 자란다. 한편으로, 상대방이 성적인 방면을 등한시하는 경우에 거부당하고 버림받았다고 느끼기 쉽다. 다른 방면에서 아무리 애정을 표현해도 소용이 없다. 물론 성관계가 낭만적 사랑의 전부는 아니다. 하지만 성관계 없이도 성공적인 낭만적 사랑을 상상할 수 있는가? 아주 드물게 비극적인 상황에서 그런 관계가 있을 수도 있지만, 그것은 결코 누구에게나 바람직한 삶의 방식은 아니다. 성적 잠재력을 최대한 발휘하는 성관계야말로 사랑이 주는 최고의 축복 중 하나다.

한 가지 우려할 만한 오해가 있다. 성을 낭만적 사랑의 핵심 요소로 본다고 해서 사랑이 여러 단계를 거친다는 사실, 수십 년 이어진 관계가 시작된 지 얼마 안 된 관계만큼 성적으로 활발하기 어렵다는 사실을 부정하는 것은 아니다. 성행위를 얼마나 자주 하는지는 중요하지 않다. 두 사람이 서로를 성적인 존재로 인식하는 한, 두 사람이 상호작용을 할 때 그런 인식이 살아 있는 한 관계의 성적인 측면은 사라지지 않는다.

80대의 나이에도 연인이나 배우자를 성적으로 사랑할 수 있다. 30대에도 연인이나 배우자를 그냥 친구처럼 애틋하게 여기고 성적인 열정은 사라졌을 수 있다.

두 사람의 관계가 계속 낭만적인지 여부를 판단하려면 성관계 횟수보다는 두 사람이 서로를 어떤 시선으로 바라보는지를 훨씬 더 중요하게 보아야 한다.

우리는 서로 존경하는가

성적인 열정이 낭만적 사랑에 중요한 것은 사실이지만, 그것만으로는 관계를 평생 유지할 수 없을 뿐 아니라 관계가 짊어져야 할 모든 무게를 감당할 수도 없다. 오직 존경만이 그런 일을 가능하게 한다.

지금까지 모든 논의에는 사랑하는 관계에 있는 두 사람은 서로를 존경한다는 전제가 분명히 포함되어 있었다. 안타깝게도 항상 그런 것은 아니다. 그러나 서로 존경하는 마음 없이, 불가피하게 생기는 온갖 스트레스를 이겨내고 낭만적 사랑을 유지하기란 엄청나게 어려운 일이다.

서로 존경하는 마음은 관계를 유지하는 데 가장 강력한 지원 체계이자 가장 튼튼한 토대가 된다. 그리하여 서로 존경하는 두 사람은 살면서 필연적으로 겪을 수밖에 없으며, 이르든 늦든 간에 모든 관계에서 겪을 수밖에 없는 역경을 견뎌낼 가능성, 폭풍 앞에 꺾이지 않을 가능성이 매우 높다.

"나는 내 연인(배우자)을 존경하는가?" 이것은 많은 사람들이 부담스러워하는 질문이다. "나는 내 연인(배우자)을 사랑하는가? 욕망하는가? 그 사람과 즐거운 시간을 보내는가?"라고 묻는 것이 덜 부담스럽게 느껴진다. '존경하는가'라는 질문을 통해 자칫 내가 그 사람을 존경하기보다 그에게 의지하고 있다는 것, 그를 진심으로 존경해서라기보다 나의 미성숙함이나 두려움 또는 '편리함' 때문에 그에게 의지하고 있다는 사실을 발견할 위험이 있기 때문이다.

낭만적 사랑을 다루는 대중 강연에서 존경이란 주제를 거론할 때마다, 내 눈에는 그곳에 온 커플들 사이에 실제로 불안이 물결처럼 퍼져 나가는 광경이 보이는 듯하다. 물론 꼭 다 그런 것은 아니다. 존경이란 주제를 언급했을 때 기뻐하고 자랑스러워하는 기색이 분명한 커플들도 있다.

한 가지 이상한 일은 너무 많은 사람들이 스스로 이 존경이라는 주제의 중요성을 의식하지 않으려 한다는 것이다. 그들은 자신이 관계에서 겪는 어려움을 몇 시간이고 말할 수 있지만, 절대로 존경에 관한 문제를 제기하지 않는다.

한 여성이 남편과 함께하는 삶이 행복하지 않다며 상담을 받으러 왔던 일이 기억난다. 그 여성은 관계가 잘 풀리지 않는 이유를 알 수 없어 당황스럽다고 하소연했다. 나는 남편이 어떤 사람인지, 남편을 어떻게 생각하는지 물었다. "남편은 정말 대단해요. 매일 침대로 제 아침을 갖다 주고요. 항상 친절하고 저한테 뭐라고 하는 일이 전혀 없어요. 불평하지도 않고 뭘 요구하지도 않아요. 언제나 가능한 한 배려하고 신경을 써주지요. 지금까지 살면서 그런 대우를 받은 적이 없었어요. 멋진 남편이에요." 나는 다시 물었다. "남편이 당신을 어떻게 대하는지는 제쳐두고, 한 인간으로서 남편을 어떻게 생각하나요?" 그러자 갑자기 이런 대답이 튀어나왔다. "끔찍해요. 거짓말쟁이, 약해빠진 인간! 남편은 지금 자기가 일하는 회사에서 횡령을 하고 있어요. 타고난 매력에 빌붙어서 살아가는 사람이에요. 남편은⋯⋯ 그 인간은 그냥 아무것도 아니에요!"

다시 내가 남편의 그런 점이 불행하다는 느낌에 어떤 영향을 끼치는지 부드럽게 질문하자 그 여성은 마치 머리를 한 대 맞은 듯 놀란 표정을 지었다. 갑자기 기적적으로 심오한 계시를 받은 사람 같았다.

사랑하는 사람과 관계를 오래 지속하다 보면 내적·외적으로 닥쳐오는 온갖 어려움 때문에 사랑이 흔들릴 수 있다. 4장에서 지금까지 설명한, 성공적인 사랑에 필요한 미덕 중 무언가가 흔들릴 수도 있다. 존경은 그럴 때 관계가 무너지지 않도록 지탱해주는 힘이다. 사랑하는 상대를 존경하지 않는다면 상대방의 단점으로 여겨지는 면을 훨씬 더 날카롭게 비난하게 된다. 존경은 폭풍 한가운데서도 쓰러지지 않게 지지해줄 뿐 아니라 다른 여러 가지 역할도 한다. 사랑하는 사람에게서 존경받을 때 사람은 가시성을 느낀다. 이해받는다고 느끼고, 사랑받는다고 느끼고, 따라서 사랑하는 이에게 더 깊은 사랑을 느낀다. 사랑하는 사람에게 존경을 느끼고 표현할 때, 우리는 내가 짝을 잘 선택했다는 데서 자부심을 느끼고, 나 자신의 판단을 더욱 신뢰하게 되고, 사랑하는 감정이 더 강해짐을 느낀다. 서로 깊이 사랑하고 또 존경하는 두 사람이 느끼는 특별한 기쁨은 낭만적 사랑의 불을 계속 타오르게 하는 연료가 된다.

이제 이 장의 시작을 다시 떠올려보자. 처음에 자존감의 중요성을 이야기했다. 자존감이 높은 사람들이 사랑할 때, 그들이 맺는 관계의 중심에는 존경이 있을 가능성이 높다. 서로 존경하고 존경받을 가능성이 높다. 자존감이 낮은 사람들의 관계에서 존경은 중요한 위치를 차지하지 못한다. 내 경험에 비추어봤을 때도 자존감이 낮은 사람들은 존경에 대한 이야기에 일반적으로 거부 반응을 보인다.

두 사람이 서로 존경할 때 사랑이 자라난다는 것은 그리 놀라운 일이 아니다. 존경하지 않을 때 사랑이 스러지기 쉽다는 것도 그리 놀랍지 않다.

두려움을 표현하는 용기도 필요하다

낭만적 사랑에 들이닥치는 도전과 어려움에 관해 이야기할 때 잘 언급되지 않는 문제가 있다. 바로 누군가에겐 낭만적 사랑 자체가 무서운 일일 수 있다는 것이다.

사랑에 빠지면 다른 사람이 나 자신과 나의 행복에 엄청나게 중요한 존재가 되는 경험을 하게 된다. 아무도 들어온 적 없었고 누구도 거기 있다는 것조차 몰랐던 내 안의 세계로 그 사람을 받아들이게 된다. 사랑은 일종의 항복이다. 사랑하는 사람에게 항복한다기보다 그 사람을 향한 나의 마음에 항복하는 것이다. 항복하지 않고서 사랑은 싹틀 수 없다.

다른 사람이 내게 지극히 중요한 존재가 되도록 허용하는 것이 대체 왜 그렇게 어려운 일일까? 거기에 어떤 장애물이 있는 걸까? 아주 단순하게 말하자면, 그것은 상실의 가능성 때문이다. 내가 사랑한다고 해도 그 사람이 나를 사랑하지 않을 가능성, 또는 그 사람이 내게서 떠나갈 가능성이다. 아니면 그 사람이 죽을 수 있다는 가능성도 있다.

'자존감과 낭만적 사랑' 집중 과정을 이끌 때, 나는 여학생과 남학생을 따로 몇 명씩 모여 앉게 한 뒤 자신이 이성을 필요로 한다는 데서 어떤 감정을 느끼는지 탐구해보는 활동을 진행하곤 한다. 다수의 참가자들은 이 활동을 통해 자신이 두려움뿐 아니라 분노와 원망을 느낀다는 것을 깨닫는다. 무언가를 원하고 필요로 한다는 것은 약점이다. 약점이 생긴다는 것은 겁이 나고 또 화가 나는 일이다.

내 경험에 따르면, 이른바 여성 대 남성의 대립은 많은 경우 거부당할까 봐, 버림받을까 봐, 잃어버릴까 봐 두려워하는 감정에서 비롯한다. 여성과 남성은 서로 필요로 한다는 사실에 종종 격렬하게 저항한다. 이성(異姓)이 자신의 행복에, 자신의 여성성 또는 남성성에 잠재된 가능성을 실현하는 데 얼마나 중요한지 부정한다. 자신이 이성을 필요로 한다는 사실을 거의 증오하기까지 한다.

상처받거나 의심을 품거나 화가 난 순간에 여자가 남자에 대해, 남자가 여자에 대해 쏟아내는 많은 어리석은 이야기들은 그저 거부당하고 버림받았던 괴로운 기억의 산물일 뿐이라고 나는 믿는다. 일반적으로 사람들은 이러한 두려움을 인정하려 하지 않고, 솔직하게 대면하려 하지 않고, 있는 그대로 받아들이려 하지 않는다. 그러면서 '남성' 또는 '여성'에 대한 과도한 일반화를 통해 자신의 두려움을 합리화하고 정당화하려는 경향이 있다. 사람들은 자신이 느끼는 두려움의 뿌리에 불안과 상처가 있다는 것을 보지 않으려고 안간힘을 쓴다. 이미 어린 시절에 거부당하는 고통스러운 감정을 느꼈던 사람들은 어른이 되어 누군가를 사랑하게 될 때 사실상 파국과 비극을 맛볼 준비가 되어 있다. 사랑은 곧 고통, 상처, 거부당함, 상실을 뜻한다는 것을 그들은 '알고 있다'. 어린 시절 경험에 더해 이전에 했던 사랑에서 감정적 흉터와 후유증이 생겼을 수도 있다. 그래서 그들은 사랑이 고문이라는 것을 '알고 있다'.

앞에서 소통의 중요성을 이야기했다. 그러나 이런 두려움은 그 자체로 소통을 가로막는 거대한 장벽이다. 사랑하는 사람들 사이에 다툼이 벌어지면, 많은 경우에 두 사람은 마음을 닫고 서로에게 느끼는 깊은 감정과 사랑을 차단함으로써 관계가 틀어졌을 때 겪을 고통으로부터 자기 자신을 보호하고자 한다. 상대에게 거리를 두고, 냉정해지고, 나아가 적대적이 되기까지 한다. 두렵지만 두렵다는 것을 인지하지 못한다. 그러는 대신 급히 방어막을 치고 장벽을 쌓는다. 마음을 열고 자신의 약한 부분을 드러내려 하지 않는다. 그 결과, 소통은 막히고 끊기고 만다. 대화할 때 실제 자신이 느끼는 감정을 드러내는 일은 이제 거의 없다. 가장 깊이 느끼는 감정은 표현이 금지되기 때문에 두 사람의 소통은 왜곡된다. 그래서 연인 간 갈등을 해소하기가 그토록 어려운 것이다. 마음 깊은 곳에서 우러난 대화를 하는 것이 아니라, 가면 뒤에 숨어 대화하기 때문이다.

많은 남성들이 여성에 대해 의식적오로든 무의식적으로든 적대감을 품고 있다. 많은 여성들도 남성에 대해 의식적으로든 무의식적으로든 적대감을 품고 있다. 이것은 결코 자연스러운 일이 아니다. 여성과 남성은 서로 필요로 한다. 그러므로 여성과 남성은 친구가 되어야 한다. 그러나 너무나 자주 그들은 서로를 적으로 삼는다. 상처받는 것이 예견되고 두렵기 때문이다.

문제를 일으키는 것은 두려움이 아니라 두려움을 부인하고 외면하고 솔직하게 대면하길 거부하는 태도다. 서로 상대가 품은 적대감을 포착하면 결과적으로 자신이 느끼는 두려움과 적대감을 더욱 강화하게 된다. 이들이 사랑하는 관계라면 그 사랑은 두 요새 사이의 사랑일 것이다.

사랑하는 사람과 갈등할 때 이렇게 말하는 사람은 없다. "나는 너를 사랑해. 너를 잃을까 봐 두려워." 대신에 사람들은 이렇게 말한다. "이제 내가 너를 사랑하는지 잘 모르겠어." 두렵다고 말하려면 용기가 필요하다. 이런 용기가 부족할 때, 종종 관계의 파괴라는 대가를 치르게 된다. 겁쟁이인 탓에 몇 차례 관계를 망가뜨린 사람들은 '사랑은 미성숙한 환상'이라는 말을 들을 준비가 충분히 되어 있다. 마음이 부서지기 쉬운 사람은 자신에게 사랑이 어려운 일이라는 사실을 인정하는 것보다 낭만적 사랑 자체를 비난하는 것이 더 마음 편한 일이다.

어떤 사람들은 낭만적 사랑이 두려운 이유로 거부당하고 버림받을 가능성이 아니라 자기를 잃어버릴 가능성을 든다. 낭만적 사랑에 빠지면 자신의 정체성을 놓아버리게 될지도 모른다는 두려움이 있다. 사랑하는 상대에게 육체와 영혼을 모두 잠식당할지도 모른다는 걱정이다. 자존감이 높고 자주적인 사람이 이런 두려움을 정말 진지하게 토로하는 경우를 나는 본 적이 없다. 오히려 내 경험에 따르면 자신감이 있는 사람일수록 사랑에 자기를 내맡기게 되지 않을까라는 불안을 거의 느끼지 않는다. 내가 보기에 사랑에 빠져 자기를 잃어버릴까 두렵다고 말하는 사람들은 사실 저도 모르는 사이에 자신이 사랑을 갈구한다는 것, 사랑에 굶주려 있다는 것, 그래서 사랑을 얻기 위해서라면 자신의 정신, 가치관, 일관된 정체성까지 무엇이든 희생할 준비가 되어 있다는 것을 인지하고 있다. 그렇다면 문제는 사랑의 본질이 아니라 자주성이 부족하고 정체성이 제대로 확립되어 있지 않다는 데 있는 것이다.

어떤 사람들은 자신이 하는 일에 사랑이 방해가 될 것 같다고 말하기도 한다. 사랑에 자신을 내맡기게 되면 직업적 성취에 쏟을 에너지를 빼앗길 것이라고 그들은 주장한다. 나는 내 분야에서 성과를 올리는 데 중점을 두고 평생을 살아왔고, 내 일을 사랑한다는 것의 의미를 상당히 잘 안다고 자부한다. 하지만 나는 한순간도 이런 주장이 옳다고 생각한 적이 없다. 이런 주장은 친밀한 관계를 맺는 데 따르는 두려움을 합리화하는 것일 뿐이라고 나는 확신한다. 일에 시간과 에너지를 투자해야 하는 상황을 사랑하는 상대가 존중해주지 않거나, 사랑하는 상대의 비위를 맞추느라 일에 그전보다 소홀해질지 모른다는 두려움도 있을 수 있다. 이것은 사랑 때문에 자기를 잃어버릴지도 모른다고 말하는 사람과 비슷한 논리다. 즉 사랑이 문제가 아니라 자주성과 자신감이 부족한 것, 미성숙한 것이 문제다. 물론 이런 문제를 겪고 있다면 먼저 문제를 올바로 인식해야 하고 문제를 해결하기 전에는 타인과 친밀한 관계를 맺지 않는 것이 바람직하다. 그러나 많은 사람들이 그렇게 하지 못한다. 그들은 사랑을 원하고 관계를 원하고 결혼을 원한다. 하지만 진지한 관계를 맺을 때 당연히 따라오는 책임은 원하지 않는다. 자기가 마땅히 져야 할 의무를 회피하고 싶어 하고, 관계의 당사자로서 제자리를 지킬 생각이 없다. 상대방이 자기의 그런 태도를 군말 없이 받아들이고 거기에 익숙해지길 바라며, 자신이 누군가와 사랑하는 관계인 척 행세하는 것을 도와주길 원한다. 그들이 원하는 것은 모순적이다. 사랑하는 관계를 원하면서도 동시에 그 관계에서 벗어나고 싶어 하는 것이다.

하지만 지금까지 이야기한 실수들을 하나도 저지르지 않더라도, 어린 시절에 거부당한 기억이나 실패한 사랑의 기억에 시달리지 않더라도, 사랑에 대해 두려움이나 오해 같은 것을 하나도 품고 있지 않더라도, 낭만적 사랑을 방해하는 궁극적인 위험이 하나 있다. 사랑하는 상대가 세상을 떠나는 것이다. 상대방의 죽음으로 사랑을 잃을 가능성은 인간이라는 존재의 속성이라 할 수 있다. 거의 대부분 둘 중 한 사람이 먼저 죽을 수밖에 없다. 그게 언제일지는 알 수 없다. 언제 그렇게 될지 모른다며 스스로 자신을 괴롭힐 필요는 없지만, 이 사실을 완전히 무시할 수도 없다. 이 일을 평온하게 받아들일 만큼 지혜로운 사람이라도, 이 사실을 직시하고 인정하고 이해해야 하는 처지는 여느 사람들과 다르지 않다. 그러려면 명확한 사고와 솔직함, 용기가 필요하다. 퍼트리샤가 죽고 나서 한창 괴롭던 시기에 나는 다른 여자에게 사랑을 느끼는 내 마음을 깨닫고 종종 설명할 수 없는 공포에 빠졌다. 낭만적 사랑의 가장 무서운 측면을 가장 깊은 차원에서 대면하지 않을 수 없었기 때문이다.

앞에서 감정을 받아들이는 기술, 현실에 맞서 싸우지 않는 기술, 경험을 자연스럽게 받아들이고 느끼는 기술에 관해 이야기했다. 사랑하는 사람을 죽음으로 떠나보내는 상황이야말로 우리가 이 원칙을 얼마나 잘 이해하고 있는지 가장 가혹한 방식으로 확인하게 되는 때이다. 애도하고 비통해하는 것은 물론 필요한 일이다. 건강을 회복할 수 있다면, 정서적 안녕을 다시 찾을 수만 있다면 말이다. 그러나 그 과정은 말로 표현할 수 없을 만큼 괴롭고 끔찍하다.

이것은 단순히 스스로 고통을 느끼도록 허용하는 것을 넘어서는 문제다. 이것은 기꺼이 모든 것을 경험하려는 태도, 자기 안에서 일어나 스스로를 괴롭히는 모든 감정과 생각과 환상을 자책이나 검열 없이 받아들이는 태도의 문제다.

이 상황이 실제로 어떤 것인지 실감나게 설명하려면 퍼트리샤가 죽은 뒤 일 년간 나의 삶이 어떠했는지를 조금 이야기해야 할 것 같다.

어떤 날, 어떤 순간, 때로 몇 시간 동안 나는 그 사고가 얼마나 끔찍한 것인지 실감하고 내 안에 차오르는 상실감을 느끼곤 했다. 몸이 고통에 사로잡혀 멋대로 굳어지는 것을 느끼면서 나 자신에게 속삭이곤 했다. "숨을 쉬자. 저항하지 말자. 받아들이자." 때때로 죄책감과 자책이 몰려오는 것을 느낄 때면 그런 감정이 비합리적이라고 주장하지 않으려 했다. "괜찮아. 오늘은 죄책감을 느끼는 날이야. 이것도 그냥 받아들이자." 때로는 아침에 이상하게 들뜬 기분으로 일어났다가 몇 분, 또는 몇 시간이 지난 뒤 들뜬 기분이 눈물로 바뀌고 이내 짐승 같은 울부짖음이 터져 나오기도 했다. 그냥 받아들이는 것말고 할 수 있는 일은 아무것도 없었다. 맞서 싸우지 않고 모든 것을 그냥 흘러들어 오게 허용했다. 내 몸이 필요한 것을 느끼도록, 필요한 것을 경험하도록 내버려두었다.

때때로 갑자기 난폭한 성적 충동이 들기도 했다. 그 뒤에는 거친 분노가 따라오기도 했고, 처절한 무력감이 따라오기도 했다.

어떤 날에는 퍼트리샤의 행동 중에 내게 조금이라도 거슬린 적이 있었던 것들을 하나하나 되짚어보기도 했다. 퍼트리샤의 진짜 단점, 또는 내가 꾸며낸 그녀의 단점에 집중함으로써 상실감의 규모를 줄일 수 있기라도 한 것처럼 말이다. 이때도 나는 일어나는 일에 맞서 싸우지 않으려고 노력했다. 아무것도 바꾸거나 고치지 않으려 했다. 그냥 거스르지 않고 받아들이고 바라보며 기다렸다. 가장 괴로웠던 순간은 내 안의 모든 것이 부서지고 있다고 느꼈을 때였다. 내 정신과 몸의 모든 구조가 허물어지고 내가 끝없이 추락하는 것만 같은 기분이었다. 그때 나는 내 몸의 모든 세포가 퍼트리샤의 이름을 부르짖는 소리를 들을 수 있었다.

물론 때로 내가 느끼는 감정에 맞서 싸울 때도 없지 않았다. 때로는 저항했고 때로는 내 몸 전체가 "안 돼!"라는 외마디 울부짖음으로 응축되기도 했다. 이제 내가 넘어야 할 도전은 그 저항마저 받아들이는 것, 싸우고 부인하는 나 자신을 허용하는 것, 경험하는 것, 그리고 기다리는 것이었다.

그것은 믿음에 기반을 둔 행동이었다. 생명체의 자기 치유력에 대한 믿음, 내가 경험하는 바를 외면하지 않으려고 최선을 다하면서 그런 일이 일어나려고 하는 순간 역시 외면하지 않을 때 마침내 치유의 순간이 오리라는 믿음이었다. 결국 그렇게 되었고 지금도 그렇게 되어 가는 중이다.

하지만 이 모든 끔찍한 고통을 겪는 중에 또 다른 여성에게 마음을 열면서, 또 다른 인간이 내게 중요한 존재가 되도록 허용하면서, 그 사람이 내 가장 깊은 곳까지 스며드는 것을 어떤 한계도 두지 않고 망설임 없이 받아들이면서, 나는 언젠가 또 그런 고통을 겪을 가능성에 스스로 발을 들이고 있었다. 그래서 사랑의 가장 무서운 측면에 직면하지 않을 수 없었다고 앞에서 쓴 것이다.

나는 무척 운이 좋은 사람이다. 내가 사랑하게 된 여성은 다시 사랑에 빠지게 된 것에 대해 내가 느끼는 불안감을 털어놓고 나눌 수 있게 해주었을 뿐 아니라, 퍼트리샤에 대해 느끼는 모든 감정도 말할 수 있게 해주었다. 어떤 것도 감추거나 덧바를 필요가 없었다.

내가 묘사한 것과 같은 고통과 두려움을 느낄 때 어떻게 대처해야 할까? 자신의 감정을 인정해야 한다. 표현해야 한다. 이야기해야 한다. 있는 것을 없는 체하지 말아야 한다.

우리를 망가뜨리는 것은 상실에 대한 두려움이 아니다. 두려움을 부인하는 태도다. 두려움을 인정한다면, 표현한다면, 두려움이 점차 사라지는 것을 볼 수 있다. 설령 두려움을 계속 느끼더라도 두려움 때문에 사랑 자체를 포기하게 되지는 않을 것이다. 그러나 두려움을 인식하지 않으려 한다면, 부인한다면, 저도 모르는 사이에 두려움에 조종당하는 노리개가 된다. 그리하여 이상하게도 사랑하는 사람에게서 물러서는 자신을 발견하거나, 부적절하게 비판적인 태도를 보이거나, 어쩌면 자신이 이제 자유를 원하지 않는지도 모른다고 생각하거나, 그 밖에 자신의 행복을 뒤엎어버릴 다른 여러 책략에 놀아나게 될 것이다.

의식하지 않는 것은 언제나 우리의 적이다. 의식하는 것이야 말로 언제나 해결책이다. 알고 받아들이고 표현하는 것이 해결책이다. 앞에서 나는 낭만적 사랑은 인간에게 주어진 위대한 모험이자 어려운 도전이라고 썼다. 낭만적 사랑을 하려면 나 자신의 많은 것을 내던져야 한다. 개인적으로 높은 수준의 발전을 이루어야 한다. 중력의 법칙처럼 여기에 예외는 없다. 준비되지 않았다면 실패할 것이다. 설령 사랑하는 데 필요한 모든 것을 충족했더라도 사랑이 영원할지는 여전히 확신할 수 없다. 사랑이 결혼으로 이어질지, 이어져야 하는지 확신할 수 없다. 사람들은 묻곤한다. 결혼의 목적은 무엇일까? 결혼한 뒤에 배우자를 사랑하면서도 다른 사람을 사랑하거나 원하게 될 수도 있지 않을까? 다른 모든 측면에서 삶은 끊임없이 변화하고 발전한다. 사랑은 과연 이 점에서 예외인 것일까? 이제 이 주제에 대해, 그리고 관련된 다른 질문들에 대해 살펴보도록 하자.

사랑에도 유통기한이 있을까

두 사람이 오직 서로 상대에게만 헌신하기를 바랄 때, 삶을 함께하고 기쁨과 슬픔을 나누고 싶을 때, 그리고 자신들을 둘러싼 세상에 이러한 관계를 선언하고자 할 때, 그 선언에 사회적 객관성을 부여하고자 할 때 결혼 서약이라는 형식 또는 수단을 찾게 된다. 결혼을 통해 자신들의 선택을 표현하고 공식화하려는 것이다.

오늘날 결혼이라는 제도는 틀(structure)에 대한 우리의 욕망, 어쩌면 필요를 반영한다. 물론 사랑에 빠진 연인들이 모두 자동적으로 결혼을 생각한다는 의미는 아니다. 많은 사람들이 결혼을 원하지 않는다. 법적인 의미에서 결혼하지 않고 함께 살기를 선택하는 사람들이 점점 늘어나고 있다. 그러나 만약 어떤 연인이 결혼하기로 결정한다면, 지극히 인간적이며 자연스러운 욕망인 틀에 대한 욕망을 들여다보는 것이 그 선택의 이유를 가장 잘 이해할 수 있게 해준다고 생각한다.

법적·재정적 고려도 결혼을 원하게 만드는 요인이라는 것은 물론 이해할 수 있다. 예를 들어 둘 사이에서 태어난 자녀를 보호하는 문제나 유산 상속 같은 문제가 결혼으로 어느 정도 해결될 수 있다. 이처럼 실용적인 측면도 당연히 중요하겠지만 이런 것들이 결혼의 핵심이라거나 결혼이 존재하는 궁극적 이유라고 생각하는 사람은 아마 거의 없을 것이다.

틀에 대한 욕망은 대체로 합리적이다. 틀 자체가 인간관계의 모든 문제를 해결해줄 것이라는 생각이 불합리할 뿐이다. 틀에는 그런 힘이 없다.

종교도, 국가도 결혼을 만들지 않았다. 그저 결혼을 승인하거나 축복하거나 이런저런 방식으로 통제할 권리를 주장했을 뿐이다. 결혼은 여자와 남자 개인들의 필요와 선택의 결과로 만들어진 관계다. 이 점을 강조해야 하는 이유는 결혼 서약에 종교와 정치가 개입하는 것에 분노한 나머지 결혼 자체에 분노하는 경우가 있기 때문이다. 그러나 전자와 후자는 전혀 다른 문제다.

결혼의 핵심, 특히 이 책에서 말하는 결혼의 핵심은 법적인 것이 아니라 심리적인 것이다. 법의 승인 없이 함께 살면서 정식으로 결혼식을 올린 부부보다 심리적으로 훨씬 진실한 결혼 생활을 하는 이들도 있다. 중요한 것은 헌신이다.

결혼 생활에서 헌신이란 먼저 다른 사람이 내 삶에 중요한 존재라는 사실에 저항하거나 그 사실을 부인하지 않고 인정하는 데서 시작한다. 상대가 나의 행복에 필수적인 존재임을 느끼면서 그 사실을 자연스럽게 받아들이는 것이다. 하지만 여기에는 더 깊은 뜻이 있다. 이것은 곧 내가 나의 사적인 이익을 추구할 때 사랑하는 사람의 이익까지 포함하도록 그 범위가 확장된다는 뜻이며, 내 배우자의 행복이 나의 사적이고 이기적인 관심사가 된다는 뜻이다. 개별성을 부인하거나 상실하지 않으면서 하나의 단위를 이루어 살아가는 것이다. 나와 상대방을 제외한 외부 세계와 대비해보면, 우리 둘이 하나라는 느낌은 더욱 확고해진다. 여기에는 동맹의 느낌도 있다. 즉 내 배우자를 해치는 것은 곧 나를 해치는 것이 된다. 또한 이것은 관계를 유지하고 지키는 것이 나의 최우선 목표가 된다는 뜻이다. 다시 말해 관계를 위험에 빠뜨릴 만한 행동을 일부러 하거나 그럴 줄 알면서 하지는 않는다는 것이다. 또 이것은 관계를 조금이라도 낫게 만드는 데 필요한 모든 조건을 존중하고, 그 조건을 충족하고자 최선을 다해 노력한다는 뜻이다.

헌신이 이런 뜻이라면 대부분의 결혼 생활은 진정한 의미의 헌신과는 거리가 멀다고 할 수 있다. 어떤 사람들은 이렇게 묻기도 한다. "왜 그런 걸 다 신경써야 하죠? 그냥 서로 사랑하면 되는 거 아닌가요? 왜 결혼을 하나요? 우린 아이를 가질 계획도 없는데요." 결혼은 의무가 아니라 선택이다. 누구도 남에게 결혼을 '해야 한다'고 말할 수 없다. 사랑하는 두 사람이 정식으로 결혼 서약을 하지 않은 채 같이 살고 싶어 한다고 해서 그들에게 생각을 바꾸라고 권할 근거는 어디에도 없다. 결혼 생활은 무조건적인 열정 없이 시작하기엔 너무 위험하고 힘든 일이다. 한편으론 결혼에 대한 반감이 헌신을 두려워하는 마음, (결혼뿐 아니라) 어떤 관계에서든 스스로 완전히 무조건 헌신하는 것에 대한 두려움과 관련 있어 보이는 것이 사실이다.

결혼에 필연적으로 요구되는 헌신은 합당한 수준의 성숙함을 갖춘 사람만 할 수 있는 일이다. 특히 내가 현실적으로 그러한 헌신을 유지할 수 있을 만한 상대를 선택할 수 있는 지혜가 필요하다. 젊은 나이에 결혼할수록 이혼할 확률이 높다는 것은 잘 알려진 사실이다. 이것은 그리 놀라운 일이 아니다. 안타깝게도, 출산하기에 이상적인 나이는 결혼에 적합한 나이와 같지 않다. 적어도 오늘날 사람들의 심리 구조를 보았을 때 그렇다. 어린 나이에 하는 결혼이 많은 경우에 이혼으로 끝나는 것은 어쩔 수 없는 현실이며, 앞으로 이혼율은 지금보다 더 높아질 것이 분명하다. 이혼은 점점 더 평범한 삶의 방식이 되어 가고 있다. 정상 궤도에서 벗어나는 것이 아니라 이제는 그냥 정상 궤도에 속한다.

그리고 이혼한 사람들 중 대다수가 결국 재혼한다. 두 번째, 세 번째로 결혼하는 사람들에 관한 통계를 보면, 이혼을 선택한 사람들은 자신이 결혼했던 그 사람에게서 마음이 떠난 것일 뿐 결혼 자체에 관심을 잃은 것은 아닌 듯하다. 오늘날 대부분의 사람들은 결혼한 상태를 더 선호하는 듯하다.

평생 일부일처제를 유지하는 것이 오늘날 우리 문화에서 공식적으로 인정하는 이상적인 결혼이지만, 실제 사회 현실은 '연쇄' 일부일처제라고 표현하는 편이 나아 보인다. 한 번에 한 사람과 결혼하긴 하지만(일부일처제), 평생에 걸쳐서는 많은 사람들이 두세 명과 결혼하기 때문이다('연쇄' 일부일처제).

이혼과 재혼을 불행이나 비극이라고 생각할 필요는 없다. 책임감이 부족하거나 결혼을 가볍게 여기는 것이라고 생각할 필요도 없다. 평생 유지되지 않으면 그 결혼은 무효라고 단정하는 것은 잘못이다.

결혼의 가치는 얼마나 오래 지속되었는지가 아니라 결혼 생활에서 얻은 즐거움으로 판단해야 한다. 두 사람이 50년 동안 서로에게 실망한 채 불행한 결혼 생활을 유지했다면 그들을 부러워할 사람은 없을 것이다.

여러 번 결혼하는 사람들이 늘어나는 추세를 보고 요즘 사람들이 미성숙해서 그렇다고, 또는 사랑을 제대로 할 줄 모른다거나 애초에 상대를 잘못 골라서 그렇다고 생각하는 것 역시 잘못이다. 결혼 생활을 끝내는 데는 다양한 이유가 있을 수 있다.

우리는 변화와 성장이 삶의 본질임을 알아야 한다. 서로 다른 성장의 길을 추구하는 두 사람이 어느 순간 각자 원하고 필요로 하는 것이 맞아떨어지는 지점에서 만날 수 있다. 이렇게 만난 두 사람은 몇 년간 같은 길을 걸으며 함께 즐거움을 누리고 각자 성장에 필요한 양분을 얻는다. 그러다 두 사람의 길이 다시 갈라지는 때가 올 수 있다. 그 순간의 필요와 가치관의 차이 때문에 두 사람은 각기 다른 방향으로 향하게 되고, 서로 작별을 고해야 하는 때가 올 수 있다. 물론 헤어지는 것은 고통스러운 일이다. 상대에게 매달리고 상대를 붙잡고 싶어진다. 우리는 새롭고 낯선 환경으로 자신을 떠미는 내면의 힘에 때로 격렬히 저항하기 때문이다.

스물두 살 여자와 마흔한 살 남자의 사랑을 지켜본 적이 있다. 남자는 최근에 불행한 결혼 생활을 끝냈고 여자는 매우 미성숙한 젊은이와 불만족스러운 관계를 막 정리한 참이었다. 여자는 나이 든 남자에게서 전 애인에게서 느낄 수 없었던 성숙함을 보았고, 자신이 삶에 대해 느끼는 열정과 잘 어울리는 듯한 열정을 발견했다. 여자의 눈빛에서 남자는 자신의 열정이 이해받는다는 느낌을 받았고 전 부인에게서 보지 못했던 빛나는 열정을 발견했다. 두 사람은 곧 사랑에 빠졌다. 한동안 두 사람은 황홀할 정도로 행복했다. 시간이 지나고 서서히, 소리 없이 갈등이 생겨나기 시작했다. 여자는 자유를 원했다. 새로운 실험을 해보고 유희를 즐기고 싶어 했다. 한마디로 여자는 젊게 살고 싶었다. 남자는 확실한 헌신에서 나오는 안정감을 바랐다. 두 사람은 점차 각자 현재 서 있는 성장의 단계가 얼마나 다른지, 따라서 자신들이 원하고 필요로 하는 것이 얼마나 다른지 깨닫기 시작했다. 두 사람은 이제 서로에게 이별을 고할 순간이 다가왔다고 느꼈다. 그러면 결국 이들의 관계는 실패한 것일까? 나는 둘 중 누구도 그렇게 말하지 않을 것이라고 생각한다. 두 사람은 서로 아름다운 기억을 선사했고 서로 성장에 보탬이 되었을 뿐이다.

어떤 부부들은 관계의 현상 유지를 가장 중요하게 여긴다. 이들은 다른 개인적 성장과 발전의 욕구를 희생하고 새로운 길로 나아가고자 하는 충동을 억누른다. 이미 가진 것들의 가치와 거기서 얻는 안정감이 미래의 가능성보다 중요한 것이다. 그런 선택도 있을 수 있다. 원하는 것을 가지려면 대가를 치러야 한다. 이러한 선택으로 낭만적 사랑을 유지할 수도 있고 그러지 못할 수도 있다.

사랑은 관계를 빚어 가는 과정이다

"한 사람만 사랑하는 건 힘든 일이야." "결혼은 쓸모없어." 오늘날 이런 주장은 드물지 않게 들을 수 있다. 어떻게 보면 맞는 말이라고 할 수도 있다. 그러나 다른 관점에서 보면 정말 잘못된 주장이다. 진실은 이렇다. 여러 명을 사랑하는 것도 힘들고, 비혼 생활도 만만찮다. 대부분 사람들은 어떤 선택을 하더라도 힘들다.

결혼했을 때보다 결혼하지 않았을 때 더 행복한 사람이 대부분이라고 주장할 만한 근거는 어디에도 없다. 현실은 오히려 반대인 것처럼 보이기도 한다. 마찬가지로 여러 명을 동시에 사랑할 때 한 명만 사랑하는 것보다 더 행복하다는 근거는 어디에도 없다. 어떤 선택을 하든 나름의 문제와 어려움이 따르게 마련이다.

일부일처제를 믿느냐는 질문, 더 정확히 말해 한 명의 상대하고만 성관계를 하는 것을 지지하느냐는 질문에 나는 대답할 수 없다. 결혼을 지지하느냐는 질문에도 대답할 수 없다. 이 질문들은 전제부터 옳지 않기 때문이다.

이런 질문은 사람들이 합의해 만들어진 관계의 틀 중 어느 하나가 다른 것보다 본래 우월하다는 전제를 깔고 있다. 관계에 참여하는 개개인이 어떤 사람인지, 어떤 심리인지, 어떻게 처신하는지, 상대방을 어떻게 대하는지를 고려하지 않는 생각이다. 나는 이런 관점을 인간관계를 '틀 위주'로 본다고 표현한다. 이와 달리 나는 인간관계를 '과정 위주'로 보려고 한다. 두 관점의 차이는 다음과 같다. 인간관계를 '틀 위주'로 보는 것은 관계의 형식에 주목한다는 뜻이다. 인간관계를 '과정 위주'로 보는 것은 관계를 맺은 두 사람 사이에서 어떤 일이 일어나는지에 주목하는 것이다. 내가 관계의 '형식'이라고 말하는 것은 이를테면 두 사람이 동거하는가, 결혼했는가, 서로 혼외 관계를 가질 수 있다고 합의했는가 같은 문제들이다. 관계의 '과정'이라고 할 때 내가 일컫는 것은 두 사람의 관계에서 나타나는 행동 방식이며, 이 장에서 살펴보는 주제이기도 하다.

극단적인 예를 하나 들어보겠다. 두 쌍의 연인이 '4인 결혼'을 통해 같이 살기로 했다고 치자. 이런 묘사는 관계의 형식에 관한 것이다. 이 말만 들어서는 네 명이 서로 어떻게 대하는지, 관계의 과정에 대해서는 알 수가 없다. 예를 들어, 네 사람이 자신의 감정을 인정하는지 아니면 외면하는지, 자신이 원하는 바를 드러내는지 아니면 숨기는지, 다른 사람의 상황에 관심을 두는지 아니면 오로지 자신에게만 관심을 쏟는지, 관계에 솔직하게 임하는지 아니면 남을 조종하려 드는지, 다른 사람에게 가시성을 느끼도록 해주는지 아닌지, 예의를 갖추고 서로 존중하는 분위기를 만드는지 아니면 히스테릭하게 굴면서 게임을 하려고 드는지 같은 것들은 알 수 없다. 만약 관계를 맺고 유지하는 과정이 이성적이고, 적절하며, 현실을 충분히 고려해 이루어진다면 네 사람은 머지않아 '4인 결혼'이 자신들에게 적합한지 아닌지를 알 수 있을 것이다. 만약 관계를 맺고 유지하는 과정이 비이성적이고, 부적절하며, 현실에 대한 고려 없이 이루어진다면 어떤 관계를 시도하더라도 유지하기 힘들 것이다. 4인 결혼이든 2인 결혼이든, 가벼운 연애든 금욕적인 관계든 결과는 똑같을 것이다.

자신의 연인을 섬세하고 사려 깊게 대하지 못하는 사람이라면 새로 다른 사람을 사랑한다고 해서 더 지혜로워지지는 않을 것이다. 그냥 또 하나의 관계를 그르칠 뿐이다.

한 사람하고만 성관계를 하는 것(성적 배타성)에 관해 좀 더 자세히 이야기하기 전에, 전 인류에게 적용할 수 있는 처방전은 현실적으로 불가능하다는 점을 다시 한번 강조하고 싶다. 이 문제에서 해답은 개인에 따라 맞춤 제작하는 옷과 같다. 기성복을 사 입는 것처럼 얻을 수는 없다.

전통적으로 두 사람이 오직 그들끼리만 성관계를 하는 것이 도덕적이고 올바르며 정신적으로 건강한 일이라고 여겨져 왔다. 그러나 최근에 일부에서는 복수의 사람과 성관계를 가지는 것이 도덕적이고 올바르며 정신적으로 건강한 일이라는 주장이 나오고 있다. 과거에는 한쪽이 혼외 관계를 맺고 싶어 한다는 이유로 부부가 상담을 받으러 오면 혼외 관계를 원하는 사람에게 문제가 있다고 생각하는 것이 보통이었다. 요즘은 혼외 관계를 거부하는 쪽에 오히려 문제가 있다고 생각하는 경우가 적지 않다. 나는 이런 변화가 진보라고 생각하지 않는다. 두 관점 모두 두 사람 가운데 어느 한쪽에 잘못이 있으며, 모든 사람이 따라야 하는 단 하나의 바람직한 방식이 있고, 그 방식을 따르지 않을 경우 '교정'이 필요하다는 전제를 깔고 있다.

어떤 선택을 하든 결과가 따른다. 내가 아주 좋아하는 에스파

냐 속담이 있다. "신은 원하는 것을 고르게 해주고 그 값을 치르게끔 한다." 성숙한 사람은 결과를 미리 내다본다. 그리고 자신의 행동에 책임을 진다. 물론 어떤 행동이 어떤 결과를 불러올지 전부 다 알 수 있는 것은 아니다. 그러나 어떤 행동을 하기로 선택한다면, 그 결과에 대해 내가 확신할 수 없는 부분이 있다는 사실, 그리고 내가 원하지 않는 결과가 따라올 수도 있다는 사실을 직시해야만 한다.

결혼 생활과 성적 배타성을 잘 유지하는 법을 아는 사람들이 있다. 비혼 생활과 다수와 성관계를 맺는 삶을 잘 유지하는 법을 아는 사람들도 (전자보다 적지만) 있다. 두 경우를 다 합쳐도 소수에 불과하다.

어떤 커플이 서로 상대가 아닌 다른 사람과는 성관계를 하지 않기로 합의하고 관계를 시작했다가, 나중에 그런 제약에서 벗어나기로 했다가, 시간이 지난 뒤 다시 그런 제약을 두기로 결정할 수도 있다. 다른 사람과도 자유롭게 성관계를 하기로 하고 연인 관계를 시작했다가, 나중에 서로 독점적인 관계가 될 필요가 있겠다고 생각을 바꿨다가, 다시 처음 선택지로 돌아갈 수도 있다. 그런 변화를 겪으며 관계가 유지될 수도 있고 끝날 수도 있다. "신은 원하는 것을 고르게 해주고 그 값을 치르게끔 한다."

나 자신의 경험과 이 주제에 관해 대화를 나눠본 동료들의 경험을 바탕으로 하여 말하자면, 젊은 시절에 성적으로 '개방된' 관계를 실험해본 사람들 중 대부분이 40대에나 50대 초반이 되면 한 사람하고만 맺는 관계를 선호하게 되는 경향이 있다. 니나 오닐(Nena O'Neill)은 《열린 결혼(Open Marriage)》를 쓰고 나서 몇 년 뒤에 집필한 《결혼의 전제(The Marriage Premise)》에서 같은 결론에 다다랐다. 이런 변화는 아마도 한 사람, 하나의 관계에 집중함으로써 안정과 안도감을 얻고 싶은 욕구, 확고한 헌신에 대한 욕구 때문일 것이다. 성적으로 다양한 경험을 시도하는 것 자체에 대해 환상이 깨졌거나 따분함을 느끼는 것도 변화의 이유 중 하나일 것이다.

단 한 사람에 한정된 관계일 때 낭만적 사랑이 궁극적으로 가장 흥미로운 모험일 수 있다는 생각이 든다. 이것은 나 자신의 믿음이다.

성적 배타성이 위협받았을 때

결혼한 상태에서, 나아가 사랑하는 여자와 남자가 서로 진지하게 헌신하는 모든 관계에서 상대방 한 사람하고만 성관계를 맺는다는 것은 어떤 의미일까?

나는 서로 뜨겁게 사랑할 때 상대방이 나하고만 성관계를 맺기를 바라는 마음은 지극히 정상적인 욕망이라고 생각한다. 헬렌 피셔(Helen Fisher)가 쓴 흥미로운 책 《왜 우리는 사랑에 빠지는가?(Why We Love)》에서 이런 관점을 지지하는 연구를 찾아볼 수 있다. 열정적으로 사랑할 때 성행위는 언제나 '단순한 육체적 행위'를 뛰어넘는 의미를 띤다. 이때 성행위는 사랑을 표현하는 강력한 수단이기 때문이다. 침대에서 몸과 몸이 만날 뿐 아니라 영혼과 영혼이 만나는 것이기도 하다. 따라서 배우자가 내가 아닌 다른 사람과 그런 경험을 한다는 것은 상상만으로도 괴로운 일이다. 결혼을 열정적 사랑과 결부시키지 않는 문화에서는 혼외 성관계를 대수롭지 않게 여기는 경향이 있다.

여기서 먼저 짚고 넘어갈 것이 있다. 나는 혼외 성관계가 발생했을 때 기존의 부부 관계가 반드시 파국에 이른다고는 생각하지 않는다. 전혀 그렇지 않다. 혼외 성관계가 불러온 충격이 부부 관계를 전에 없이 더 친밀하게 만들고 두 사람 사이에 새로운 사랑을 빚어낼 수도 있다는 것을 우리는 알고 있다. 여기서 내가 강조하고 싶은 것은 서로 독점적인 관계를 맺고 싶어 하는 욕망은 충분히 이해할 수 있다는 점이다. 그런 욕망은 단순히 '낡은 전통'의 잔재이거나 신경증의 징후가 아니다.

그러나 한편으로 우리는 성적 존재이며, 사랑할 때도 (다행히) 성적 존재이기를 멈추지 않는다. 누군가를 사랑한다고 해서 나머지 인류 전체가 눈에 안 보이게 되지는 않는다. 물론 한동안은 그런 것 같은 느낌이 들지만 말이다. 사랑에 빠진 상대가 아닌 다른 사람의 매력이 느껴지지 않는 것은 아니다. 매력을 느낀 결과 욕망이 생겨나기도 한다. 욕망을 행동으로 옮길지 여부는 전적으로 다른 문제지만, 욕망이 일어날 수 있다는 것, 살다 보면 누구나 욕망을 경험한다는 것은 인간 정신이 피해 갈 수 없는 당연한 현실처럼 보인다.

내가 나 자신을 편안하게 느낄수록, 자존감이 높을수록, 그리고 배우자가 나를 사랑하고 원한다는 것을 강하게 느낄수록, 나의 배우자가 가끔은 그런 순간적인 욕망을 느낀다는 사실을 쉽게 받아들일 수 있다. 그 사실을 굳이 유쾌하게 생각하지는 않더라도 그것 때문에 마치 종말이라도 온 것처럼 소란을 피우지 않는다. 반면에 내가 나 자신을 불편하게 느낀다면, 누군가 나를 사랑할 수 있다는 것에 항상 회의적이었다면, 상대방이 나를 정말 사랑하고 원하는지 의심해 왔다면, 배우자가 다른 사람에게 성적인 관심을 보인다는 사실은 거의 필연적으로 불안으로, 나아가 공포로 이어진다. 바람 앞의 촛불이 된 심정으로 살게 된다.

이 문제를 현실적으로 볼 때, 장기적으로 오직 한 사람과 성관계를 하는 관계는 인생 전반기보다 후반기에 형성될 확률이 확실히 높다. 40대에 열정적 사랑을 하게 된 사람들이 성적으로 경험이 부족한 상태일 것 같지는 않다. 그들은 아마도 성적인 호기심의 많은 부분을 이미 해소했을 것이다. 그리하여 한 사람하고만 성관계를 하는 관계, 또는 적어도 거의 항상 한 사람하고만 성관계를 하는 관계를 만들고 유지하는 데 관심이 많고 심리적으로도 더 끌리는 경향이 있다.

20대에 사랑에 빠져 결혼하는 사람들이 (두 사람만 독점적으로 성관계를 하든 그렇지 않든 간에) 그 관계를 평생 유지할 가능성은 매우 낮다는 것을 앞서 언급한 바 있다. 20대에 평생 동안 헌신할 관계를 맺을 만큼 충분히 성숙한 사람은 드물다. 그리고 설령 당시 자신에게 걸맞은 상대를 찾았다고 해도, 당시 현명하고 성숙한 선택을 했다고 해도, 정상적인 변화와 성장과 발전을 겪으면서 이전과는 다른 것을 필요로 하고 원하게 될 수도 있다.

이것을 더 잘 이해하기 위해 인간의 기대 수명이 평균 1천 년이라고 생각해보자. 20대에 결혼한 사람들이 '평생' 관계를 유지할 거라는 생각은 아무도 하지 않을 것이다. 결혼 서약은 인생 여정의 일부를 함께하겠다는 서약일 뿐, 전체 여정에 걸친 맹세는 아니라고 여겨질 것이다. 그렇다면 인간의 수명이 오백 년이라면 어떨까? 백 년이라면? 어디에 선을 그어야 할까?

물론 20대나 30대에 결혼해서 죽을 때까지 성적 배타성을 유지하며 행복하게 사는 사람들의 존재를 부정하려는 것은 아니다. 내가 반박하고자 하는 것은 다른 삶의 방식은 모두 잘못되었다는 인식이다.

결혼이라는 중요한 관계를 맺은 사람들이 때로 그 관계 밖의 성적인 만남에 끌리는 이유는 무엇일까? 몇 가지 이유를 살펴보자. 여기서는 진지하게 서로 사랑하고 헌신하는 관계만 염두에 둘 것이다.

혼외 성관계를 하는 근본적인 이유는 기존의 부부 관계에서 성적인 욕구 불만이 있기 때문이라고 흔히들 추정한다. 그러나 이것은 오해다. 가끔은 맞는 말일 수도 있지만 보편적인 이유는 결코 아니다. 혼외 성관계를 맺는 사람들 중 다수가 자신의 배우자보다 성적으로나 다른 측면에서나 덜 매력적이라고 생각하는 상대를 선택한다. 많은 경우에 사람들은 그저 새롭고 다양한 경험을 간절히 원했을 뿐이다.

특히 결혼 전에 성 경험이 적거나 아예 없었던 사람들의 경우에는 자신이 경험해보지 못한 것은 어떤 느낌일지, '저 바깥'에는 자기가 모르는 어떤 것이 있을지 언젠가 세월이 지난 뒤에 궁금해하기 마련이다. 그런 호기심의 결과로 혼외 성관계를 맺을 수도 있다.

그러나 몇 살이든, 과거에 무슨 경험을 했든 다른 여러 가지이유에서 외도를 하는 경우도 많다. 예를 들어 자기 존재에서 느껴지는 권태를 해소하고자, 지루함이나 심심함을 잊고자, 부부관계가 아니라 다른 영역, 이를테면 일에서 느끼는 실망스럽고답답한 감정을 위안받고자 외도를 할 수도 있다.

이 모든 가능성을 '새로운 자극과 흥분에 대한 갈망'이라는 개념 아래 하나로 묶을 수 있을 것이다. 그러나 새롭고 다양한 무언가를 원하는 욕망에 대해서는 더 면밀히 살펴볼 필요가 있다. 이런 욕망이 실재하는 욕망, 진정한 욕망이 아니라서가 아니다. 수많은 다른 동기를 감추려고 이 같은 설명을 이용하는 경우가 많기 때문이다. 달리 말해 그런 식의 설명이 진실하지 않은 경우가 많다는 것이다. 지금 여기서 새로운 것에 대한 갈망 이외에 혼외성관계로 이어질 수 있는 모든 요인들을 나열할 필요는 없겠지만, 한번 생각해볼 만한 흔한 동기 몇 가지를 살펴보기로 한다.

때로 사람들은 자신이 여전히 매력적인 존재임을 확인하고 싶어 한다. 이런 욕망은 자아(ego)를 끌어올리고 만족시키기 위한 것이다.

때로 사람들은 자신의 과거를 모르는 사람, 자신의 내적 성장 과정을 보지 않은 사람, 자신의 단점과 잘못을 잘 모르는 사람, 자신을 참신하게 보아줄 사람을 만나고 싶어 한다.

때로 사람들은 배우자에게 상처를 받은 뒤 복수를 하거나 자아를 회복하는 수단으로 외도를 한다.

때로 사람들은 배우자가 저지른 외도에 앙갚음하려고 외도를 한다.

때로 어떤 사람들은 자신의 인생 각본에 따라 '바람을 피울' 연인이나 자신을 '모욕할' 연인, 자신을 '배신할' 연인을 원한다. 이런 사람과 사랑하는 관계로 얽히면 스스로 '모욕당하고' '배신당하는' 역할을 맡은 그 사람에게 조종당해 저도 모르는 사이에 외도를 저지르게 되기도 한다.

때로 그저 외로워서 혼외 성관계를 맺는 경우도 있다. 상황 때문에 어쩔 수 없이 배우자와 일정 기간 동안 떨어져 지내야 하는 경우다.

때로 사람들은 과거에는 사귈 엄두도 내지 못했던 유형의 사람을 만나 그 사람과 관계를 가질 기회가 주어졌을 때 유혹에 저항하지 못하기도 한다.

때로 이전에는 누구도 건드리지 못했던 내 마음속 깊은 곳을 건드려 울리는 사람을 만날 때가 있다. 이럴 때 새로운 문이 눈앞에 열린 것만 같고, 자기 자신에 대한 새로운 이해, 느껴본 적없는 새로운 기쁨을 경험한다. 비록 이런 느낌이 기존 배우자를떠나게 만들 만큼 강렬하지는 않을지라도 새로운 사람과 성적인차원을 비롯해 모든 차원에서 만나고 싶어질 수 있다.

이 모든 동기를 '좋은 것'과 '나쁜 것'으로 나누어 평가하자는것이 아니다. 그저 이런 동기가 있을 수 있다는 것을 알고, 모든동기를 '새로움에 대한 욕망'이라는 진부한 말로 뭉뚱그려서는안 된다는 사실을 이해하기 바랄 뿐이다.

어떤 사람들은 한 사람하고만 성관계를 맺으면서 별 불만 없이 살아간다. 그렇지만 아무리 상대를 사랑하더라도 수십 년을그렇게 살아갈 수는 없다고 느끼는 사람들도 있다. 심리적으로이런 차이가 생기는 이유를 모두 알지는 못한다. 다만 확실한 것은 도덕적 찬사도, 도덕적 경멸도, 쉽고 빠른 보편적 처방전을찾으려는 시도도 모두 의미가 없다는 것이다.

우리는 자신의 결혼 생활에 그런 문제가 일어나지 않기를 바란다. 물론 일어나지 않을 수도 있다. 그러나 만약 그런 문제가생긴다면, 세상이 끝난 것처럼 소란을 피우지 않는 것, 이제 사랑은 끝났으며 관계는 불가피한 파국을 맞았다고 성급히 단정짓지않는 것이 지혜로운 대처다.

앞에서 잠깐 언급한 것처럼, 혼외 성관계로 인해 기존 관계가 더 단단해진 사례를 나는 알고 있다. 물론 기존 관계를 파괴한 사례도 있다. 어떤 상황이든 각각의 조건과 맥락을 고려해 자세히 살펴야 한다.

혼외 성관계가 기존 관계를 뒤흔든다는 데는 이론의 여지가 없다. 우리가 새로운 문을 열고 걸어 나갈 때 앞에 무엇이 기다리고 있을지는 알 수 없다. 분명한 사실을 외면하지 말자. 사랑하는 상대가 외도를 했을 때 사람들은 보통 상처받는다. 고통이 쌓인 나머지 사랑하는 감정이 사라질 수도 있다. 그렇다고 해서 기존 관계 속 두 사람이 꼭 완전히 헤어지리란 법은 없다. 서로 기대하는 바가 달라진 채 계속 함께할 수도 있다. 관계의 성격이 달라지는 것이다. 새로 합의된 관계에 여전히 '사랑'이 포함되어 있을 수 있지만, 두 사람은 이제 더는 그 감정을 낭만적 사랑이라고 규정하지는 않을 것이다. 불꽃은 사라졌다.

내가 아는 어떤 부부가 떠오른다. 그 부부는 둘 중 한 명이 외도를 했다는 것은 곧 두 사람의 관계에 풀지 못한 문제가 있음을 알려준다는 것을 확실히 이해할 만큼 지혜로웠다. 그들은 두려움 앞에 무릎 꿇을 때가 아니라 용기와 지혜를 짜내야 할 때임을, 관계를 버릴 때가 아니라 지키려고 싸워야 할 때임을 알았다. 그들은 지금 자신들에게 가장 긴급하게 필요한 일은 왜 그런 일이 벌어졌는지 이해하는 것임을 알았다. 두 사람은 성공했고, 관계는 다시 태어나 새로운 활기를 얻었다.

배우자가 다른 사람과 잤을 때 상처받고 화가 나는 것은 당연하다. 어쩌면 무서울 수도 있다. 겁이 날 수도 있다. 그러나 어떤 감정을 느끼든 간에 상대방을 다그치고 그에게 죄책감을 느끼게 함으로써 구속하고 통제하려 해봤자 아무것도 이룰 수 없음을 알아야 한다. 물론 공격하고 몰아세우고 싶은 충동이 들 수 있다. 그러나 낭만적 사랑을 지키는 것이 목적이라면, 그런 식으로 행동하는 것은 관계를 치유하는 것이 아니라 오히려 더 멀어지게 하는 전략임을 깨달아야 한다. 무관심한 척 가장하는 것 역시 치유를 돕지 못한다. 필요한 것은 거짓말이 아니라 이해이고, 소통하고자 하는 솔직한 노력이다.

어떤 사람들은 외도가 일어날 수 있는 일이라는 사실을 이해하고, 혼외 관계를 서로 투명하게 알릴 경우 그것을 인정한다는 방침에 합의하기도 한다. 어떤 사람들은 혼외 관계가 있더라도 서로 알리지 않는 것을 선호한다. 혼외 관계가 있을 수 있다는 것을 받아들이지만, 그 일에 대해 듣고 싶어 하지는 않는다. 어느 쪽이든 부작용은 있을 수 있다.

어떤 선택을 하고 어떤 결단을 내리든 그에 합당한 결과가 따른다. 때로 특정한 방침을 채택했다가 그 방침이 자신들에게 부적절하다는 것을 깨닫고 다른 방침을 택할 수도 있다. 서로 성적 배타성을 지키는 편인 커플이든 그렇지 않은 커플이든 간에, 양쪽 모두에게 해줄 수 있는 말은 이것이다. "서로에게 가능한 한 정직할 것. 자신의 감정, 자신이 좋아하는 것, 자신이 한 행동을 속이지 말 것. 자기 자신에게 거짓말하지 말 것. 상대방에게 거짓

말하지 말 것. 그러면 어떤 것이 나에게 좋은 일이고 어떤 것이 쓸모없는 것인지를 알게 될 것이다."

어떤 상황에서든 나 자신이나 상대방을 계속 기만하면 결국 관계를 망치게 된다는 점을 강조하고 싶다. 거짓말은 관계를 멀어지게 만든다. 거짓말은 벽을 만든다.

오늘날 좋은 쪽으로 변화가 일어나고 있다고 한다면, 그것은 사랑하는 관계의 성적 측면에서 거짓말을 감내하지 않으려는 경향이 점점 커지고 있다는 것이다. 기만적인 삶을 참기 싫어하고 문제의 모든 측면을 공개적으로 논의하려는 사람들이 늘어나고 있다.

이쯤에서 한 가지 경고를 하는 편이 좋을 듯하다. 내가 거듭 관찰한 바에 따르면, 때로 혼외 성관계는 결혼 생활을 참을 만하게 만든다. 이것은 혼외 성관계에 따라올 수 있는 위험 중 하나다. 어떤 사람들은 외도를 함으로써 자신의 결혼 생활에 존재하는 고통과 갈등을 대면하지 않고 회피한다. 그러나 외도는 해결책이 아니라 진통제일 뿐이다. 따라서 혼외 성관계의 유혹을 느끼는 사람이라면 자신에게 먼저 이런 질문을 던져보아야 한다. "만일 내가 외도를 하지 않는다면 나는 결혼 생활에 대해 어떻게 느낄 것 같은가?"

마치 불변의 정답이 단 하나 있는 것처럼, 한 사람하고만 관계를 맺는 것이야말로 모든 사람이 따라야 할 길이라고 선언하기란 쉬운 일이다. 마찬가지로 성적으로 '열린' 관계야말로 단 하나의 현실적인 해결책이라고 선언하기도 쉬운 일이다. 둘 중 어느 주장도 실제 인간관계의 복잡함과 개개인의 엄청난 차이를 충분히 존중하지 못한다.

쉬운 답은 없다.

질투는 두려움을 먹고 자란다

질투와 낭만적 사랑을 이야기하기에 가장 적절한 시점이 바로 지금일 것이다.

질투와 관련해 가장 먼저 이해해야 할 점은, 질투라는 한 단어가 전혀 다른 여러 가지 감정 상태를 묘사하는 데 쓰인다는 사실이다. 예를 들어, 질투라는 단어는 사랑하는 사람이 다른 사람과 잤다는 것을 알고서 느끼는 단순한 괴로움을 묘사할 때도 쓰이고, 실제로 증거가 전혀 없는데도 끊임없이 상대방이 저지른 불륜의 징후를 찾는 사람의 광기 어린 의심을 묘사할 때도 쓰인다. 또 배우자가 자신이 아닌 다른 사람(동성이든 이성이든 상관없이)과의 관계에서 즐거움이나 가치를 찾는 것을 견디지 못하는 사람이 느끼는, 불안에 찌든 소유욕을 묘사할 때도 쓰인다.

성적-낭만적 관계에서 질투는 불안, 위기감, 거부당하거나 버림받는 상상, 그리고 많은 경우에 (실제로든 자기 머릿속에서든) 다른 사람에게 관심을 보이거나 다른 사람과 관계를 맺는 상대방에 대한 분노를 동반한다.

질투는 무조건 비이성적이라고 주장하는 사람들도 있다. 나는 이런 관점에 동의하지 않는다. 감정은 이성적이지도 않고 비이성적이지도 않다. 인간은 이성적이라고도 할 수 있고 비이성적이라고도 할 수 있다. 인간의 사고 과정 역시 이성적이라고도 할 수 있고 비이성적이라고도 할 수 있다. 하지만 감정은 그냥 감정일 뿐이다. 질투심을 자극하는 객관적 요인이 전혀 없을 때, 외적 현실에 아무런 근거가 없는데도 질투심을 느낄 때, 이런 경우에 질투심을 비이성적이라고 부르고 싶어질 만하다. 그렇다 하더라도 사실에 비추어 말한다면 비이성적인 것은 질투심이라는 감정이 아니라 질투심을 일으킨 왜곡된 사고 과정이다.

때로 사람들은 뿌리 깊은 자기 의심, 자신 없음, 거부당하고 버림받을지 모른다는 끊임없는 두려움 때문에 불안을 느낀다. 사랑하는 사람이 자신을 외면하고 방치하면서 다른 엉뚱한 사람에게 자신이 받고 싶은 관심을 쏟는다고 느끼기 때문에 질투심을 느낄 수도 있다. 지난 관계에서 상대방이 다른 사람과 관계를 맺어 괴로웠던 경험을 한 탓에 새로운 관계에서 질투심을 느끼는 경우도 있다. 자신이 다른 사람에게 성적 매력을 느끼면서 그 감정을 억누르고, 상대방에게 자신의 문제를 투사해서 질투심을 느낄 수도 있다. 지금 느끼는 행복이 언젠가 망가질 거라는 막연한 두려움이 질투심을 유발할 수도 있다. 사랑하는 사람이 실제로 다른 사람과 관계를 맺고 있다는 것을 알고 불안을 느껴서 질투심이 불붙을 수도 있다.

확실히 질투는 낭만적 사랑에 해를 끼칠 수 있다. 이러한 위험에 대처하려면, 질투심이 일어날 때 그 감정을 잘 관리하는 기술이 필요하다.

흔히 사람들은 질투심을 느낄 때 화를 내고 상대방을 비난하고 울고 인신공격을 한다. 이 모든 행동이 비난당하는 쪽이 방어적으로 나오고 반격을 취하도록 자극한다. 진정한 소통이 사라진 자리에 고함을 치고 시치미를 떼고 거짓말을 하고 화가 나서 입을 닫는 모습이 들어선다.

질투심을 느낄 때 자기 감정을 솔직하게 인정하는 사람은 매우 드물다. 예를 들어 어떤 여성이 모임에 가서 남편이 다른 여성과 시시덕거리는 것을 목격했다고 해보자. 아내가 남편을 적대시하면서 신랄한 말과 비난을 퍼부을 확률은 아내가 다음과 같이 말할 확률보다 훨씬 높다. "당신을 보면서 좀 불안했어요. 무서웠어요. 당신이 나를 떠나면 어떡하나 하는 생각이 들었어요." 이런 식의 접근은 신뢰라는 바탕 위에서 대화를 시도하는 것이다. 남편을 갑자기 적으로 대하지 않고, 자기 감정에 책임을 지는 것이다. 이렇게 솔직히 말할 수 있는 사람이라면, 남편과 서로 우호적인 태도로 모임에서 있었던 일에 대해 이야기를 나눌 분위기를 만들 수도 있다. 남편은 공격받았다고 느끼지 않는다면 방어할 필요도 느끼지 않을 것이다. 아내의 말을 귀담아듣고 자기 감정을 진실하게 표현할 수 있을 것이다. 문제가 있다면, 두 사람이 함께 해결할 수 있다.

내가 질투심을 느낀다는 것을 솔직하게 인정할 때, 단순히 질투심을 털어놓는 것을 넘어 마음속 불안과 버림받는 것에 대한 두려움 같은 깊은 속내를 털어놓을 때, 괴로운 마음이 덜해지거나 나아가 사라질 수 있다. 낭만적 사랑을 위해서는 표면적인 감정에서 벗어나 자기 내면 깊숙이 내려가 두려움과 무력감, 과거에 버림받은 적이 있다면 그 기억에까지 가 닿는 법을 배워야 한다. 앞의 사례에 나온 남편이 정말 다른 여성에게 매력을 느꼈다고 치자. 그랬다는 것을 인정하는 것이 아내를 위하는 길이다. 아내 눈에 뻔히 보이는 사실을 부정한다면 아내의 불안과 불신이 더 커질 뿐이다. 그러면 당연히 아내의 질투심이 악화된다.

　상담실에서 만난 많은 여성들은 자신의 남편을 두고 이런 이야기를 했다. "남편이 어쩌다 다른 여자한테 눈길을 줬다는 게 싫은 게 아니에요. 그럴 수도 있죠. 남편이 그 사실을 인정하지 않는다는 게, 그 일에 대해 항상 거짓말을 한다는 게 싫은 거예요. 그럴 때마다 정말 미치도록 화가 나요."

　여기서 반박의 여지가 없는 원칙 하나를 발견할 수 있다. 사랑하는 사람이 질투심을 느낄 때 문제를 최소화하는 방법은, 나의 정직함을 의심할 여지 자체를 상대방에게 주지 않는 것이다. 그리고 상대방이 토로하는 괴로운 심정을 무시하지 않고 그의 말에 귀를 기울이는 것이다.

　언제나 질투심 아래로 들어가야 한다. 내가 사랑하는 사람이 다른 사람에게 성적인 관심을 품거나 다른 사람과 깊은 관계를 맺었을 때, 이 원칙은 훨씬 더 중요해진다. 내가 느끼는 감정 안으로 깊숙이 내려가야 한다. 고통의 뿌리로 내려가 거기에 있는 것을 대면하고, 경험하고, 이야기해야 한다. '질투심'에 대해 그저 피상적인 수준에서 말하는 데 그쳐서는 안 된다. 거기서 그친다면 해결되는 것은 아무것도 없다.

남편이 질투를 느끼는 문제 때문에 몇 달을 싸우던 부부를 만나 상담한 적이 있다. 부부가 말다툼을 할 때마다 쟁점은 늘 남편이 질투를 느낄 만한 상황인지 아닌지 여부였다. 남편이 질투심에 대해 이야기하는 것을 멈추고 그 대신 자신의 괴로운 마음, 아내를 잃을까 봐 두려운 마음에 대해 이야기하는 법을 배우자 부부 앞에 새로운 문이 열렸다. 아내는 처음으로 남편의 말을 귀담아듣기 시작했다. 아내는 자신이 모임에서 사람들을 만날 때마다 다소 과장되게 행동해 오해를 살 만했음을 인정하고, 기꺼이 그런 행동을 그만두기로 했다.

살면서 부딪치는 모든 문제에 늘 쉽게 해결책을 찾을 수는 없다. 사랑하는 사람이 다른 사람에게 마음을 빼앗길 수도 있다. 그 결과 어떤 일이 일어날지 예측할 수 없고, 어쩔 수 없이 불안과 괴로움을 겪어야 할지도 모른다. 이런 상황에서 상대방을 공격하고 비난하는 것을 넘어 자기 감정에 솔직해지기는 매우 어려운 일이다. 물론 그런 상황을 꼭 받아들여야 할 필요는 없다. 상황에서 빠져나오는 것도 선택이다. 무엇을 용납하고 무엇을 용납하지 않을지 판단할 사람은 나 자신밖에 없다. 여기서 보편적인 판단의 잣대는 존재하지 않는다. 내가 사랑하는 사람이 외도를 하다가 자신이 저지른 행동이 얼마나 많은 고통을 초래했는지를 깨닫고 외도를 그만두기로 결심할 수도 있다. 물론 그러지 않을 수도 있다. 하지만 누가 그 사람에게 그런 관계를 '끊어야 한다'고 말할 수 있을까? 그런 말을 할 수 있는 위치에 있는 사람이 누구인지 나는 모르겠다.

눈에 보이는 확실한 근거 없이 질투심을 느낄 때는 어떻게 해야 할까? 사랑하는 사람이 내 눈에 거슬리는 행동을 아무것도 하지 않았는데도 의심 때문에 마음이 찢어질 것 같다면 어떻게 해야 할까? 어쩌면 내가 의식적으로 알아차리기엔 너무 미묘한 정도의 자극을 받았을 수 있다. 그와 동시에 무의식 차원에서는 질투심을 느낄 만한 분명한 신호를 감지한 것이다. 그러나 앞서 언급했던 또 다른 가능성도 고려해보아야 한다. 자신의 성충동을 부인하고 외면할 때 투사 기제를 통해 상대방에게 나의 문제를 떠넘기는 것이다. 그러므로 뚜렷한 이유 없이 지속적으로 질투를 느끼는 사람은 자기 자신에게 질문해볼 필요가 있다. 내게 다른 사람과 관계를 맺고 싶은 마음이 있는가?

내가 사랑하는 사람이 나 아닌 다른 사람을 사랑하게 되는 것은 현실에서 일어날 수 있는 일이다. 이 분명한 사실을 무시해선 안 된다. 한편으로, 그런 일이 일어났을 때 성숙한 사람이라면 어떤 상실감도 느끼지 않고 의연할 것이라고 주장하는 것은 그럴듯하게 들릴지 몰라도 성숙함을 제대로 이해하지 못한 것이다. 상실감은 고통이다. 상실감을 받아들일 수는 있다. 상실감을 느낀다고 해서 꼭 미치거나 이성을 잃는 건 아니다. 하지만 어쨌든 상실감은 괴로운 감정이다. 그게 바로 현실이다.

이유가 무엇이든 자신이나 자신의 배우자가 질투를 느끼는 상황을 상상해보자. 질투심을 느끼는 쪽이 상대방의 죄책감을 유도하려 하지 않고 자신의 감정을 솔직하게 터놓고 이야기한다면, 그리고 상대방은 존중하고 수용하는 태도로 귀담아듣고 솔직하게 반응한다면, 두 사람은 관계를 지키기 위해 최선을 다한 것이다. 두 사람의 낭만적 사랑은 계속 자랄 수도 있다. 그러나 자신이 느끼는 진짜 감정을 부인하거나 외면한다면, 내면의 불안을 의식하려 하지 않고 피상적인 차원에서만 이야기한다면, 괴로움을 호소하는 상대방의 목소리를 들으려 하지 않고 존중하지 않는다면, 상대방에게 거짓말을 한다면, 두 사람은 스스로 관계를 파괴하는 것이다. 낭만적 사랑은 죽을 것이다.

아이가 낭만적 사랑에 끼치는 영향

낭만적 사랑을 할 때 닥쳐오는 도전에 관한 논의도 거의 끝나가고 있다. 이제 자녀와 자녀가 사랑하는 관계에 끼칠 수 있는 영향을 언급하기에 적절한 시점이 된 것 같다.

지금까지 이 책에서 드러난 낭만적 사랑의 이상적 모습은 일반적으로 서양 문화에서 옹호하는 사랑의 개념을 확실히 뛰어넘는다. 내가 말하는 낭만적 사랑은 서양의 세속적이고 개인주의적인 전통에 뿌리를 두고 있지만, 담쟁이가 덮인 예쁜 집에서 어린아이들이 뛰어다니는 풍경으로 표현되는 서양의 전통적인 이상적 가정과는 거리가 멀다. 더 진지하게 말하자면, 한편으로 가정적으로 '길들여진' 낭만적 사랑과도 다르고, 다른 한편으로 십대들이 흔히 꿈꾸는 환상적인 낭만적 사랑과도 다르다.

지금까지 자녀와 가족에 관해서는 전혀 언급하지 않았다. 그 이유는 나의 주된 관심사가 여성과 남성의 관계에서 나타나는 심리 역학이기 때문이다. 그러나 자녀와 가족이라는 주제를 아예 무시한다면 낭만적 사랑에 관한 지금까지의 설명에 틈을 남기게 될 것이 분명하다.

아이가 두 사람이 나눈 사랑의 아름다운 결실일 수 있다는 것은 사실이다. 하지만 아이가 재앙이 될 수 있다는 것 또한 사실이다. 이 책에서 후자에 더 비중을 두는 이유는 전자에 관해서는 이미 수많은 사람들이 이야기해 왔기 때문이다. 아이를 낳고 가정을 꾸리는 것이 얼마나 행복하고 보람찬 일인지 우리는 귀에 못이 박이도록 들었다. 물론 자녀를 키우며 진정한 행복을 느낄 수 있다. 새로운 생명을 탄생시키고 그 생명이 자라는 것을 지켜보는 기쁨을 누가 부정할 수 있겠는가? 그러나 이제 이 이야기의 다른 측면에 주목할 때가 되었다.

아이를 낳은 여성들을 대상으로 한 여러 연구에서 밝혀진 사실부터 살펴보자. 많은 어머니들이 다시 선택할 기회가 주어진다면 아이를 낳지 않겠다고 대답한다. 그리 놀라운 일은 아니다. 심리 상담을 하면서 나 자신도 이런 경향을 자주 실감했다. 물론 아이가 태어나면 아이의 부모는 보통 아이에게 애정을 느끼고 소중히 키운다. 그러나 그렇다고 해서 많은 여성들이 자신의 삶을 돌아보면서 다음과 같이 느낀다는 사실을 바꿀 수는 없다. "이제야 알게 됐지만 아이를 안 낳기로 했으면 전혀 다른 삶, 더 만족스러운 삶을 살 수 있었을 것 같아요."

오랫동안 나는 많은 여성들에게 같은 질문을 했다. "아이의 존재가 결혼 생활에 긍정적인 영향을 끼쳤다고 느끼시나요? 남편과의 관계에 긍정적인 영향을 끼쳤다고 생각하나요?" 다수의 여성들이 아이를 낳고 키우는 것이 여러모로 보람찬 경험이었다는 것을 인정하면서도, 남편이나 자신이나 아이 때문에 행복한 부부 관계를 유지하는 데 어려움을 겪었다고 대답했다. 부모로서 해야만 하는 일들은 낭만적 사랑에 도움이 되기보다 사랑이 극복해야 할 장애물로 여겨지는 경우가 많다.

지금까지 대부분 여성들은 누군가의 아내로, 어머니로 사는 것이 당연한 운명이라는 생각을 주입받으며 자랐다. 여성들은 자신의 정체성을 오로지 남자와의 관계, 자녀와의 관계를 통해 규정하도록 교육받는다. 남자와의 관계에서든 자녀와의 관계에서든 '여성다움'은 베풀고 봉사하는 것과 연관된다. 이런 문화에서 자란 여성이 '여성답게' 살기를 원할 때, 모성 신화의 덫에 걸리기 쉽다. 덫 안에 든 미끼는 자존감이다.

여기서 흥미로운 역설이 발생한다. 만약 여성답게 사는 것이 어머니로 산다는 뜻이라면, 그것은 곧 여성이 낭만적 사랑을 할 기회를 잃을 위험에 제 발로 들어간다는 뜻이기도 하다.

이 문제를 좀 거칠게 말하자면, 여성이 지금 같은 세상에서 살아가며 배워야 할 가장 중요한 것은 자신에게 존재할 권리가 있다는 사실이다. 결국 이것이 핵심이다. 여성에게는 존재할 권리가 있으며 여성의 인생은 자기 자신의 것이다. 여성은 인간이지 다른 사람에게 봉사하기 위해 태어난 번식 기계가 아니다. 달리 말해 여성은 지적이고 고결한 이기심을 습득해야 한다. 자기를 지워버리는 것은 전혀 아름답지도 않고 훌륭하지도 않은 일이다. 자신의 행복을 위해서만이 아니라, 낭만적 사랑을 위해서도 자신을 희생해서는 안 된다는 사실을 이해해야 한다.

40년이 넘는 시간 동안 심리 상담을 위해 나를 찾아온 엄청나게 많은 여성들이 같은 고백을 했다. 자신이 '진정 여성답다'고 느끼기 위해 자신에게 '모성 본능'이 있다고 생각하려고 온갖 애를 썼다는 것이다. 아이를 서너 명 낳은 뒤에야 그런 생각이 터무니없다는 사실, 자신의 경험을 솔직하게 돌아봤을 때 그런 생각을 뒷받침할 근거가 전혀 없다는 사실에 직면하게 되었다고 그들은 시인했다.

삶은 선택의 연속임을 기억하자. 우리는 누구나 자신이 실현할 수 있는 것에 비해 월등히 많은 잠재력과 욕구를 지니고 있다. 설령 어머니가 되고자 하는 타고난 욕구가 있다고 하더라도,

꼭 그 욕구를 따라야 하는 것은 아니다. 예를 들어 누구나 평생 동안 아마 꽤 많은 사람에게 성적 매력을 느끼겠지만 그런 사람들과 다 성관계를 하지는 않는다. 사람은 선택을 한다. 장기적으로 원하는 바와 목표를 고려해 자신이 실제로 취해야 할 태도와 행동을 생각하고 조정한다(그렇게 해야 한다). 따라서 사람은 자신에게 항상 질문을 던져야 한다. 내가 나의 인생에서 원하는 것들을 전반적으로 고려했을 때, 아이가 나의 목표에 어떤 영향을 끼칠 것인가? 나는 아이를 제대로 양육하기 위해 필요한 것들을 제공할 준비가 되어 있는가?

본능적 욕구의 문제를 조금 더 생각해보자. 인간으로서 본능적 욕구를 억누르면 안 되는 게 아니냐는 의문은 불합리한 것이다. 다른 본능적 욕구에 대해서는 왜 똑같은 질문을 하지 않는가? 많은 여성들이 아이를 낳고 기르는 데 자신의 인생을 바치느라 무언가를 창조하고, 성취하고, 자유롭게 독립적으로 살고 싶은 욕구를 억누르고 있지 않은가?

부부 관계에 아이가 끼치는 영향을 고려할 때는 다음 문제도 고민해봐야 한다. 사랑하는 사람들은 서로 성장과 발전을 꾀하며 수많은 장벽을 뛰어넘고 문제를 해결해야 한다. 아이가 있을 때 이것은 훨씬 어려운 일이 된다. 예를 들어 어떤 사람이 지루하고 보람 없는 일을 때려치우고 새로운 모험을 시작한다고 생각해보자. 현재 그 사람의 삶에 스스로 자신을 돌볼 수 있는 두 명의 성인만 관련되어 있다면 모험을 시작하기가 훨씬 더 쉬울 것이다. 그러나 아이가 있다면 어떨까? 상황이 완전히 달라진다. 아이를 건강하고 행복하게 키우는 데 조금이라도 방해가 될까 봐 부모들이 얼마나 많은 기회를 흘려보내고 도전을 보류하고 성장을 억누르는가? 그렇게 많은 기회를 놓친 탓에 삶이 점점 더 무겁게 느껴지고 점점 더 빛을 잃는 것처럼 느껴진다면, 그런데도 낭만적 사랑은 괜찮을 거라고 생각하는 것은 어리석은 일이다.

대중적으로 널리 퍼진 믿음과 달리 많은 연구들에서 아이가 행복한 부부 관계에 보탬이 되기보다 장애물이 되는 경향이 더 짙다는 것을 분명히 밝히고 있다. 아이를 낳으려고 계획하는 부부가 부딪치는 가장 큰 문제는 어머니로서, 아버지로서 역할을 수행하면서도 부부의 사랑을 어떻게 유지할 것인가 하는 문제다. 여러 연구에 따르면 부부 사이의 갈등은 첫아이를 낳으면서 커지는 경향이 있고, 막내가 독립하면서 개선되기 시작한다.

아이와 관련해 나타날 수 있는 또 다른 문제는 부부 중 한쪽만 아이를 원하는 것이다. 물론 이 문제는 결혼하기 전에 해결하는 것이 가장 바람직하다. 심리 상담가인 내 친구는 결혼을 생각하는 커플을 상담할 때 5년 뒤 자기 자신의 삶을 각자 상상해보고 상상한 내용에 관해 대화를 나누길 권하곤 한다. 이 과정을 통해 서로 삶에서 목표로 삼는 것, 꿈꾸는 것이 크게 다르다는 사실을 깨닫는 사람들이 적지 않다. 이러한 차이를 놓고 협상하려면 깊은 고민과 서로에 대한 배려가 필요하다. 제대로 협상할 자세가 갖춰지지 않는다면 거의 언제나 낭만적 사랑은 죽게 될 것이다.

서로 사랑하는 두 사람이 새로운 존재를 창조하는 모험을 함께하고 싶어 하는 것을 이해하기는 어렵지 않다. 나는 아이를 낳고 기르는 것 자체에 반대하는 것이 결코 아니다. 내가 반대하는 것은 아이를 낳는 것을 누구나 거치는 인생 과정이나 사회적 관습이라고 여기는 태도, 또는 의무감에서 아이를 낳거나 자신의 여성성 또는 남성성을 증명하기 위해 아이를 낳으려는 태도다. 내가 반대하는 것은 아이가 낭만적 사랑에 어떤 영향을 끼칠 수 있는지 제대로 인식하지 못한 채 아이를 낳는 것이다.

이 논의를 마무리하면서 간단히 하고 싶은 말이 있다. 숙고 끝에 아이를 낳기로 결정하고 자신의 결정에 책임을 지며, 부모로서 짊어져야 할 과제를 수행하면서도 건강한 사랑을 유지하는 법을 아는 사람들이야말로 존경받아 마땅하다. 이들이 해내는 일은 정말 쉽지 않은 일이다.

갈등에 휩쓸리지 않으려면

낭만적 사랑을 유지하려면 언뜻 보기에 모순되는 두 가지 태도 혹은 방침이 필요하다. 하나는 현재를 사는 것, 지금 이 순간을 사는 능력이다. 다른 하나는 눈앞의 현실에 압도되지 않고 자신의 삶을 한 발짝 물러나 바라볼 수 있는 능력이다. 나무를 보면서 동시에 숲을 보는 것과 같다고 생각하면 이 두 가지가 서로 모순이 아니라는 것을 이해할 수 있다. 사랑하는 여자와 남자는 때로 싸운다. 때로 서로 거리감을 느낀다. 내가 사랑하는 사람이 때로 내 가슴을 아프게 하고 분노하게 만든다. 나도, 내가 사랑하는 사람도 때로 절실히 혼자 있고 싶어 한다. 이 모든 것은 드문 일도, 비정상적인 일도 아니다. 이런 일들이 일어나도 낭만적 사랑이 근본적으로 흔들리지는 않는다.

성숙한 사랑의 특징 중 하나는 상대방을 깊이 사랑하면서도 그 사람과의 관계에서 화가 나고 따분하고 거리감을 느끼는 순간이 있을 수 있다는 것, 순간순간, 하루하루, 또는 어느 한 주일에 느끼는 감정 변화로 관계 자체를 부정적으로 판단해서는 안 된다는 사실을 이해하는 것이다. 사랑하는 사람과 함께 쌓아 온 역사가 있다는 것, 둘의 관계에는 맥락이 있다는 것, 당장 눈앞에 어떤 고난이 닥치더라도 그 역사와 맥락은 변하지 않는다는 것을 알 때 우리는 근본적인 평안을 누릴 수 있다. 성숙한 사람은 기억한다. 전체 그림을 볼 수 있는 능력을 유지한다. 사랑하는 상대가 오늘 한 행동만 보고 그를 평가하거나 정의하지 않는다.

반면에 미성숙한 사람은 일시적인 갈등, 실망, 거리감을 참지 못한다. 갈등이나 어려움이 닥쳐와 힘이 들면 관계가 끝장났다고 금세 결론 내린다. 어떤 사람들은 한 달에 몇 번씩 우리 관계는 이제 끝이라고 생각한다. 끈기가 모자라거나 아예 없고, 지금

이 순간 이후의 미래를 볼 능력이 모자라거나 아예 없고, 당장 닥친 문제를 더 넓은 시야로 볼 능력이 모자라거나 아예 없는 사람들이다. 따라서 이런 사람들의 삶과 연애 또는 결혼 생활은 늘 벼랑 끝에 매달려 있다. 사랑은 그런 위태로운 환경에서 자랄 수 없다. 그런 환경에서는 조만간 사랑이 말라 죽게 마련이다.

일시적으로 실수를 하거나, 갈등이 생기거나, 상처를 주고받거나, 사이가 멀어지더라도 관계의 본질을 잊지 않을 수 있는 능력이 필요하다. 내가 사랑하는 사람이 본질적으로 어떤 사람인지를 지금 그 사람이 하는 행동을 넘어 볼 수 있어야 한다. 지금 이 순간을 잊으라는 말이 아니라, 지금 이 순간이 행복하지 않을지라도 지금 이 순간 내가 맺는 관계와 내가 사랑하는 사람의 본질을 볼 수 있어야 한다는 것이다.

그럴 수 있다면 힘든 시간도 결국에는 사랑을 더 굳건히 하는 자양분이 될 수 있다.

아내를 깊이 사랑하는 한 남성에게서 들은 멋진 이야기가 떠오른다. "아내가 저한테 엄청나게 화가 났을 때도 아내의 얼굴에서 아내가 저를 사랑한다는 것, 그리고 아내도 화가 잔뜩 난 그 순간에조차 그 사실을 알고 있다는 게 보여요. 아내의 눈에서 말 그대로 분노가 이글거릴 때도요. 한번은 아내가 저한테 똑같은 말을 해서 정말 행복했습니다. 제 기분이 어떻든 간에 제 눈동자를 보면 제가 자기를 사랑하는 걸 알 수 있다고 하더군요."

이 사람이 털어놓은 이야기야말로 결코 시들지 않는 관계를 만드는 한 가지 비결이 아닐까?

'사랑한다'는 말이 뜻하는 것

"당신을 사랑해. 당신과 삶을 함께하고 싶어." 이렇게 말할 때 의식적으로든 무의식적으로든 상대방에게 전하게 되는 메시지가 있다. 여기서는 그 메시지를 하나씩 살펴보고자 한다.

우리가 진지한 관계를 맺고 있고 내가 너를 사랑한다고 말한다면, 그것은 내가 너의 생각과 감정에 관심이 있으며 너의 말을 존중하고 귀담아들을 것이라고 생각해도 좋다.

내가 너를 사랑한다고 말한다면, 이 말을 내가 너를 친절하고 다정하게 대하겠다는 뜻으로 해석해도 좋다.

내가 너를 사랑한다고 말한다면, 네가 힘들고 지쳤을 때 내가 기꺼이 내 어깨를 내어줄 것이라고 기대해도 좋다.

내가 너를 사랑한다고 말한다면, 그것이 너에게 결코 화내지 않겠다거나 네가 어떤 행동을 해도 못마땅해하지 않겠다고 약속하는 것은 아니다. 하지만 네 편에 서서 너의 마음에 공감하고 네 일을 내 일처럼 여기겠다고 약속하는 것이다.

내가 너를 사랑한다고 말한다면, 이 말은 곧 너의 감정과 욕구가 내게 중요하다는 뜻이다.

내가 너를 사랑한다고 말한다면, 우리가 함께할 때 내가 온전히 네 곁에 있으리라는 사실을 너의 당연한 권리로 받아들여도

된다.

여기서 온전히 네 곁에 있겠다는 것이 무슨 뜻일까?

네가 자신에게 중요한 어떤 것을 내게 털어놓을 때, 함부로 판단하지 않는 태도로 온 신경을 집중해서 귀담아듣겠다는 뜻이다. 겉으로는 듣는 척하면서 속으로 너의 말에 맞서지 않을 것이다. (나는 네가 아무 말을 하지 않을 때도 때로 너에게 집중할 것이다. 그것이 너를 사랑함으로써 내가 느끼는 즐거움 중 하나가 될 것이다.)

네가 나에게 자신의 생각을 설명하거나, 네가 겪는 문제를 들려주거나, 불만을 토로하거나, 직장에서 있었던 재미있는 일을 이야기할 때, 온전히 네 곁에 있겠다는 말은 오로지 네가 말하는 그 순간에 집중하겠다는 뜻이다. 즉 내가 말하고 싶은 '더 중요한' 주제를 꺼내 너의 말을 가로막으려 하지 않겠다는 뜻이다.

너의 말을 끊고서는 네가 무엇을 놓치거나 빠뜨렸는지 너에게 설교하려 들지 않겠다는 뜻이다.

네가 불만을 토로할 때 반격하는 것으로 대응하지 않겠다는 뜻이다.

너를 이해하고 싶은 마음을 너에게 이해받고 싶은 마음보다 우선하겠다는 뜻이다.

누군가의 '곁에 있다'는 것에는 두 가지 측면이 있다. 관심과 수용이다.

다른 사람의 곁에 온전히 있다는 것이 어떤 것인지 이해하지 못하는 사람은 사랑한다는 것이 어떤 것인지 이해하지 못하는 사람이다.

영원한 사랑을 꿈꾼다면

20대 또는 30대 초반에 평생에 걸쳐 추구하려는 경력에 첫발을 내디딜 때, 앞으로 40년, 50년의 세월이 늘 평탄한 성공의 연속일 것이라고 생각하는 사람은 드물다. 조금이라도 성숙한 사람이라면, 인생에는 굴곡이 있고 예기치 못하게 둘러가야 할 수도 있으며, 예상하지 못했던 문제와 도전에 맞닥뜨릴 수도 있고 때로 고비를 만날 수도 있다는 것을 이해한다. 자신이 왜 이 길을 택했는지, 정말 이 길이 자신에게 맞는 길인지 머릿속이 고민으로 가득 차는 날도 있을 수 있다는 것을 이해한다.

그러나 결혼이라는 (또는 모든 종류의 진지한 관계라는) 모험에 첫발을 내디딜 때 사람들은 자신들 앞에 닥칠지 모르는 도전과 역경을 훨씬 막연하게 생각하는 경향이 있다. 결혼을 하겠다는 결정은 곧 삶이라는 여정을 함께하겠다는 결정, 모험을 함께하겠다는 결정이다. 영원히 변치 않는 낙원에 머물겠다는 결정이 아니다. 그런 낙원은 없다.

사랑은 행복한 결혼 생활을 위한 필요조건이지만, 변함없는 행복의 충분조건은 아니다.

정말 너무나 행복하다고 느낄 때 이 행복이 변치 않기를 바라는 마음, 지금 이 순간을 영원히 붙잡아 두고 싶은 마음이 드는 것은 충분히 이해할 수 있는 일이다. 하지만 그런 일은 일어날 수 없다. 사랑이 영원하지 않아서가 아니라(오히려 사랑은 인간의 삶에서 가장 영원한 것이다), 이 우주에서는 변화와 움직임이 가장 자연스러운 일이기 때문이다.

모든 관계는 대략 5년마다 재정립되어야 한다고 말한 사람이 있다. 5년이 아니라 7년이나 8년일 수도 있지만, 이 원칙은 옳다.

인간이 태어난 그대로 살지 않고 여러 단계를 거쳐 계속 성장하고 발전하는 것처럼, 관계도 마찬가지 변화를 겪는다. 각 단계마다 거쳐야 하는 도전이 있고 각기 다른 만족감을 얻을 수 있다. 새로운 관계를 맺을 때는 들뜨고 신이 나지만, 한편으로는 관계가 잘 자라나고 유지될 수 있을지 걱정되고 불안한 마음도 든다. 나중에 관계가 안정되고 나면 새롭고 신선한 느낌은 줄어들지만, 문제를 해결하고 이전에 없었던 것을 이루어냈다는 데서 오는 평온한 만족감, 서로 평화롭게 어울려 지낼 때에만 느낄 수 있는 즐거움을 발견하는 기쁨이 찾아온다.

때로 우리는 현재를 외면하고 과거로 돌아가기를 갈망하기도 한다. 특히 관계에서 반드시 직면하고 해결해야 하는 문제가 발생했을 때 그렇다. 돌이킬 수 없는 일을 간절히 바라는 것이다. 예를 들어 아내가 남편을 사랑하고 남편 곁에 있는 것만으로도 만족해하던 시절을 그리워하는 한 남자가 있다. 왜 갑자기 다시 학교에 가겠다는 거야? 내가 결혼했던 그때 그 어린 아가씨한테 대체 무슨 일이 생긴 거지? 아내의 성장을 반기는 대신, 자신도 성장해야 한다는 것을 깨닫는 대신, 이 남자는 성장에 저항하고, 성장을 거부하고, 아내의 발전을 가로막는 적이 된다. 그가 아내의 의지와 야망을 짓밟아 꿈을 포기하게 만든다면, 또는 아내의 욕구를 존중하지 않은 탓에 아내의 마음이 떠나간다면, 그 결과는 사랑이 무너지고 결혼 생활이 무너지는 것이다.

때로 어떤 사람들은 자신의 성장과 발전을 위해 사랑하는 사람과의 관계를 깼다고 스스로에게 말하곤 한다. 하지만 실제로는 둘 중 한쪽이 다른 쪽의 성장을 가로막고 변화에 저항했기 때문에 관계가 깨진 것일 수 있다. 둘 중 한쪽이 이미 소멸한 순간을 박제하려 했을 수 있다. 이제 막 일어나려는 변화를 감당하는 데 필요한 내면의 안정과 유연성이 부족했을 수 있다. 변화를 자연스러운 것으로 받아들이지 못하고, 변화로 인해 둘의 관계에 생겨날 수 있는 새로운 가능성을 보지 못했을 수 있다.

15년 동안 같은 일을 해온 남자가 있다고 해보자. 어느 날 예측하지 못했던(또는 예측할 수 있었던) 불만족스러움, 따분함, 허무함이 몰려올 수 있다. 그는 새로운 도전을 꿈꾸지만, 그의 아내는 당황하고 겁에 질릴 수 있다. 이제 우린 어떻게 되는 거지? 가정 형편에 문제가 생기지는 않을까? 왜 그이는 예전 친구들하고 멀어지는 거지? 왜 요새 책을 그렇게 많이 읽는 거지? 다른 여자에게 관심이 생긴 게 아닐까? 아내는 공포에 사로잡힌다. 남편이 자기가 느끼는 감정을 설명하려 해도 듣지 않는다. 이미 가진 것을 잃을까 봐 그저 두려울 뿐이다. 그리고 바로 그 두려움 때문에 자신이 가진 것을 잃게 된다.

아내가 차분하지 못하고 산만하다고, 심지어 자기 용돈 관리도 제대로 못한다고 불평하는 남자가 있다고 해보자. 겉으로는 아내를 사랑한다고 말하지만 내심 아내가 성숙해지기를 얼마나 간절히 바라는지 모른다. 그러다가 어떤 변화가 일어난다. 남편은 전혀 알아차리지 못한 어떤 불가사의한 성장 과정을 거쳐 아내가 더 책임감 있는 사람이 된 것이다. 남편이 하는 사업에 관심을 보이고 통찰력 있는 질문도 한다. 그리고 자기 사업을 시작하기로 결심한다. 아내를 얕잡아보던 사람은 깜짝 놀라 공황 상태에 빠진다. 순진하고 귀여웠던 그 사람은 어디로 갔지? 성장한 아내는 남편의 눈에서 자신의 자기 실현을 방해하는 적을 발견한다. 아내는 남편의 사랑을 원하고 결혼 생활을 원한다. 하지만 어엿한 한 사람으로 살고 싶기도 하다. 다시 그 순진하고 귀여운 사람으로 돌아가야 할까? 그리고 남은 평생 동안 내내 남편을 원망하며 살아야 할까? 아니면 자신의 발전을 위해 계속 싸우고 남편을 떠나보내야 할까?

많은 사람들이 사랑하는 관계에서 이처럼 힘들고 고통스러운 여러 선택에 직면하곤 한다.

모든 관계에는 체계가 있다. 체계를 구성하는 부속품 하나가 바뀌면 다른 부속품들도 바뀌어야 한다. 그러지 않으면 평형이 무너진다. 만약 두 사람 중 한 명이 성장하는데 다른 한 명은 성장에 저항한다면, 평형이 깨지면서 위기가 찾아온다. 이 위기는 결국 해결될 수도 있고, 이혼으로 끝날 수도 있으며, 이혼보다 나쁜 결과를 맞을 수도 있다. 사랑을 천천히 잃어 가면서, 혼란 속에서 괴로워하고 서로 증오하면서, 오랫동안 천천히 관계가 무너지는 것이다.

내게 자신감이 있고 상대방의 성장 과정에 동반자가 될 수 있는 지혜가 있다면, 성장은 위험이나 위협이 되지 않을 수 있다. 하지만 성장에 저항하려고 한다면 비극을 맞을 뿐이다.

마찬가지로, 만약 관계를 지키려고 자신의 성장과 발전을 중지시킨다면 역시 비극을 맞게 될 뿐이다. 자기를 내버리는 일일 뿐 아니라, 관계에서 활력을 앗아가는 일이다.

삶은 움직임이다. 앞으로 나아가지 않는 것은 곧 뒤로 가는 것이다. 삶이 '삶'이려면 반드시 전진해야 한다. 발전하지 않는 것은 곧 썩어 가는 것이다. 관계가 더 좋아지지 않는다는 것은 곧 나빠지는 것이다. 사랑하는 사람과 함께 성장하지 않는다면 우리는 죽어 가는 것이다.

가만히 있는 것은 불가능하다. 순간을 살 수는 있지만 잡아 둘 수는 없다. 순간 속에 존재하며 순간을 느끼고, 경험하고, 그리고 보내줘야 한다. 다음 순간으로, 다음 모험으로 나아가야 한다. 다음에 올 것이 무엇인지 항상 내다보기를 고집할 수는 없다.

내가 여기서 설명하는 태도를 지니려면 자존감이 필요하다는 것은 자명하다. 낭만적 사랑에 성공하려면 자존감이 얼마나 중요한지 여기서 다시 실감하게 된다. 자존감이야말로 변화를 거

스르지 않을 수 있는 용기, 성장을 거스르지 않을 수 있는 용기,
우리 존재가 맞이할 다음 순간을 거스르지 않을 수 있는 용기를
준다. 그리고 그런 용기를 냈을 때 자존감은 더 단단해진다.

영원에 가 닿을 가장 큰 가능성은 변화를 받아들일 수 있는
능력에서 온다. 사랑이 가장 높은 확률로 살아남으려면 삶의 자
연스러운 흐름을 거스르지 않고 함께하는 법을 배워야 한다.

사랑하는 사람과 내가 서로 상대가 성장하는 과정에 진정한
동반자가 되어줄 수 있다고 느낄 때, 그 감정은 두 사람의 관계
를 더 돈독하게 해준다. 사랑을 지탱하고 더 굳건하게 해주는 힘
이 된다. 사랑하는 사람과 내가 겁을 먹거나 당황한 나머지 상대
방의 성장을 가로막는다면, 머지않아 두 사람은 서로 상대가 자
기 자아의 적이라고 느끼게 된다.

내가 아는 어떤 여성은 자신과 남편의 삶에 닥칠 수 있는 모든
변화를 두려워했다. 오직 자신이 주도하는 변화만 받아들일 뿐
이었다. 그 여성이 어렸을 때 아버지가 다른 여자와 살겠다고 어
머니를 떠나 집을 나갔다고 했다. 어른이 된 뒤에도 그녀의 마음
깊은 곳에는 버림받는 것에 대한 공포와 불안이 남아 있었다. 남
편이 50대가 되었을 때 직업에서 변화를 모색하고 싶다는 이야
기를 꺼내자, 그 여성은 직접적으로 반대하지 않으면서도 남편
을 교묘하게 구슬려 그런 생각을 포기하게 만들었다. 아내는 원
하는 바를 이루었지만, 나는 남편의 내면에서 무언가 스러졌다
는 것을 느꼈다. 그 여성도 남편도 인과관계를 알아차리지 못하

겠지만, 언젠가 그녀는 자신의 '승리'에 어떤 식으로든 대가를 치르게 될 것이다. 그 여성이 자신의 불안감을 인정하고 솔직하게 드러내 이야기하고, 그러면서 남편의 꿈에 더 좋은 동반자가 되지 못한 것이 안타까울 따름이다.

영원에 대한 인간적 갈망을 이해하고 존중하면서도 인간의 성장과 피할 수 없는 변화 과정에 기꺼이 함께하는 것. 이것이야말로 낭만적 사랑을 이루는 데 우리가 넘어서야 할 가장 어려운 도전일지 모르겠다.

사랑하는 사람이 품은 꿈과 열망의 동반자가 될 수 있는 지혜와 용기가 우리 안에 있을 때, 우리의 사랑은 가장 높은 확률로 진정 '영원할' 수 있다.

사랑에 관한 마지막 이야기

역사상 '사랑'이라는 단어가 지금처럼 남용된 때는 없었던 것 같다.

모든 사람을 '사랑'해야 한다는 말이 여기저기서 끊임없이 들려온다. 어떤 단체나 운동을 이끄는 지도자들은 한 번도 만난 적 없는 지지자들을 '사랑한다'고 말한다. 이런 흐름을 타고 '마음 수련' 공부를 하거나 '영성' 모임에 참석하면서 자신들은 어디서든 모든 사람을 다 '사랑'한다고 주장하는 사람들이 늘고 있다.

인플레이션 때문에 화폐 가치가 떨어지고 구매력이 줄어드는 것처럼, 말도 아무 데서나 아무렇게나 쓰이면 인플레이션과 비슷한 과정을 거쳐 점점 본래의 의미를 잃어버릴 수 있다.

만난 적 없는 사람이나 잘 모르는 사람에게 자비와 연민과 선의를 느낄 수는 있다. 그러나 사랑을 느낄 수는 없다. 아리스토텔레스는 2500년 전에 이미 이와 같은 사실을 깨달았다. 지금도 이 사실은 여전히 중요하다. 이 사실을 잊는다면 사랑이라는 개념 자체가 무너지게 된다.

사랑은 본질적으로 선택의 과정, 차별의 과정을 포함한다. 사랑은 내게 가장 중요하고 소중한 가치를 지닌 특정한 상대에 대한 반응이다. 사랑은 어떤 사람은 갖고 있지만 다른 사람들에게는 없는 독특한 특징에 대한 반응이다. 그렇지 않다면 사랑할 때 우리가 상대방에게 주는 것이 대체 무엇이겠는가?

만약 두 명의 성인이 사랑할 때 서로를 존경하고 찬미하지 않는다면, 서로가 지닌 특성과 자질을 귀하게 여기지 않는다면 왜 우리가 사랑을 그렇게 중요하고 의미 깊은 것이라고 생각하겠는가? 왜 많은 사람들이 사랑을 하고 싶어 하겠는가?

그렇다면 다음과 같은 주장은 어떻게 생각해야 할까? 1955년 에리히 프롬(Erich Fromm)이 쓴 다음 문장과 같은 취지의 주장을 곳곳에서 들을 수 있다. "본질적으로 모든 인간은 똑같다. 우리는 모두 하나의 한 부분이다. 즉 우리는 하나다. 그렇다면 누구를 사랑하든 차이는 없을 것이다."

사랑하는 사람에게 왜 나를 사랑하느냐고 물었다고 하자. 이런 대답이 돌아오면 어떤 느낌이 들까? "너를 사랑하지 않을 이유도 없잖아? 사람은 다 똑같아. 그러니까 누굴 사랑해도 상관이 없어. 너를 사랑할 수도 있고 다른 사람을 사랑할 수도 있지."

모든 사람이 성적 방종을 손가락질하지는 않지만, 그것을 미덕이라고 칭송하는 사람을 나는 본 적이 없다. 그렇다면 영혼의 방종은 어떨까? 이것은 미덕인가? 왜 그런가? 마음은 몸보다 덜 중요한가?

오늘날 '사랑'이라는 말이 쓰이는 양상은 아무리 부드럽게 표현한다 해도 '지적으로 게으르다'. 나는 모든 사람들을 '사랑'한다고 말하는 사람들은 사실 모든 사람들이 자신을 사랑하길 바라는 마음, 사랑해 달라고 애원하는 마음을 드러내는 것일 뿐이라고 생각한다. 사랑을, 특히 두 명의 성인이 나누는 사랑을 진지하게 생각한다면, 사랑이라는 개념을 존중하고 보편적인 자비, 연민, 선의와 구분할 수 있다면, 사랑이 특정한 두 사람 사이에서만 가능한 특별한 경험이며 모든 사람들 사이에 존재하는 감정이 아님을 이해해야 한다.

영혼과 정신의 결이 닮은 한 여자와 한 남자가 만나 서로 사랑하게 될 때, 만약 그들이 이 책에서 지금까지 분석한 문제와 도전들을 넘어선 차원에 있다면, 비틀거리는 관계를 지탱하느라 애쓰는 것을 넘어선 차원에 있다면, 그들의 사랑은 성적, 정서적 행복뿐 아니라 인간으로서 전에 없이 성장할 기회를 가져다 줄 것이다. 사랑이라는 바탕 위에서 상대방의 자기(self)와 교류하는 과정을 거치면서 자신의 자기와 지속적으로 솔직하게 소통할 수 있게 될 것이다. 각자 자신의 발전에 힘쓰는 두 정신이 다른 어디서도 얻을 수 없는 특별한 자극과 성장을 위한 도전을 서로에게 제공하게 될 것이다. 그런 황홀한 기쁨이 일상이 될 것이다.

　사랑에 그런 가능성이 있다는 믿음에 힘입어 나는 이 책을 썼
다.

| 감사의 말 |

먼저 셰리 에이드리언 박사의 귀중한 도움에 고마움을 전하고 싶다. 에이드리언 박사는 15년 넘게 내가 낭만적 사랑을 주제로 삼아 여러 곳에서 한 강연과 쓴 글을 모으고 정리했을 뿐 아니라, 이 책에서 사랑의 역사를 다룬 부분에 엄청나게 큰 도움을 주었다.

사랑의 역사 부분을 집필하는 데 도움을 준 조너선 허슈펠드에게도 감사의 말을 전한다.

바버라 브랜든은 에이드리언, 허슈펠드 두 사람과 더불어 편집에 관해 귀한 조언을 해주었다.

이 책을 출간해준 제러미 타처와 탁월한 편집자 재니스 갤러거의 뛰어난 능력과 섬세함에 깊은 존경을 표한다. 그들의 도움 덕택에 이 책은 여러 면에서 훨씬 더 나아질 수 있었다.

마지막으로 디버스 브랜든에게 가장 큰 감사를 전한다. 디버스는 내가 이 책을 쓰는 내내 나와 함께하며 유용한 제안을 많이 제공해주었을 뿐 아니라 나의 정서적 버팀목이 되어주었다. 디버스의 정서적 지지가 없었다면 이 책은 쓰일 수 없었을 것이다.

| 참고문헌 |

Aristotle. Nicomachean Ethics. *The Basic Works of Aristotle*. Trans. W. D. Ross. New York: Oxford University Press, 1940.

Bossard, James H. S., and Eleanor S. Boll. *Why Marriages Go Wrong*. New York: Ronald Press Co., 1958.

Branden, Nathaniel. *The Psychology of Self-Esteem*. New York: Bantam Books, 1971.

————. *The Disowned Self*. New York: Bantam Books, 1973.

Burgess, Ernest W., and Harvey T. Locke. *The Family: From Institution to Companionship*. 2d ed. New York: American Book Co., 1953.

Cuber, John F., and Peggy B. Harroff. *The Significant Americans*. New York: Appleton-Century-Crofts, 1965.

de Rougemont, Denis. *Love in the Western World*. Rev. ed. Trans. Montgomery Belgion. New York: Pantheon Books, 1956.

Friday, Nancy. *My Mother/Myself*. New York: Delacorte Press, 1977.

Fromm, Erich. *The Art of Loving*. New York: Harper and Brothers, 1955.

Ginott, Haim. *Teacher and Child*. New York: Macmillan Publishing Co., 1972.

Greenfield, Sidney M. Love: Some Reflections by a Social Anthropologist. *Symposium on Love*. Ed. Mary Ellen Curtin. New York: Behavioral Publications, 1973.

Hazo, Robert G. *The Idea of Love*. New York: Frederick A. Praeger, 1967.

Hoffer, Eric. *The True Believer*. New York: Harper and Brothers, 1951.

Hunt, Morton. *The Natural History of Love*. London: Hutchinson and Co., 1960.

Janus, Sam, Barbara Bess, and Carol Saltus. *A Sexual Profile of Men in Power*. Englewood Cliffs, N.J.: Prentice-Hall, 1977.

Koestler, Arthur. *Janus*. New York: Random House, 1978.

Langdon-Davies, John. *A Short History of Women*. New York: Literary Guild of America, 1927.

Linton, Ralph. *The Study of Man*. New York: D. Appleton-Century Co., 1936.

Mahler, Pine, and Bergman. *The Psychological Birth of the Human Infant*. New York: Basic Books, 1975.

Maslow, Abraham H. *The Farther Reaches of Human Nature*. New York: Viking Press, 1971.

Masters and Johnson. *The Pleasure Bond*. Boston: Little, Brown and Co., 1970.

Mead, Margaret. *Coming of Age in Samoa*. New York: New American Library, 1949.

Murstein, Bernard I. *Love, Sex, and Marriage Through the Ages*. New York: Springer Publishing Co., 1974.

O'Neill, Nena. *The Marriage Premise*. Philadelphia: M. Evans and Co., 1977.

Peele, Stanton, with Archie Brodsky. *Love and Addiction*. New York: New American Library, 1975.

Praz, Mario. *The Romantic Agony*. Trans. Angus Davidson. 2d ed. London and New York: Oxford University Press, 1951.

Rand, Ayn. *Atlas Shrugged*. New York: Random House, 1957.

————. *For the New Intellectual*. New York: Random House, 1961.

Schneider, Isidor, ed. Marriage and Sex Love. *Origin of the Family in the World of Love*. Vol 2. New York: George Braziller, 1964.

Taylor, G. Rattray. *Sex in History*. New York: Harper Torchbooks, 1973.

von Bertalanffy, Ludwig. *Problems of Life*. New York: Harper Torchbooks, 1960.

————. *Organismic Psychology and Systems Theory*. Barre, Mass.: Clark University Press, Barre Publishers, 1968.

옮긴이_임정은

한국에서 언론학과 사학을 공부하고 일본에서 출판을 공부했다. 출판사 편집
자로 일하며 주로 인문서를 만들었다. 지금은 캐나다에서 정보과학과 디지털
인문학을 공부하며 때때로 영어와 일본어를 번역한다. 번역한 책으로 《혁명의
맛》, 《적군파》, 《덴데라》, 《나는 알래스카에서 죽었다》 등이 있다.

낭만적 사랑의 심리학

2019년 4월 20일 초판 1쇄 발행

- ■ 지은이 ─────── 너새니얼 브랜든
- ■ 옮긴이 ─────── 임정은
- ■ 펴낸이 ─────── 한예원
- ■ 편집 ──────── 이승희, 윤슬기, 양경아, 유리슬아
- ■ 본문 조판 ────── 성인기획
- ■ 펴낸곳 교양인

　　　　우 04020 서울 마포구 포은로 29 신성빌딩 202호
　　　　전화 : 02)2266-2776 팩스 : 02)2266-2771
　　　　e-mail : gyoyangin@naver.com
　　　　출판등록 : 2003년 10월 13일 제2003-0060

ⓒ 교양인, 2019
ISBN 979-11-87064-36-7　　03180

이 도서의 국립중앙도서관 출판예정도서목록(CIP)은 서지정보유통지원시스
템 홈페이지(http://seoji.nl.go.kr)와 국가자료공동목록시스템(http://www.
nl.go.kr/kolisnet)에서 이용하실 수 있습니다.(CIP제어번호: CIP2019013075)